中国政法大学社会学院十周年院庆丛书

测谎技术教程

郑红丽 编著

中国政法大学出版社

2015 · 北京

作者简介

　　郑红丽　1977 年出生，湖北宜昌人，博士，中国政法大学副教授，美国北卡罗来纳大学（University of North Carolina at Chapel Hill）访问学者。主要研究领域为犯罪心理学基础理论与研究方法、测谎技术、青少年犯罪、罪犯评估与矫治。目前已独立完成译著《说谎心理学》与《罪犯评估和治疗必备手册》，发表论文《青少年犯罪成因心理学理论研究新进展》、《低自我控制与家庭社会经济地位在青少年犯罪中的作用——我国青少年犯罪成因实证研究初探》、《杀人案件心理测试编题技术研究》、《测谎技术的新进展》、《罪犯心理矫治的回顾与展望》、《国外罪犯心理咨询效度研究》等，参编《犯罪心理学》（中国政法大学出版社 2007 年和 2012 年版、中国人民法学出版社 2012 年版、科学出版社 2004 年版）、《中国犯罪心理学研究综述》等。

目 录

第一章

科学还是伪科学？历史的回顾

　　无论人们如何看待它，说谎，始终是一种日常生活事件，它频繁地出现于我们与他人的社会互动或社会交往中，对个体和社会的影响极深。这种影响是积极还是消极，人们的观感并不统一。与此同时，几乎所有不同文化、不同种族的人类群体都不断尝试着使用一些方法来"识别谎言"，或者说"测谎"。并且随着人们认识的深入和经验的积累，测谎方法的演进也带着明显的精细化和有效化的趋势。特别是在 19 世纪末至 20 世纪初的大约二十多年时间里，一种借助医学仪器（更为准确地说是多导生理反应采集仪器），且标准化和客观性更强的现代测谎方法——心理生理测谎（Psychophysiological Detection of Deception，PDD）技术出现了，使得人类识别谎言的研究和探索向前大大迈进了一步。这种生理心理测谎技术从一开始就受到了警方、军方情报机关、官方或私人人事筛选等实务部门的欢迎，并以建立测谎学校来培训专业测谎人员等方式被迅速推广，受到了来自社会相关层面以及公众的广泛关注。

备受关注的测谎技术

一、第一台测谎仪诞生

2012 年，美国著名的科技类杂志《连线（Wired)》[1] 做了一个系列的专题连载文章《那些开创未来的十年（The Decades That Invented the Future)》。内容是从 1900 年开始，以 10 年为一期，回顾了当时出现的推动了人类进步的伟大技术发明和成就。在第三期（Part 3：1921～1930)[2] 中回顾了 1921 年至 1930 年出现的那些伟大科技成就。其中写道：

1921 年：测谎仪（安全）

1921 年加州大学医学院学生 John Larson 发明的现代测谎仪或许是对（人类）思想构成的最大威胁之一。

警方使用这款设备帮助破案，尽管测试结果通常难以在刑事起诉中被采纳。

测谎仪是通过在人体上安装一些传感器来工作的，理论上讲，它可以辨识人在说谎时的不随意生理心理反应[3]。这个机器测量呼吸、血压、脉搏和汗腺分泌（多项指标)——因此以"多导"来命名。接受测试时，人们会被问到一系列问题，有些问题有明显的答案，而有些则没有，这样侦查人员就可以分析被测者的生理心理变化模式。

这是真的，我们没有说谎。

1921：Polygraph Machine（Security）

Perhaps one of the biggest threats to thought was the 1921 in-

---

〔1〕《连线》杂志网络版，http：//www. wired. com/，最后访问时间：2015 年 3 月 20 日。

〔2〕 参见 http：//www. wired. com/2012/11/the - decades - that - invented - the - fu-ture - part - 3 - 1921 - 1930/，最后访问时间：2015 年 3 月 20 日。

〔3〕 或译为"不自主生理心理反应"。

vention of the modern polygraph machine by University of California medical student John Larson.

The police use the device to assist in solving crimes, though test results are generally inadmissible in criminal prosecutions.

The polygraph works by attaching sensors to the body that, theoretically, recognize involuntary physiological reactions a person has to lying. The machine measures breathing, blood pressure, pulse and perspiration——and hence the "poly" in its name. When someone is taking the test, they are asked a series of questions, some that have obvious answers and others that don't so investigators can decipher a pattern of physiological changes.

It's true. We're not lying.

显然，在这段历史回顾中，是将 John Larson 所发明的仪器作为了世界上第一台现代测谎仪。这种定位与世人一般看法是一致的。Larson 生于 1892 年，曾在加州大学伯克利分校攻读生理学博士学位，期间还获得了指纹鉴别专业的硕士学位，毕业后就职于加州伯克利警察局。其时的伯克利警察局局长 August Vollmer 对"谎言"颇有兴趣，要求具有丰富专业知识储备以及实际工作经验的 Larson 研究一种专门用于"警察测谎"的仪器。很快，Larson 在前人工作的基础上，发明了一台能够同步在纸上描记下被测者三种心理生理指标的仪器。这三种心理生理指标分别为血压（blood pressure）、呼吸（respiration）和脉搏（pulse rate）。更为重要的是，这种三导测谎仪是便携式的（portable），这最终使得这款 Larson 式测谎仪在当时同类仪器中脱颖而出。

在这台测谎仪刚刚问世不久，1921 年，伯克利警察局碰到了一桩"小"案子。伯克利大学城里的多家商店报告说有商店物品被人盗窃，调查发现，有人目击嫌疑人是一名女生，并最后进入了大学城里的一栋学生宿舍楼。于是，警方怀疑这名盗窃的惯犯就在这栋宿舍楼里的 38 名女大学生之中。这是一桩特别适合应用测谎仪的案件——从多位嫌疑人中识别出有罪的那名，且有罪者肯定在这些嫌疑人中。另外，因为不是恶性案件，风险也不高。所以，伯克利警察局决定让 Larson 启用刚问世的测谎仪对所有 38 名女生进行调查。这次测谎的结果，根据 Larson 自己的描述，大获成功。他报告说，用测谎仪对这些学生进行了测试，发现其中有名女生的测谎结果显示其"说谎"，几天后再对这名女生进行测试，仍显示"说谎"。随后，这名女生在测谎结果面前供认了自己曾在多家商店盗窃了价值超过 500 美元的书本、衣服等物品（Larson，1923）。

　　这一事件现在已被测谎学界一致看作是现代测谎技术正式诞生的标志（参见 Grubin & Madsen，2005）[1]。因此，Larson 所研制的测谎仪也被看作是第一个真正意义上的现代测谎仪。

　　二、Münsterberg：将心理学应用到实践当中

　　但实际上，在此之前，测谎仪以及测谎技术已经出现在了当时的公众视野之中。其中的活跃人物当属美国心理学家 William Marston。而 Marston 本人致力于在公众领域"推销"测谎技术，这可能与其师门传承有关。

　　1879 年，德国人 Wundt 在莱比锡大学（University of Leipzig）[2] 建立了第一个心理学实验室——莱比锡实验室。它的建立，标志着心理学成为一门独立的真正的科学，Wundt 也成为第一个把心理学转变为独立科学的学者，是当时名副其实的心理学泰斗。1883 年，刚到莱比锡求学的 Hugo Münsterberg 很快就被 Wundt 的讲座所吸引，决定从此师从 Wundt，投身于心理学，并于 1885 年加入名声日隆的莱比锡实验室。在这里，Münsterberg 受到了正

---

〔1〕　Grubin, D. and Madsen, L., "Lie detection and the polygraph: A historical review", *The journal of forensic psychiatry and psychology*, 2005, 16（2），pp. 357～369.

〔2〕　莱比锡大学位于德国东部的萨克森州莱比锡，创建于 1409 年，是欧洲最古老的大学之一，也是现今德国历史第二悠久的大学，仅次于海德堡大学（1386 年）。著名校友有莱布尼兹、歌德、尼采、让·保罗等。1409 年创始之初仅设立艺术系，其后相继设立了医学系（1415 年）和法学系（1446 年）。Münsterberg 去莱比锡大学最初是要学习艺术和法文。

规的实验心理学训练，这为其将来成为美国心理学的先驱人物打下了良好的基础。

1889 年，在巴黎首届国际心理学大会上，Münsterberg 结识了美国哲学家、心理学家 William James。James 当时已是一位大名鼎鼎的人物，致力于在美国倡导"实用主义哲学"，被称为"美国心理学之父"。James 主张"真正的心理学"应该是能在社会实践中被应用的科学。显然，Münsterberg 十分认同这一主张，两人一见如故，并建立了深厚的友谊。1892 年，Münsterberg 应 James 之邀，开始在哈佛大学担任实验心理学客座教授。在哈佛大学的 19 年间，Münsterberg 的出色才能得到美国人的普遍承认，成为当时美国最著名的心理学家之一，并被《美国科学家（*American Scientist*)》期刊评为仅次于 James 的心理学名人。

作为 James 的继承人，Münsterberg 致力于心理学在社会各个领域的应用推广活动，被称为"应用心理学（Applied Psychology）奠基人"。其中最为人熟知的是在工业领域中的心理学应用推广以及"工业心理学创始人"的头衔。其次则是他对"司法心理学（Forensic Psychology）"的贡献。

1908 年，Münsterberg 出版了著作《证人席上（*On the Witness Stand*)》[1]，在这本书中，他系统论述了心理学因素是如何影响法庭审判结果的，涉及了证人证言、虚假供述、审讯，以及暗示对证人、陪审团和法官的影响。需要特别指出的是，其中他还提出了"测谎仪"概念，并论述了测谎技术可以在审讯、质证等司法程序中发挥作用。不过其实在此之前，在 19 世纪 90 年代，Münsterberg 就在著作和言论中谈到可以利用血压来进行测谎，还曾对两起有名的谋杀案进行过评论，成为当时报纸的头条新闻。但 Münsterberg 本人并没有将更多的精力放在测谎领域，而他的学生，也就是上述的 Marston 将其作为了自己研究和生活的舞台。

---

〔1〕 Münsterberg, H., *On the Witness Stand*, New York: Doubleday, 1908.

三、测谎仪之父 Marston

1915 年，Marston 研制出"心血压测谎测试法（Systolic Blood Pressure Deception Test）"，并用严谨的科学研究证实了心血压（之前人们更多的是通过脉搏的活动来测量血压）在识别谎言上的可靠性。据说这一发现来自于 Marston 的妻子（也是当时的一位名人）。她发现自己在生气或激动的时候血压会升高（Lamb，2001）。Marston（1917，1938）[1] 借助一个血压听诊器来获得周期性不连贯的血压变化，并以此来进行测谎测验。他发现，在说谎和心血压之间有着显著的高相关，因此宣称他已经找到了说谎的特征反应，并预言人类长期以来寻找识别谎言与真实的努力之途已经结束。[2]

1917 年，为了满足当时"一战"期间反间谍工作的需要，Marston 被聘为美国陆军的特别顾问，并将自己的测谎技术用于一起实际案件——有关密码失窃的间谍案的侦破中（Ansley，1995）。[3]

Marston 及其工作并没有被后人尊为是现代测谎技术的真正开端（而是 Larson），这也许和他的仪器结构较为单一（仅以心血压为测谎指标），以及所服务的军方工作较为隐秘有关。但是这并没有妨碍 Marston 成为当时美国最活跃的、最频繁出现在公众视野中的"测谎专家"。也许是为了响应他的导师 Münsterberg 的"将心理学应用到实践当中"的倡导，他经常在媒体面前演示他的测谎仪和测谎技术。曾经有一次，已开始自称"测谎仪之父"的 Marston 应《Look》杂志的邀请，充当婚姻顾问，通过比较妻子对其丈夫和陌生人亲吻时的心理生理反应来诊断其对婚姻的忠诚度

---

〔1〕 Marston, W. M., "Systolic Blood Pressure Symptoms of Deception", *Journal of Experimental Psychology*, 1917, 2 (2), pp. 117 ~ 163. Reprinted in Polygraph, 14 (4), pp. 289 ~ 320. Marston, W. M., *The Lie Detector Test*, New York: Richard R. Smith, 1938.

〔2〕 Marston, W. M., *The Lie Detector Test*, New York: Richard R. Smith, 1938, p. 45.

〔3〕 实际上，美国陆军不仅是最早的测谎技术应用之地，而且在现代测谎技术近百年的历史中，美国陆军都是其应用与发展的重要支柱之一，这点我们在后面的测试方法中将会清楚地看到。

（Lykken，1998；NRC，2003）。1938 年 Marston 出版了《测谎仪测试（*The Lie Detector Test*)》一书，并于同年现身吉列（Gillette）公司的广告，宣称测谎仪测试结果表明吉列刀片确实优于其他品牌的刀片。[1] 此外，他还和妻子一起创作了一位现在美国家喻户晓的动漫人物——神奇女侠（Wonder Woman）。此女侠所使用的武器名为"Lasso of Truth（诚实绳索）"，顾名思义，就是能让人说出实话的绳索。[2] 也正是这位后来成为哈佛大学教授的 Marston 作为专家证人出现在了对美国测谎结论证据乃至整个科学证据的发展产生巨大影响的 Frye 案的法庭审判席上。[3]

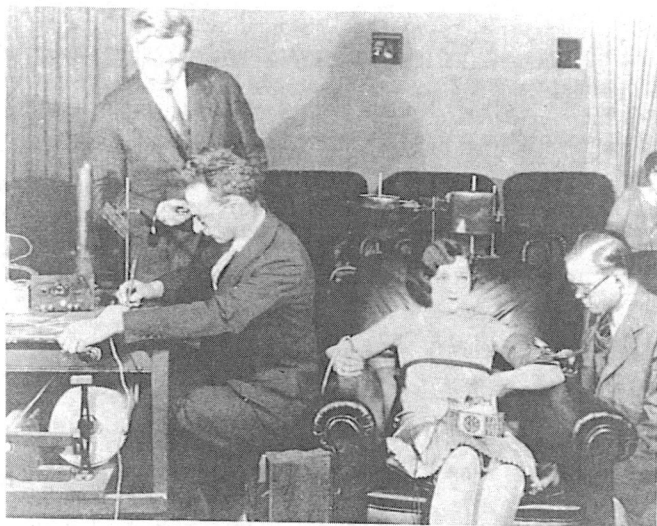

图 1-1 Marston 的测谎实验室的建立 [4]

〔1〕 Now! Lie Detector Charts Emotional Effects of Shaving, Gillette Advertisement, 1938.

〔2〕 National Research Council, *The Polygraph and Lie Detection*, Washington D. C. : The National Academies Press, 2003, p. 295.

〔3〕 详见后面关于测谎的法律制度研究一章。

〔4〕 Marston, W. M. , *The Lie Detector*, New York: Richard R. Smith, 1938.

Marston 过于活跃的社会参与行为一方面提高了新生的现代测谎技术的知名度，但另一方面，这样的行为可能也误导了公众对测谎仪的认识，往往将其作为一种窥探秘密的新式把戏而非科学仪器。这对此项技术的健康发展也许并非毫无伤害。在随后的几十年里，关于测谎仪、测谎技术或者测谎专家的报道频繁见诸各种报纸、杂志、电视等大众媒体上。在不少的文学或影视作品中，测谎技术也频频亮相，有时候甚至成为作品的主角（如美国电视剧 Lie To Me）。如果没有公众的关注，是很难出现如此局面的。

四、被滥用的测谎仪

在司法领域，尤其是在刑事司法领域，测谎技术大展身手，在侦查或审判中它常常会出现在关键的位置上，有时甚至决定着侦查或审判的结果。其间出现了多起试图将测谎结论引入法庭审判的案例。无一例外，每一次都引起了公众以及相关学术界的大讨论。心理学家们往往表示，只要控制好干扰因素，测谎技术的科学性还是值得期待的。而法律人士则主张测谎结论还远达不到被采纳为法庭证据的要求，而且还可能会侵犯当事人诸如"不被迫自证其罪"、"保持沉默"等权利。

随后，测谎技术又开始进入了民间或官方的人事筛选（Employment Screening）领域。越来越多的政府部门或公司在招聘雇员时借助测谎技术来甄别出那些有违法犯罪倾向或者药物滥用（吸毒）情况的雇员［即雇前筛选测试（Preemployment Screening Test）］。或者用于确定现有的雇员中是否从事了盗窃（theft）、蓄意破坏（sabotage），或其他有害本机构的行为［雇中筛选测试（Periodic Screening Test）］，从而将其排除出去。根据当时的一项研究（O'Bannon, Goldinger & Appleby, 1989）显示，这种人事测谎行为日益泛滥，到 20 世纪 80 年代末期达到巅峰，每年有多达 200 万起例行的人事测谎测试。Horvath 在 1993 年通过一项对 600 个大城市警察部门的调查发现，每年有超过 67 000 名人员在申请警察职位时接受了测谎测试，其中有 22% 的人因为测谎测试结果不理想而最终没能申请成功。这种大规模的民间测谎行为，无疑是对大众隐私权或人权的侵犯。虽然迫于这种压力，美国已经对那些试图通过测谎来进行人事筛选的公司与民间机构进行了严格的限制，但在政府内部，这种人事测谎则更加巩固，目前大约是 24 家联邦政府机构的例行检查。这些机构包括中央情报局（the Central Intelligence Agency）、国防部（Department of Defense）、联邦调查局（Federal Bureau of Investigation）、国家安全局（National Security Agency）、美国陆军（U. S. Army）、美国空军（U. S. Air Force）（Horvath，1993[1]）。这些政府机构的相关雇员不得不接受各种例行的测谎测试。仅在 2002 年，美国政府就强制施行了 11 500 次针对政府雇员的人事测谎。据说在 CIA 内部流行着一句俏皮话："我们只相信上帝；至于其他人，我们交给测谎仪去处理。"可见测谎测试的滥用之严重且无法拒绝之无奈。1999 以后，美国能源部（Department of Energy）开始在其下属机构推行常规的测谎人事筛选测试，包括能源部最著名的 3 个实验室：洛斯·阿拉莫斯、劳伦斯和桑地亚国家实验室。能源部的这一决定很快就遭到了这些实验室的科学家的强烈反对，他们在各种媒体上撰写文章痛陈测谎仪的不科学和对人权的侵犯。也有一些科学家因为受到能源部的压力而被迫辞职。这些事件使得测谎仪不断陷入争论的漩涡，而这一漩涡似乎变得越来越大，不知何时才能停止。

科学还是伪科学?

在针对测谎仪或测谎技术的争论中，人们的态度其实是相当矛盾的。一方面，人们从未放弃过对有效测谎方法的探索，无论是研究者还是普通大众。另一方面，对于已经出现并应用于司法和人事筛选领域的测谎技术，人们往往又会质疑其"科学性"，主张将其

---

[1] Horvath, F., "Polygraphic Screening of Candidates for Police Work in Large Police Agencies in the United States: A Survey of Practices, Policies, and Evaluative Comments", *American Journal of Police*, 1993, 12 (4), pp. 67 ~ 86.

从实务工作中完全排除。这种两极化的态度在其他学科或技术上往往很难看到。而且，正如前面看到的，随着测谎技术在实践中广泛、甚至有点泛滥地应用，这样的矛盾引发了持续而激烈的社会争论。这些争论大致可以分为两大阵营：一方是支持测谎技术的使用者，他们认为这一技术相当"科学"，应该对其毫无保留地加以发展（Ansley & Garwood，1984[1]）并广泛应用于刑事和民事审判程序，以及人事筛选（参见 Raskin，Honts & Kircher，1997a[2]）；另一方则强烈反对测谎测试的使用，主张将其认定为"伪科学"，应该被禁止（Lykken，1984[3]）。

一、主张"科学"者的立场

持此种主张的人往往强调测谎技术在刑事司法过程中无处不在的作用。在案件侦查中，测谎可以筛选众多的犯罪嫌疑人，识别供述的真伪，探测相关物证的去向，并厘清侦查方向。在审判中，法官因为心证未达到可以进行裁定的程度，可以借由测谎结论强化心证，而相关当事人有时为自证清白，也可以选择接受测谎。可见，测谎对整个刑事司法程序都极具应用价值。而这种价值可能是来自我们当今对证言或供述的依赖性。正如 Inbau（2001）曾明确指出的，以现今的犯罪侦查技术，对于大部分案件，不可能仅凭指纹、毛发等物证就确认凶手，并加以定罪。在那些迅速被侦破的案件中，有许多并不是凭借物证，而是借由在侦讯中获得来自犯罪嫌疑人供词或证人证言中的重要信息才使得案情大白。因此，至少在目前，破案的关键仍来自于犯罪嫌疑人的供词或证人的证言。可见，测谎对司法实践最大的作用在于可以帮助解决缺乏有效证据时的困

〔1〕 Ansley, N. and Garwood, M., "The Accuracy and Utility of Polygraph Testing", US Department of Defense Report, Washington, DC, 1984.

〔2〕 Raskin, D. C., Honts, C. R., Kircher, J. C., "The Scientific Status of Research on Polygraph Techniques: The Case for Polygraph Tests", in D. L. Faigman, D. Kaye, M. J. Saks & J. Saunders (eds.), *Modern scientific evidence: The law and science of expert testimony*, St. Paul, MN: West Publishing, 1997, pp. 565~582.

〔3〕 Lykken, D. T., "Polygraphic Interrogation", *Nature*, 1984, 387, pp. 681~684.

境。另外,还有一些测谎人员认为,揭露说谎者可以挽救其良心,并带给被害人以慰藉,例如帮助找到被害人的骸骨,使之入土为安等。

同时,我们可以看到大量见诸各种学术著作和期刊的关于测谎准确率的研究报告来论证这一技术的可靠性。但我们要明确的一点则是:由于"测谎"这一事物本身的特点,其准确率(accuracy)就是效标效度(criterion validity),因为我们要考察的是测谎结论与效标——"真实"的符合程度,即测谎诊断结论的真实性如何。而在数量和质量足以符合统计学要求的样本基础上获得的准确率则可以保证一定的结果稳定性(即信度)。因此,以准确率来论证法律上所要求的"可靠性"虽不完美,但也许是目前可以达到的最理想方法。

那么,Polygraph 测谎技术的准确率是多少呢? 其倡导者声称,根据已有的科学文献资料,其准确率在90%以上,因而建议将其应用范围进一步扩大(Raskin, Honts & Kircher, 1997a)。

1983 年,美国国会技术评估办公室(the Office of Technology Assessment, OTA)在应美国众议院政府工作常设委员会(the Committee of Government Operation, U. S. House of Representatives)的正式要求得出的评估报告《Polygraph 测谎的科学效度:研究综述与评估(Scientific Validity of Polygraph Testing: A Research Review and Evaluation)》[1] 中,从以往的关于测谎准确率的研究中选择了最有价值的 10 项研究进行元分析(meta-analyses)。其结果为:对于有罪者,测谎准确率为88%,错误率为10%,无法判断的(inconclusive)为2%;而对于无辜者,准确率为78%,错误率为20%,无法判断的为2%。

美国测谎学会(American Polygraph Association, APA)在 1996

[1] Office of Technology Assessment, Scientific Validity of Polygraph Testing: A Research Review and Evaluation - A Technical Memorandum, Rep, TM - H - 15, Washington, DC: U. S. Congress: Office of Technology Assessment, 1983.

年的文献《Polygraph 测谎技术的问与答（*Polygraph*：*Issues and Answers*)》[1] 中指出，在过去的 75 年间，有超过 250 篇研究提及了这一技术的准确率，这些研究的数据显示，如果测试人员合格，测试程序恰当，Polygraph 测谎的准确率应介于 85% ~ 95% 之间。

而根据 Iacono 和 Patrick（1987）[2] 的说法，1987 年以前关于测谎准确率的研究结论呈现两种完全对立的立场。一方是测谎技术的拥趸发表在传统警察期刊上的研究，其报告的准确率较高（总体准确率大概为 90%）。而另一方则是发表在接受同侪审查的学术期刊（peer reviewed scientific journal）上的研究，所报告的准确性较低（对无辜者的认定准确率平均为 57%，而对有罪者的认定准确率平均为 76%）。

美国国家科学院（National Academy of Sciences，NAS）的下属机构国家研究委员会（National Research Council，NRC）于 2003 年发表了题为《测谎仪与测谎技术（*The Polygraph and Lie Detection*)》的研究报告。NRC（2003）根据自己的筛选标准，最后选出了 57 项研究进行元分析。需要说明的是，此研究报告正是美国能源部为平息来自科学家的强烈质疑，委托 NRC 进行的（研究经费为 86 万美元）。因此所选取的 57 项研究都是针对人事筛选测谎准确率的。研究结果发现，实验室研究获得的准确性指标 A 在 0.81 ~ 0.91 之间；而现场研究准确性指标 A 则在 0.711 ~ 0.999 之间。其中 A 的取值范围在 0 ~ 1 之间，值越大表示诊断准确性越好，A 到达 0.9 以上时诊断准确性较高，0.7 ~ 0.9 时诊断价值中等，低于 0.7 时诊断价值则较低。可见，人事筛选测谎的准确性在中等以及中等以上。

---

〔1〕 Severna Park, *Polygraph*：*Issues and answers*, MD：American Polygraph Association, 1996.

〔2〕 Iacono, W. G. & Patrick, C. J., "What Psychologists should Know about Lie Detection", in AK Hess & IB Weiner (eds.), *Handbook of Forensic Psychology*, New York：John Wiley, 1987.

Masip 等人（2004）[1] 对以往的研究进行元分析后总结到：总体上来说，测谎技术的准确率介于80% ~90% 之间（参考的以往研究有：Ben – Shakhar & Furedy, 1990；Carroll, 1988；Kircher, Horowitz & Raskin, 1988；Lykken, 1988, 1998；Masip, 2002；Raskin, 1988, 1989；Vrij, 2000）。

二、主张"伪科学"者的立场

而对于测谎技术的反对派来说，上述各类研究所报告的准确率都不可信。他们将测谎结论的准确率比喻成"蒙眼为驴子安尾巴"的游戏，指的是，墙上事先画着一头没有尾巴的驴子，然后让人蒙上眼睛，拿着画好的"尾巴"为其安上。这个比喻的寓意十分明显：将测谎结论作为证明案件事实的证据，即使是准确的，也是"蒙"上的，更何况这种"蒙上"的概率是很低的（Citro, 2000[2]）。所以，他们致力于证明测谎技术其实是一门"伪科学"。

Pseudoscience（伪科学）一词是由一个希腊词根 pseudo 和一个拉丁词根 scientia 组成。pseudo 对应英文为 false，scientia 对应英文为 science。false 有虚伪、虚假、错误、捏造等含义；scientia 指知识或某一领域内的学问。Pseudoscience 在我国一般译为"伪科学"或"疑似科学"，在使用时常含贬义。

关于伪科学（Pseudoscience）一词的定义是有争议的，通常的定义是：任何经宣称为科学，或描述方式看起来像科学，但实际上并不符合科学方法基本要求的知识，缺乏支持证据，经不起可信性测试，或缺乏科学形式，或缺乏科学地位。

"A pretended or spurious science; a collection of related be-

〔1〕　Masip, Jaume, Eugenio Garrido and Carmen Herrero, "The Nonverbal Approach to the Detetion of Deception：Judgemental Accuracy", *Psychology in Spain*, 2004, 8（1）, pp. 48 ~59.

〔2〕　Citro, A. Vincent, "Playing 'pin the tail on the truth' in the Eleventh Circuit：why polygraph evidence should be excluded in Federal courts", 30 *Stetson L. Rev*, 2000（Fall）, p. 725.

liefs about the world mistakenly regarded as being based on scientific method or as having the status that scientific truths now have" (Oxford English Dictionary, second edition 1989)

"Many writers on pseudoscience have emphasized that pseudoscience is non - science posing as science. The foremost modern classic on the subject (Gardner 1957) bears the title Fads and Fallacies in the Name of Science. According to Brian Baigrie (1988, 438), [w] hat is objectionable about these beliefs is that they masquerade as genuinely scientific ones. These and many other authors assume that to be pseudoscientific, an activity or a teaching has to satisfy the following two criteria (Hansson 1996): (1) it is not scientific, and (2) its major proponents try to create the impression that it is scientific. " (Hansson, 2008)

"Claims presented so that they appear [to be] scientific even though they lack supporting evidence and plausibility" (p. 33). In contrast, science is "a set of methods designed to describe and interpret observed and inferred phenomena, past or present, and aimed at building a testable body of knowledge open to rejection or confirmation" (p. 17) (Shermer, 1997) (this was the definition adopted by the National Science Foundation).

可见，与一般人的理解不同，所谓"伪科学"与启示、神学或灵性是完全不同的，而是与"科学"一样，通过经验和实验来探究世界。但"伪科学"与"科学"之间也存在着本质的不同，而正是这些"不同"被用于将某些知识或理论从"科学"中排除，才赋予其"伪科学"的标签。

最早是在 18 世纪末，Pseudoscience 一词开始用于指代炼金术。[1] 伪科学一词最早的使用纪录出现于 1843 年，使用者是法国

〔1〕《牛津英语词典（第三版）》，牛津大学出版社 2001 年版。

哲学家弗朗索瓦·马让迪（Francois Magendie）。"伪科学"的第一次正式使用出现在 1844 年的《北方医学杂志》："那种发明声称是一种科学，其实不过是伪科学，有所谓的因素，以错误的方式相互连接，掩藏在什么理论之下。"在 20 世纪，该词用以指代假冒科学身份的行为。随着时间的推移，词汇的使用变得更加正式、技术化，并对有社会地位、文化影响的个人或机构形成了明显威胁。在西方，骨相学（Phrenology）、占星术（Astrology）等都被认为是典型的伪科学。而我国的"中医"和"针灸"也常被认为是"伪科学"。

1942 年，罗伯特·金·莫顿列出了若干"标准"以辨析什么才是"真"科学。如果有一条标准被违反了，莫顿就认为它是非科学。这些标准是：

原始性：实验和研究必须为科学界提供一些新的东西。

分离性：科学家从事这项科学的理由应该是增加知识。科学家不应该有个人理由，期待某种结果。

普遍性：无人可以更加轻易地获得信息。社会阶级、宗教、种族或个人因素不是人们获取或从事某种科学的因素。

怀疑论：科学因素不能基于信仰。人们应该持续质疑所有的案例、辩题，持续地检查误差和无效假说。

公共可及性：任何科学都是向所有人公开的。所有的科学研究都应公开，在科学界共享。

然而莫顿的标准并没有获得科学界的广泛接受。人们更多地认同了卡尔·波普尔的观点，将可证伪性视为科学和伪科学的标准。可证伪性意味着结果可以被证伪。例如，论断"上帝创造了宇宙"可以是真的、也可以是假的，但没有相应的实验可以被构架起来，所以它被列在科学范畴之外。

与此同时，也有不少学者针对"伪科学"这一提法本身进行了批评性的反思。例如科学哲学家保罗·费耶阿本德就认为，在科学和非科学之间作明确的划分是不可能的，只是一种理想的状态。强行划分界限是非常困难的，因为科学理论和方法论会在新数据影响之下不断进化。此外，适用于一种领域的划分标准很有可能不适用于另一领域。拉里·劳登（Larry Laudan）也认为"如果我们起来数数理由，我们应该将'伪科学'和'不科学'等词汇踢出去；除了做感情工作以外，它们不过是些空话"。因此，理查德·麦克纳利（McNally）称："词汇'伪科学'已经成了煽动性的流行词汇，是在媒体上攻击对手用的"，"每当补品商人们为自己的发明做广告时，我们没必要花时间来确认他们发明是否在伪科学上达标。其实，我们应该干脆点：你怎么知道你的发明能起作用？你的证据何在？"

而当测谎技术在人事筛选中应用，乃至被用在科学家自身身上的时候，越来越多的科学家出来指责："测谎技术其实并不科学，它只是假冒'科学'身份的'伪科学'"。所以，有相当多的科学家积极反对测谎测试的使用，认为它应该被禁止（Lykken，1984）。

反对者提出的最重要的理由就是，若以"可证伪性"为标准，测谎技术很容易被归为"伪科学"。因为已有的一些案例和研究已经表明，只要经过反测谎训练，人们可能会非常有效地打败测谎仪（Ben–Shakhar & Dolev，1996；Elaad，1987，见 Ben–Shakhar & Furedy，1990；Honts，Devitt，Winbush & Kircher，1996；Honts，Hodes & Raskin，1985；Honts，Raskin & Kircher，1994）。其中最常被用来举例的，也是最为人所知的是双重间谍 Aldrich Ames 的例子。这位中央情报局（CIA）的特工多年来（大约从 1985 年开始到 1997 年被起诉）为苏联窃取情报，并导致了至少 100 名中央情报局特工的暴露和至少 10 名特工被执行死刑。在这些年中 Ames 接受了多次例行的 CIA 人事测谎测试，但每次都可以打败测谎仪（Lykken，1998）。后来，Ames 的克格勃（KGB）控制者 Viktor Cherkashin 在接受英国的一家报纸《星期日泰晤士报》（1998 年 2 月 8 日，p. 21）的访谈时解释了他如何帮助 Ames 通过测谎测试。Cherkashin 曾经安排了 Ames 和一位俄国外交官之间的午餐。令

Ames吃惊的是，Cherkashin 自己也参加了午餐。Cherkashin 是有意参加午餐的，他知道 CIA 经常让它的间谍接受例行的测谎测试，而且他也知道 Ames 会被问到"他最近是否和 KGB 官员有非官方的接触"，因为这是他们常问的标准问题。如果 Ames 和 KGB 官员们之间的接触是秘密的，回答这个问题的时候就必须说谎。但因为这次午餐见面，Ames 不再需要对这件事说谎，他可以放心地说他和 KGB 有接触，最终以这样的方式通过了测谎测试。

而另一个更令人津津乐道的例子则是 Floyd 反测谎斗争。Floyd 是一名因为测谎测试而被错误地判为谋杀犯的男子，并在被错误监禁期间"自学成才"成了一名"测谎专家"。他对 27 名同监的犯人进行训练（这些人都自愿地对他承认自己是有罪的），让他们学会如何打败测谎仪。经过仅仅 20 分钟的指导，27 名犯人中有 23 名成功地打败了测谎仪（Ford，1995；Kleinmuntz & Szucko，1984）。

测谎反对者还提出：与这种大规模地侵入人们的工作和生活领域相对的则是，测谎技术的理论基础一直是暧昧不明的。"每一个一年级医科学生都知道在测谎试验中测量的四种（生理）指标——血压、脉搏、汗腺分泌和呼吸——可以被无数种情绪所影响……但是无论什么医学教科书都没有用任何方式把这些指标和一个人说谎的意图联系起来。"（Zelicoff，2007）NRC（2003）的研究报告也明确地指出："心理生理反应与试图说谎的心理状态之间并没有建立起紧密的联系[1]"，没有理论可以确定某种心理生理反应的出现是因为"试图说谎"的心理状态而非其他心理状态导致的。而现代关于效度概念的观点也认为，理论基础也是其必要元素，是

---

[1] 原文为："a tight link is not established from the physiological responses to the psychological states presumably tied to deception."National Research Council，2003，"The polygraph and lie detection"，Committee to review the scientific evidence on the polygraph，Division of behavioral and social sciences education，Washington，DC：The National Academies Press，p. 48.

建立结构效度的重要来源（参见 Messick，1989[1]）。

面对这些截然不同且都言之凿凿的主张和观点，确实让人无所适从。而回顾测谎技术起源和发展脉络也许是一个办法，可以帮助我们在这种完全对立的争论漩涡中理出头绪。

测谎的早期探索——神裁法

根据测谎学者的说法，现代测谎技术的起源可以追溯到古代社会。在古老的非洲，人们会将一块烧热的石头放到嫌疑人的舌头上，如果口内唾液丰富则能保护舌头不被烫伤，而如果口舌干燥则会受伤（Matte，1996)[2]。而在大约公元前1750年的巴比伦，是把烧得通红的刀片放在嫌疑人的舌头上。在这个把水视为珍宝的干旱地区，因为口内缺乏唾液而被灼伤的现象自然会被看做是神的惩罚，所以人们可以由此推断，只有清白无辜者的舌头不会像有罪者那样被灼伤。人们则只需根据嫌疑人舌头被烧伤的程度来作出最后的判决。还有学者考察后发现，在中国的（也有说其实是印度）古老文化中，如果要判定一个人是否诚实，就要求那个人咀嚼生米并吐出来，能吐出来的人被认为是诚实的，而不能吐出来的则被判为说谎者（Trovillo，1939)[3]。这一方法的变体也在其他古老地区出现过，同样是在询问犯罪嫌疑人时让其咀嚼食物，只不过用的不是生米，而是一片干酪面包，如果它粘在犯罪嫌疑人的上颚上，则被认为是不诚实的（Larson，1932)[4]。

在中国古代文献中也不乏类似的识别有罪和无辜的例子，至

---

〔1〕 Messick, S., "Validity", in Linn, R. (ed.), *Educational Measurement*, New York: Macmillan, 1989, pp. 13～103.

〔2〕 Matte, James Allen, *Forensic Psychophysiology: Using the Polygraph*, New York: JAM Publications, 1996.

〔3〕 Trovillo, P. Y., "A History of Lie Detection", *Journal of Criminal Law and Criminology*, 1939, 29 (6), pp. 848～881.

〔4〕 Larson, J. A., *Lying and its Detection*, Chicago, IL: University of Chicago Press, 1932.

今在民间特别是在一些少数民族地区，人们有时仍然采用此类裁判的方式解决纠纷。[1]《墨子·明鬼下》更是详细地记载了这样的事件[2]：

> 昔者齐庄君之臣有所谓王里国、中里缴者，此二子者，讼三年而狱不断。齐君由谦杀之恐不辜，犹谦释之。恐失有罪，乃使之人共一羊，盟齐之神社，二子许诺。于是泏洫，到羊而漉其血，读王里国之辞既已终矣。读中里缴之辞未半也，羊起而触之，折其脚，祧神之而槁之，殪之盟所。（《墨子·明鬼下》）

这种在现在看起来有点"迷信"的识别谎言的方法在人类历史长河的相当长时间里，还被固定成为"法条"，写入了各种法典。这意味着，这种依赖神意的明辨是非的方法成了一种法律认可的裁判标准，而这种根据神意的启示来判断人与人之间是非曲直的方法被称为神裁法（ordeal）。"ordeal"一词的词源则来自古条顿人（Teutonic，日耳曼人）的裁判法——将犯罪嫌疑人的手浸入沸水中，受神主宰，手无损，则无罪。因此，即使到了中世纪，对某些无法通过其他方法判决的特殊犯罪仍依照日耳曼人的习惯法采用神裁的方式，而通常的做法就是要求犯罪嫌疑人赤足走过烧红的犁头或将手放入沸水中。时至今日，英文中还有一句成语——Go Through Fire and Water（现在一般译为"赴汤蹈火"），其实就反映了曾经用火烤或水淹来辅助识别谎言的形式。

迄今为止，所发现的人类第一部法典——《汉谟拉比法典

---

〔1〕 夏乾之编著：《神意审判》，团结出版社1993年版。
〔2〕 孙诒让：《墨子间诂》，中华书局1986年版，转引自高鸿钧："法律成长的精神向度"，载《环球法律评论》2003年第4期。

(*Code of Hammurabi*)》[1] 就规定，当因受各种条件限制无法作出判断时会借助"神裁法"。如第 2 条规定，自由民检举他人犯有巫蛊罪，如不能证实，则将被告投入河水中，视其是否被淹死以定结果；第 132 条规定，已婚妇女被怀疑通奸，如无证据，则将被告投入河水中，以其是否沉入水底作为判断依据。[2]

14 世纪时古瑟尔维亚的《斯蒂芬·杜尚法典》[3] 第 152 条也规定，如果被告想证明自己的清白，就应该接受烧红的铁块的考验，即他必须从教堂门口燃烧的火堆中取出烧红的铁块，并用手拿到祭坛上去。然后观察其烫伤的伤口的愈合情况：如果伤口溃烂，久未愈合，那么便认为是神在惩罚他，据此就可以判定他是有罪的。

古印度的《那罗陀法典》也有明确的"神裁法"规定。例如其中第 102 条规定了 8 种神裁法：火审、水审、秤审、毒审、圣水审、圣谷审、热油审和抽签审[4]。

由此可见，神裁法的具体方法有许多种，各个国家也不尽相同，但是却毫无例外地将此方法建立在这样一种假说的基础上：当时的人们深信神无所不在，神意永远是公平和正义的，神会介入审判来保护那些被推入险境的无辜者免受伤害。而从当今概率论的角度来看，如果这些方法所谓的"超越人类的控制而听凭命运的安排"是假象的话，那么排除这一因素之后就只剩下"偶然性"因素。因此，所有的"神裁法"都应具有得到 50% 准确结论的可能性。

---

〔1〕 公元前 1762 年，古巴比伦王国的第六代国王汉谟拉比，将法典刻在马尔都克大神殿矗立的一根高 225 米、上周长 165 米、底部周长 190 米的黑色玄武岩柱上，约 8000 字，282 条。现存于法国巴黎卢浮宫。

〔2〕 高鸿钧："法律成长的精神向度"，载《环球法律评论》2003 年第 4 期。

〔3〕 古塞尔维亚王国在乌罗什四世（Uros Ⅳ），即称斯提芬·杜尚（Stefan Dusan）皇帝在位期间（1331~1355 年）国势进入鼎盛时期。1349 年，在由僧俗和贵族参加的会议上，通过了《斯蒂芬·杜尚法典》。1354 年，又编成法典的补编。

〔4〕 陈盛清主编：《外国法制史》，北京大学出版社 1982 年版，第 32 页。转引自高鸿钧："法律成长的精神向度"，载《环球法律评论》2003 年第 4 期。

但当今测谎研究领域的学者,在回顾人类测谎历程时,也注意到了神裁法这一古老朴素的测谎方法的内在价值,并认为排除那些丝毫不具有科学性的"神裁法",还有一部分的"神裁法"具有一定的科学意义。这些方法看起来似乎荒谬可笑,但是在了解了现代测谎技术的某些理论基础后,就会发现,这些方法的使用是有着潜在的科学依据的:

> 恐惧导致自主神经的活动,而自主神经反过来控制唾液的分泌。有罪者由于害怕被揭穿而产生的恐惧导致唾液分泌的减少,从而很难吐出生米或干酪面包。
>
> 同样,《汉谟拉比法典》所使用的将当事人投入河水中看其是否沉没来判罪的方法也有着一定的道理:作为有罪者,由于心理紧张和恐惧,会形成肌肉紧张而不能很好地浮在水面;相反,无辜者没有紧张情绪,肌肉放松则会浮在水面上。
>
> 古瑟尔维亚的《斯蒂芬·杜尚法典》是通过观察烫伤的伤口的愈合情况来判定是否有罪的。这一"神裁法"也可以用科学研究的发现加以解释:真正的有罪者由于害怕事情败露,整日提心吊胆,处于长期的恐惧和焦虑中;而现代心理学的研究表明,长期处于紧张情绪下往往会导致个体出现身体上的溃疡或是伤口不易愈合。

可见,在这些原始的判断被告是否有罪或是否诚实的方法中,已经蕴含着现代测谎技术的基本原则:心理活动和生理反应存在着很强的相关关系,并且这种生理反应是不易控制的,因此"这些活动常被看成是现代测谎技术的先声"(Lykken, 1998)[1]。

---

〔1〕 Lykken, D. T., *A Tremor in the Blood: Uses and Abuses of the Lie Detector*, New York: Plenum Press, 1998, p. 24.

所罗门式的测谎尝试

如果说神裁法是人类认识水平低下时需要识别谎言所采用的"最理想"的方法，那么随着认识水平的提高和经验的积累，人们逐渐放弃了他们用理性无法解释的神裁法，而转向依靠自己的智慧来判断当事人是否说谎或有罪。

一、二母争子

在这种方法中，最为人熟知的应该是《圣经》中所记载的所罗门王（King Solomon）智慧地裁判二母争一子案：

有一天，有两个做妓女的妇人来见王，站在他面前。其中一个妇人说："我主啊，我和这妇人同住；她与我在房子里的时候，我生了一个孩子。我生了孩子以后的第三天，这妇人也生了一个孩子。我们都住在一起。除了我们两个人在房子里以外，再没有别人与我们一起在这房子里。夜间，这妇人睡觉的时候，压死了她的孩子。她却在半夜，趁着婢女睡着的时候起来，从我身旁把儿子抱去，放在她的怀里；又把她死了的儿子放在我的怀里。第二天早上我起来，要给我的儿子吃奶的时候，发觉他死了。那天早晨我再仔细察看，发觉他并不是我所生的儿子！"那一个妇人说："不！活的儿子是我的，死的儿子才是你的。"但这一个妇人说："不！死的儿子是你的，活的儿子才是我的。"她们在王面前彼此争辩。王说："这个妇人说：'活的儿子是我的，死的儿子才是你的'，那个妇人却说：'不！死的儿子是你的，活的儿子才是我的。'"王就吩咐："给我拿一把刀来！"人就把刀带到王面前。王说："把活的孩子劈成两半，一半给这个妇人，一半给那个妇人。"那活孩子的母亲因为爱子心切，就对王说："我主啊，把那活的孩子给她吧，千万不可杀死他！"另一个妇人却说："这孩子也不归我，也不归你，把他劈开吧！"王回答说："把活孩子给这个妇人，千万不可杀死他，这个妇人实在是他的母亲。"
（《圣经·列王记上》，第三章第十六至十七节）

在中国的古代也有诸多智力型的测谎方法，其中就有和上述的案例十分相似的记载。现存的元人李行道（或李行甫，名潜夫）的著名杂剧《灰栏记》，讲述的就是包公巧断二妇争子的公案。但一般研究者均认为其来源于汉代的真实案例。在由马良田、李福田总主编的《中国文学大词典》"包待制智勘灰栏记"条中这样写道："东汉应邵《风俗通义》记颍川有妯娌两人争儿，西汉丞相黄霸让两人各距十余步，自往取儿，弟媳恐伤亲儿，放手让大妇拉去。《灰栏记》即据此改编。"可见，与所罗门的判案不同，在这个案例中裁判不是命令将孩子劈成两半，而是让两个母亲一个抓着孩子的头，一个抓着孩子的腿，抢夺孩子，谁抢走孩子，孩子就归谁。其中的一位母亲放弃了争夺孩子，裁判便把孩子判给了这位母亲。

在以上两个案件中，裁判都把孩子判给了放弃争夺孩子的母亲。这是因为他们利用了这样一个道理：孩子的母亲是永远不会让孩子受到伤害的，当孩子的生命受到威胁的时候，他们宁愿放弃自己的任何权利。

二、圣驴审判

在古印度也记载着貌似"神裁法"但实际上依靠分析人的心理活动的谎言识别办法——神驴测试（Test of the Sacred Ass）（Matte, 1996[1]）。神职人员将犯罪嫌疑人带到一间黑屋子里，并告知犯罪嫌疑人里面有一头"神驴"，说谎（或有罪）的人拽住它的尾巴时，它就会嘶叫；而对诚实的人则不会。因此，神职人员要求所有犯罪嫌疑人都依次进入黑屋子里拉一下神驴的尾巴。由于诚实无辜的人不害怕神驴会嘶叫，都会按要求拉一下神驴的尾巴。而

---

〔1〕 Matte, J. A., *Forensic Psychophysiology*：*Using the Polygraph*，New York：JAM Publications，1996.

说谎者由于害怕，利用不易被发觉的环境条件往往不会真的去拉驴尾巴。而事实上，所谓"神驴"只是普通的驴子，并不具有"裁判"的神力，但是其尾巴上涂有黑色的涂料。因此，没有拉驴尾巴的心虚的有罪者走出屋时手仍是干净的，而诚实者手上则沾有涂料。据此，神职人员就能很轻易地判断出谁说谎。

三、五听技术

而在我国，从奴隶社会就已经发展出来了利用人类智慧系统辨别诉讼中陈述（statement）真假的"五听"技术（参见奚玮、吴小军，2005[1]）。奚玮和吴小军（2005）对"五听"的核心技术和原则进行了整理，具体如下：

（一）察色判断

所谓察色判断，是指通过观察当事人的表情和神色，判断其有无异样，从而发现案件疑点，为查明案件真相提供线索。察色判断要求法官深入地洞察当事人每一个细微的神情，敏锐地把握其中的端倪，从而为发现案件真实奠定基础。

……

（二）闻声判断

闻声判断是以心理学为依托，依据一般情况下正常人所表现出来的心理状态，通过聆听当事人的声音（如哭声）来判断案件的蹊跷，从而为查明案件真相提供线索。

……

（三）言辞判断

言辞判断是通过甄别当事人的陈述或供词，发现其中的真伪，从而为进一步调查取证和探明真相提供条件。

……

（四）情理判断

---

[1] 奚玮、吴小军："中国古代'五听'制度述评"，载《中国刑事法杂志》2005年第2期。

所谓情理判断，是指司法官从一般人情、常理人手，通过探究案件事实中不合情理的情节，揭示其中的深层原因，从而查明案件的真相。

……

（五）事理判断

所谓事理判断，是指司法官通过对一般事理即事物本身所具有的属性进行分析，揭示案件的疑点，为正确查明案情提供线索。

从对这"五听"技术的深入剖析，我们可以发现，所罗门的智慧实际上是利用了"情理判断"，而"五听"技术所使用的识别谎言的方法则更为全面。它不仅提供了可以通过"事理"、"情理"识别谎言的原则，还提出可通过当事人的表情、陈述的内容，以及陈述的形式（说话时声音的高低、大小、是否异常，等等）来判断真伪。而在当代测谎研究学者看来，总的来说测谎方法有三种。第一种方法是观察人们的非言语行为（他们所做的动作，他们是否出现笑容、视线转移，他们说话的音调、语速、是否出现口吃，等等）。第二种方法是分析说话的内容。第三种方法是通过检查人的生理反应（血压、心率、手掌出汗，等等）（Vrij，1999）。我们可以看到，其中的前两种方法都已经被纳入我国古老的"五听"技术中。至于第三种方法则是在较晚时随着自然科学技术突破性的发展而逐渐显现出来的现代测谎技术。

科学主义思潮下的测谎技术

按照前述"科学还是伪科学"的标准，无论是神裁法还是所罗门式的判案，都不符合"科学主义"的要求。"科学（science）"一词源于拉丁文 scientia，即知识。14 世纪之前，科学研究还是小规模的个人的活动。14 世纪到 16 世纪的文艺复兴，相续建立了一批大学和科学院。科学活动开始规模化发展，科学向社会各个层面渗透。在这个过程中，人们开始认识到自己的价值，开始对神产生怀疑，开始仰视科学。到了 19 世纪下半叶，科学几乎占领了整个知识领域，人们相信科学可以解释一切。在这种科学主义思潮之下，人们把科学当成万物的标准，主张用自然科学的方法来探索世界上的一切，包括社会科学。而识别谎言的活动也不能例外。

一、把脉测谎

富有科学主义色彩的测谎方法其实可以追溯到古希腊时期。公元 2 世纪，古希腊医生盖伦（Galen）在治疗患者时发现了一个有趣的现象。他治疗一名女患者时，曾连续四天测量其脉搏。结果发现，在第一天和第四天，女患者提到她与一名男性舞蹈演员相爱，而在第二天和第三天，却提到了另一名男性舞蹈演员的名字。女病人在提到这两名男性舞蹈演员时，其脉搏的速率是不一样的。盖伦由此得出结论认为，比较人的脉搏速率可以用于测谎。

但是有人指出，其实是希腊医师 Erasistrautus（公元前 300 年~公元前 250 年）而非 Galen 最先注意到用脉搏甄测谎言。他为叙利亚王子 Atiochus 把脉，传言王子与他父亲 Nicator 刚刚结婚不久的年轻漂亮的王后 Stratonice 坠入了爱河。王子变得消瘦而憔悴，Nicator 国王以为王子得了可怕的疾病。医生边与王子谈论可爱的王后的美德边为他把脉，之后，告诉了他的父亲王子没有生病，只是试图隐藏对王后的强烈感情。

1730 年，也就在其辞世的前一年，著名作家 Daniel Defoe 在其名为 "An Effectual Scheme for the Immediate Preventing of Street Robberies and Suppressing all Other Disorders of the Night" 的散文中提出，"把脉" 是一种有效的、更人道的识别犯罪人的方法。他写道："恐惧总是伴随着负罪而来，在小偷的身体里，血液在颤动（Guilt carries fear always about with it; there is a tremor in the blood of the thief)[1]"。因此，他建议道："抓住他的手腕，感觉他的脉搏……紊乱的心跳，不平稳的脉搏和突然的心悸将明明白白地承认他就是

---

〔1〕"血液在颤动" 这一说法显然为后来的测谎大家 David Lykken 所膜拜，而成为 Lykken 那本著名的测谎著作的书名，具体见后述。

犯罪人，无论他是如何厚颜无耻或巧舌如簧（take hold of his wrists and feel his pulse … a fluttering heart, an unequal pulse, a sudden palpitation shall evidently confess he is the man, in spite of his bold countenance or false tongue）"（Defoe，1730）[1]。

而在一本 1906 年出版的描写中世纪（the Middle Ages）风情的书 *Gesta Romanorum* 中，作者讲述了一个有趣的测谎故事。在当时（中世纪），一位贵族怀疑自己的妻子有外遇，并向他的一位谋士讲述了自己的怀疑。这位谋士随后安排了一次测谎。在一次晚宴时，谋士坐在那位贵族妻子的旁边，佯装与她交谈，并看似无意地将自己的手放在贵妇的手腕上。当谈话中提到怀疑是这位贵妇的情人的名字时，妻子的脉搏立即变快，而当后来提到她丈夫的名字时，妻子的脉搏则没有类似的反应。据说，后来妻子承认了自己的外遇行为（Trovillo，1939）。

二、Mosso 的"科学摇篮"

如果说以上的这些利用脉搏测谎的活动还只是个人的小打小闹，那么从 19 世纪末开始，受当时科学主义思潮影响至深的学者们纷纷尝试发明各种科学仪器来测谎。其代表人物当属 Angelo Mosso[2]。在其导师，被誉为"现代犯罪学之父（Father of Modern Criminology）"的意大利法医 Cesare Lombroso 的鼓励下，Mosso 致力于研究恐惧情绪对脉搏和呼吸的影响。Mosso 研究工作的进步性在于，他不再是通过诊脉的方法来记录脉搏的变化，而是利用了由 Francis Franke 发明的"容量描记器（plethysmograph）"[3] 来进行研究。1878 年 Mosso 报告了他在实验过程中借助仪器记录到了在特

〔1〕 引自 Segrave, K. , *Lie detectors: A social history*, Jefferson, NC: McFarland and Company, 2004, p. 8.

〔2〕 Gordon, Nathan J. and Fleisher, William L. , *Effective Interviewing and Interrogation Techniques*, London: Academic Press, 2002.

〔3〕 用以记录一次呼吸循环中的血容量变化的大小。

殊刺激出现时被试发生的生理变化（Herbold – Wootten, 1982)[1]。Mosso 报告说，当时他正以一名因病而导致大脑部分暴露在外的女病人为实验对象，仪器突然记录到她的脉搏加快，同时发现其大脑的体积也变大了。而当时病人正安静地坐在椅子上，也没有任何外部环境的变化。Mosso 非常惊奇，马上向病人询问。病人报告说，她刚才突然看见对面书架上的一本书上印有一个人的头颅的图片，这让她想到了她自己的病情。此后，Mosso 排除了其他因素，例如噪音，对这一实验现象的影响，确定是因为刺激（头颅图片）带来的恐惧情绪导致了此被试血压以及大脑体积的变化。Mosso 还进一步发现，对于普通被试而言，其结果也一样，从而认为：恐惧能带来人体血液的变化（Trovillo, 1939）。为了验证自己的观点，Mosso 于 1896 年发明了一种他称之为"科学摇篮（scientific cradle)"的仪器来测量被试头部的血量的变化，深入研究了情绪（主要是恐惧）与血量变化的关系（Matte, 1996）。Mosso 的研究对生理心理测谎技术的发展具有非常重要的价值，因为恐惧等情绪变化可能是生理心理测谎技术的理论基础的一个重要部分。

三、Lombroso 的水压脉搏记录仪测谎

而在不少对测谎历史进行回顾的文献中，是 Mosso 的导师 Lombroso 而非 Mosso 本人被认为是现代测谎技术的第一人（Palmiotto, 1983[2]；Don Grubin & Lars Madsen, 2005[3]）。造成这一局面的原因，除了 Lombroso 的盛名之外，可能更重要的是因为 Lombroso 坚持将实验室研究与实践应用相结合的理念，当然这也得益于他所具有的实务者——法医的身份。Lombroso 将自己以及弟子 Mosso 的研究发现和实验仪器用于识别真正的犯罪人。在其

---

〔1〕 Herbold – Wootten, H., "The German tatbestandsdiagnostik: A historical review of the beginnings of scientific lie detection in Germany", *Polygraph*, 11, 1982, pp. 246 ~ 257.

〔2〕 Palmiotto, M. J., "Historical Review of Lie – Detection Methods Used in Detecting Criminal Acts", *Canadian Police College Journal*, 1983, 3（7）, pp. 206 ~ 216.

〔3〕 Grubin, D. & Madsen, L., "Lie detection and the polygraph: A historical review", *Journal of Forensic Psychiatry & Psychology*, 2005, 2（16）, pp. 357 ~ 369.

1895 年出版的《天生犯罪人（*L'Homme Criminal*）》[1] 一书中，Lombroso 提到了他利用水压式脉搏记录仪（hydrosphygmograph）[2] 讯问犯罪嫌疑人的相关工作。当他向嫌疑犯问及是否与案情有关或者是否知情等问题时，以仪器来测量和记录被讯问者的脉搏或血压变化。而在 1911 年的相关文献中则详细记录了 Lombroso 利用上述方法成功识别犯罪人的一个经典案例。在测试中，Lombroso 利用水压式脉搏记录仪测试一名犯罪嫌疑人手部的血压变化。[3] Lombroso 发现，当嫌疑人被问及与铁路抢劫有关的问题时，仪器记录的数据没有显著变化，而当被问及有关盗窃机密文件的问题时，水压式脉搏记录仪记录到有 14mmHg 的水柱下降，表明其血压下降。由此，Lombroso 得出结论，此犯罪嫌疑人有过盗窃机密文件的罪行但没有参与铁路抢劫。后来这一结论被证明是准确的（Trovillo，1939；Lombroso，1911）。

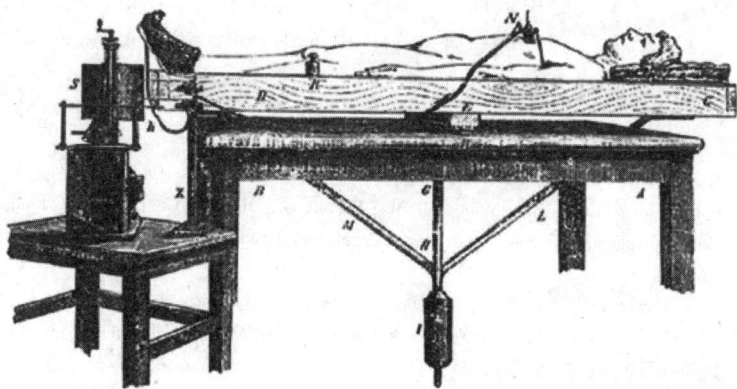

图 1 -2　Mosso 的科学摇篮（scientific cradle）

---

[1]　Cesare Lombroso, *L'Homme Criminal*, Paris：Felix Alcan, 1895.

[2]　hydro：water, sphygmo：blood, graph：write.

[3]　Lombroso 是让被试者将手握成拳头，然后利用仪器测量手部的脉搏。

来自 Sandrone et al（2013）[1]

四、皮电与测谎

在 Mosso 和 Lombroso 提出使用血压（或脉搏）作为测谎指标的基础上，研究者还进一步探索了其他有助于完成测谎工作的心理生理指标的可能性。1878 年，Adamkiewicz 第一个报告了关于汗腺分泌与心理活动密切相关的实验发现。而 Sticker 则于 1897 年发明了皮电反应仪计（galvanic skin phenomenon）[2]，并用于测谎（Trovillo，1939）。

S. Veraguth 在 1906 年[3] 也发表了他利用科学仪器发现皮电反应与情绪关系密切的研究结果。他描述道：当能引起被试情绪波动的单词出现时，记录到的皮电曲线会显著升高，而那些非关键信息出现时皮电曲线变化不大。Veraguth 还特别指出了一个细微的实验发现：对于关键单词而言，第一次出现时引起被试的皮电变化要大于这一关键单词以后出现时的皮电变化[4]。虽然 Veraguth 不是对皮电指标进行实验研究的第一人，但是他却第一个提出了"心

---

〔1〕 Sandrone, S. , et al; Bacigaluppi, M. ; Galloni, M. R. ; Cappa, S. F. ; Moro, A. ; Catani, M. ; Filippi, M. ; Monti, M. M. ; Perani, D. ; Martino, G. , "Weighing brain activity with the balance: Angelo Mosso's original manuscripts come to light", *Brain*, 2013, 137 (2), p. 621.

〔2〕 "galvanic" 一词来源于意大利生理学家 Luigi Galvani。他在自己 1791 年出版的名著 "Commentary" 中记录了他的一项重要发现。当用两种金属组成的回路把已经解剖的蛙的神经肌肉连接起来后，马上会使蛙的肌肉痉挛。Galvani 根据这一现象认为蛙的体内有一种看不见的"动物电"或"生物电"，是它刺激了蛙的肌肉发生痉挛现象，金属导线仅仅起到了接通电流回路的作用。而这种利用两种金属测量生物体内电流变化的仪器则被冠以"galvanic"一词。Sticker 则是利用他所发明的这一仪器在人体皮肤表面记录到了电流，并将此称为"galvanic skin phenomenon"。对此术语准确的译法应是"皮肤电反应计"，在我国目前 Polygraph 测谎领域，常常将此生理指标简称为"皮电反应"或"皮电"，本书也采用这两种称谓。而事实上，对于测谎中皮电的作用原理目前仍未有定论。

〔3〕 Veraguth, S. , Das psycho-galvanische Reflexphänomen, Monatsschrift für Psychiatrie und Neurologie, Bd. XXI, 1906, Heft 5.

〔4〕 这实际就是我们后来所熟知的"习惯化（habituation）"问题。

理皮电反射 (psychogalvanic reflex)"这一概念。

不过,后来的学者 Ruckmick (1936) 指出,"psychogalvanic reflex"这一说法并不十分准确,因为电流计所记录的是反应 (response) 而不是反射 (reflex),建议将其改为"皮电反应 (electrodermal response)"。由此,"皮电反应 (electrodermal response)"这一指标一直作为心理生理测谎技术所要采集和记录的"最重要"心理生理指标,并延续至今。

五、Benussi 的呼吸比

除了血压和皮电反应以外,Polygraph 测谎技术还使用的生理指标就是呼吸。我们还不能确定谁是第一位提出使用呼吸测谎的人,但我们可以肯定地说,奥地利人 Vittorio Benussi 是第一位对测谎的呼吸指标进行系统而科学地研究的人。Benussi 对呼吸指标的研究相当深入,他的研究结论至今仍是心理生理测谎家技术的标准方法,因此其在测谎领域的地位非同一般。

1914 年,Benussi[1]在 Graz 大学担任哲学系的无薪教师 (privatdozent) 时就发表了一篇文章,报告了自己利用呼吸描记仪 (pneumograph) 对被试说谎时的呼吸特征 (respiratory symptoms) 进行研究的实验过程与观察结果。随后他辗转到意大利 Padua 大学任教。当时的 Padua 大学没有实验室,也没有任何实验设备,因此 Benussi 就将自己的研究重点放在不需要任何仪器设备的催眠 (hypnosis) 技术上。对于进行催眠研究而言,最首先的工作在于研究者要确定自己的被试是否真的进入了催眠状态。因此,就是在这个期间,Benussi 发现可以通过一些特征性的呼吸模式 (breathing pattern) 来辨别被试是否处于催眠状态。

这些相关的经历为 Benussi 后来利用呼吸指标进行测谎研究打下了良好的基础,使得他对生理心理测谎技术贡献良多。Benussi

---

[1] Benussi, V. , "Die atmungssymptome der lüge (The respiratory symptoms of lying)", *Archiv fuer die Gesamte Psychologie*, 31, 1914, pp. 244~273, (in German) English translation printed in Polygraph, 4 (1), pp. 52~76.

在报告中不仅阐述了他的发现——利用呼吸比率来识别谎言，而且还采用"模拟犯罪"的实验室研究方法来证明其提出的测谎方法的准确性，并将根据呼吸比率测谎与行为观察测谎的准确性进行比较。实验结果十分理想，根据呼吸比率作出的所有的测谎诊断中只出现了两例错误，一例为有罪，另一例为无辜。Benussi 还对这两例诊断失败的案例进行了分析和讨论，认为是被试使用了反测谎（countermeasure）对策（控制自己的呼吸）而导致测谎失败。因此，Benussi 得出结论，如果排除这一干扰因素，通过呼吸特征测谎的准确率可达100%，而与此形成鲜明对比的是，通过行为观察测谎的准确率只是比猜测（50%）好一点。

六、多导测谎仪的雏形

此外，Benussi 还可能是最早使用同时记录一个以上心理生理指标的仪器进行测谎的学者之一，他曾尝试着将心率（heart rate）、血压（blood pressure）和呼吸结合起来测谎。而在1908年，Mackenzie 在 "the British Medical Journal" 发表了文章，第一次将这种同时测量一种以上心理生理指标的仪器称为 "Ink Polygraph"（Mackenzie，1908；Reid & Inbau，1977；Ansley，1992）。这也是测谎仪（Polygraph）名称的最初由来。

Larson 正是在前人工作的基础上，将业已出现的 Polygraph 仪器进行改进，整合成了包括三种心理生理指标（血压、呼吸和脉搏）的 Larson 式测谎仪。

作为 Larson 的门徒——Leonarde Keeler，他的名字往往和 Larson 如影随形。当 Keeler 还在斯坦福大学学习心理学时，就开始跟随 Larson 在伯克利警察局学习测谎技术。1938年，Keeler 在 Larson 式测谎仪的基础上进行了改进，加入对"皮电反应"的测量，整合成为 "Keeler 式测谎仪（Keeler Polygraph）"，为现代测谎仪的真正原型（Sullivan，2001）[1]。

这种包括三项生理指标［皮电、呼吸、（血压或脉搏）］的 Kee-

---

〔1〕 Sullivan, E., *The concise book of lying*, New York: Picador, 2001.

ler式测谎仪现在已经是实务中最常使用的仪器。因此在美国,当人们表达"测谎仪"这一概念时,更常使用的是单词"polygraph",而非"lie detector"。

第二章

日常生活中的说谎

说谎行为古已有之

从目前我们所拥有的"吉光片羽"的古代文档中可以看出，说谎行为在人类社会的早期就已出现，并为当时的人们所感知与思考。生活于公元前 7 世纪的古希腊著名诗人赫西俄德（Hesiod）说到关于人类五世纪的传说[1]，对于第五代——黑铁时代的人类，即"现今"[2]的人类，他认为是堕落的人类，并有可能堕落到极点，而最终毁灭。从他的描述中我们可以看出"现今"的人类所具有的劣性，其中也谈到了说谎这一行为：

现在的确是一个黑铁种族：人类白天没完没了地劳累烦恼，夜晚不断地死去。诸神加给了他们严重的烦恼。尽管如此，还有善和恶搅和在一起……父亲和子女、子女和父亲关系

---

〔1〕 在赫西俄德看来，人类具有一个"五代史"的过程，即由黄金时代、白银时代、青铜时代、英雄时代到"现在"的黑铁时代的过程。前四个时代的人在赫西俄德看来是纯粹的：纯粹的善、无知、恶与正义。而第五代的人则是不纯粹的。前四代人有着神圣的起源，是由神创造的。而第五代人类，则是由英雄时代的人过渡而来的，他们失去了神圣性，人与神相分离。

〔2〕 指赫西俄德生活的时代。

不能融洽。主客之间不能以礼相待，朋友之间、兄弟之间也不能如以前那样亲密友善。子女不尊敬瞬即年迈的父母，且常常恶语伤之……恶人用恶语中伤和谎言欺骗高尚者[1]（赫西俄德：《工作与时日·神谱》）。

一、古代宗教戒律中的说谎

而在西方，如同中国曾经的"黄历"一般"居家常备"的《圣经》中有一些章节，例如至少成书于公元前 3 世纪[2]的《旧约·出埃及记》中就记载了耶和华在西奈山上与摩西立约约束以色列人（the Israelites）行为的"十诫（the Ten Commandments）"，其中第九诫"不可作假见证陷害邻居（You shall not bear false witness against your neighbor）"[3]，指的就是禁止说谎。

同样，在另一大宗教——佛教中也有关于禁止说谎行为的要求。佛教五戒（戒杀生、戒盗窃、戒邪淫、戒妄语和戒饮酒）中明确规定了"不准说谎（戒妄语）"。此外，佛教还将"妄语"进一步细化，并加以解释和规诫。例如，在佛教中，"妄语"不仅是"五戒"之一，而且也被列为"十恶"之一，特指以欺人为目的而作的虚妄语。据佛经《四分律》卷十一所记载，妄语为波逸提（必须向众僧忏悔之罪），此系小妄语（虚伪不实）；另据同书卷二记载，未至菩提而妄言得菩提（即妄称证得佛道）者，即犯波罗夷（为教团驱逐之大罪），此系大妄语（未得言得，未证谓证）。

---

〔1〕［古希腊］赫西俄德：《工作与时日·神谱》，张竹明、蒋平译，商务印书馆 1991 年版，第 6 ~ 7 页。

〔2〕《圣经》包括《旧约》和《新约》，一般认为，旧约中的最古老的一部分，例如《创世记》、《出埃及记》等完成于公元前 1400 年左右，新约则完成于公元 1 世纪末，所以整本圣经是由四十多位不同时代的作者写成，创作时间跨越一千多年。而 1948 ~ 1956 年发现的《死海古卷（*The Dead Sea Scrolls*）》的大量碎片，根据 C14 放射性测年法等鉴定方法，结果证实这批圣经抄本是公元前 3 世纪至公元 1 世纪中叶的作品。参见［美］Stephen M. Miller & Robert V. Huber：《圣经的历史》，黄剑波、艾菊红译，中央编译出版社 2008 年版。

〔3〕《旧约·出埃及记》，第二十章第十六节。

此外，据《大智度论》卷十三记载，犯妄语戒而无惭愧心者，自断于至涅盘及生天之道，并有口气臭、善神远离等十种罪过，此称为妄语十罪。

通过这些宗教性质的界定与规范，我们可以大胆地得出结论：说谎行为的确在人类社会发展的早期就已出现，正是因为有了说谎行为的出现，才可能有相应的禁令或戒律的制定。

另一方面，在比较现代社会的普遍规范——道德与法律后，我们还能看到一个值得当代人反思的现象。在传统宗教规范中，说谎行为常常与杀人、奸淫等这些特别恶劣的行为并列作为"禁止性行为"。如在十诫中与"不能作假证"并列的其他要禁止的行为，包括：不可杀人（Do not put anyone to death without cause）[1]，不可奸淫（Do not be false to the married relation）[2]，不可偷盗他人财物（Do not take the property of another）[3]，不可贪恋邻居的房屋，也不可贪恋他的妻子、仆婢、牛驴，和他一切所有的（Let not your desire be turned to your neighbour's house, or his wife or his man – servant or his woman – servant or his ox or his ass or anything which is his）[4]。在佛教中，"妄语"还被作为是"犯淫戒、犯盗戒、犯杀人戒、犯大妄语戒"四大重罪之一。但是在我们现代社会的道德准绳下，说谎并不是十分严重的恶行，有的时候会被理解、甚至会得到正面的评价。同样，在目前世界各国普遍的法律规范中，与说谎相关的犯罪往往被看作罪行较轻的行为。如伪证罪，与故意杀人或强奸罪相比，普遍会被认为并不严重。而与现实的成人世界规范现状形成讽刺对比的则是：我们的社会却常会要求我们的孩子从小"做人要诚实"、"不准说谎话"。实证研究的结果也充分证实了这一点：在西欧10个国家中有9个国家的父母在教育孩子的时候，首先要求孩子要做到的品德是"诚实"（Harding, Phillips & Fogar-

---

〔1〕《旧约·出埃及记》，第二十章第十三节。
〔2〕《旧约·出埃及记》，第二十章第十四节。
〔3〕《旧约·出埃及记》，第二十章第十五节。
〔4〕《旧约·出埃及记》，第二十章第十七节。

ty，1986）[1]。George Bernard Shaw 就一针见血地指出，"只有在创造出一个诚实的世界之后，我们才能将'诚实是最好的策略'这一观点诚实地告知我们的孩子"[2]。

二、古代故事中的"说谎"

除了以上来自宗教规诫中直接提及的"说谎"概念之外，还有大量关于人类早期说谎的具体"故事"的记载散见于各类古老文献中，如圣经中就记载了许多关于说谎的故事。《圣经·创世记》中描述了可能是人类的第一次说谎，即蛇欺骗夏娃，让其偷吃禁果。

> 蛇对女人说："神岂是真说不许你们吃园中所有树上的果子吗？"女人对蛇说："园中树上的果子，我们可以吃；唯有园当中那棵树上的果子，神曾经说：'你们不可吃，也不可摸，免得你们死。'"蛇对女人说："你们不一定死，因为神知道，你们吃的日子眼睛就亮了，你们便如神能知道善恶。"（《圣经·创世记》第三章第一至第七节）[3]

一般人理解的圣经此处的原意要表达的是：狡猾而邪恶的蛇诱惑了夏娃。但尤里·谢尔巴特赫则深刻地指出："如果再对圣经中的文字仔细研究就会发现，骗子并不是蛇，而是神，因为是神明知道这是在欺骗自己的子民，只是在吓唬他们，如果吃了禁果好像必

---

[1] Stephen Harding, David Phillips & Michael Fogarty, *Contrasting values in western Europe: unity, diversity and change* (*Studies in the contemporary values of modern society*), London: Macmillan, 1986, pp. 19~21.

[2] "We must make the world honest before we can honestly say to our children that honesty is the best policy." 转引自 Peter C. Cramton & J. Gregory Dees, "Promoting Honesty in Negotiation: An Exercise in Practical Ethics", *Business Ethics Quarterly*, 1993, 4（3），pp. 359~394.

[3] [俄] 尤里·谢尔巴特赫：《欺诈术与欺诈心理》，徐永平、储诚意译，华文出版社 2006 年版，第 3 页。

然会死（'你不可吃，也不可摸，免得你们死'）。"[1] 不过可能更深层的寓意在于：人依靠自己的"聪明"、"智慧"或者"知识"，离弃了神，第一次犯了罪（sin），从此有了人生的种种困难。从某种意义上，可以这么说，人类所有困难的来源与说谎行为息息相关。

在古希腊神话故事中，也有一些故事反映了早期说谎行为的存在。例如，被普罗米修斯（Prometheus）偷窃天火之后，宙斯（Zeus）对人类的敌意与日俱增，并决定惩罚人类。于是，他命令以工艺著称的儿子赫菲斯托斯（Hephaestus）用泥塑一美女像，并请众神赠予她不同的礼物。其中，阿西娜（Athena）饰之以华丽的衣裳，赫耳墨斯（Hermes）赠之以说谎的能力……因为她从每位神灵那里得到了一样对男人有害的礼物，因此宙斯称她为潘多拉（Pandora）［来自"pander（意为煽动）"一词］。值得一提的是，Scheibe 曾指出："普罗米修斯的盛名不仅在于他为人类盗取了火种，也在于他高超的造假技巧。"[2]

同样，在我国古代，关于说谎事件的记载也不少。根据《孟子·万章上·妻舜章》中记载：

> 万章曰："父母使舜完廪，捐阶，瞽瞍焚廪。使浚井，出，从而揜之。象曰：'谟盖都君咸我绩。牛羊父母，仓廪父母，干戈朕，琴朕，弤朕，二嫂使治朕栖。'象往入舜宫，舜在床琴。象曰：'郁陶思君尔。'忸怩。舜曰：'唯兹臣庶，汝其于予治。'不识舜不知象之将杀己与？"曰："奚而不知也？象忧亦忧，象喜亦喜。"曰："然则舜伪喜者与？"曰："否。昔者有馈生鱼于郑子产，子产使校人畜之池。校人烹之，反命曰：'始舍之圉圉焉，少则洋洋焉，攸然而逝。'子产曰：'得

---

〔1〕［俄］尤里·谢尔巴特赫：《欺诈术与欺诈心理》，徐永平、储诚意译，华文出版社 2006 年版，第 3 页。

〔2〕Scheibe, K. E., *Mirrors, masks, lies, and secrets: The limits of human predictability*, New York: Praeger, 1979, p. 83.

其所哉！得其所哉！'校人出，曰：'孰谓子产智？予既烹而
食之，曰：'得其所哉！得其所哉！'故君子可欺以其方，难
罔以非其道。彼以爱兄之道来，故诚信而喜之。奚伪焉？"

　　在这短短不足三百字的文章中就涉及了两个古代名人的说谎事
件。其一，舜的弟弟象想害死舜，趁舜挖井时用土埋井，想活埋了
舜，但舜却从井的旁洞走出来了。象还以为舜已死于井下，准备霸
占舜的财产和妻子。当他走进舜的房子时，却看见舜好好地坐在床
榻上弹琴，于是谎称："我好想念你呀！"舜不但不拆穿象的谎言，
还赐给封地让其治理。其二，有人送活鱼给子产，子产让人负责把
鱼放养在水池里。但那人把鱼煮着吃了，却哄骗子产说，鱼放下去
时还半死不活，一会儿就游得不见了。子产并没有揭穿那人拙劣的
谎言，还说"鱼到了好地方"，使对方以为骗过了自己。孟子叙述
这两则故事的本意在于说明，如果出于善意，则说谎或欺骗并非不
良行为，而是值得称赞和提倡的。

说谎是人类的天性吗？

　　从整个人类社会演进的宏观视角来看，我们已经可以肯定的
是，在人类历史发展的早期，说谎行为就是一种常见的并为社会或
宗教所禁止的行为。马上伴随而来的另一个挑战人类认知极限的问
题就是：对于人类个体而言，说谎行为是与生俱来的，还是随着个
体的发展而逐渐产生的？

　　根据我们目前所掌握的证据，我们可以确定的是：说谎或欺骗
行为在我们人类社会中如此普遍，而且几乎每个人都无法避免自己
说谎的行为。这样的观点并非妄断，因为哪怕是被封为"圣徒"
的奥古斯丁在其名作《忏悔录》中都承认了自己年少无知时的说
谎行为。而在 Depaulo 等人（Depaulo, Kashy, Kirkendol, Wyer &
Epstein, 1996）的研究中，虽然有人报告说自己没有说谎，但是这
仅仅是 7 天内的行为记录，而且也不能完全排除因为"社会期许"

的问题，有个别被试在回答这一问题时本身就"说了谎"。另外，根据一般人的直觉经验，我们的孩子似乎在很小的时候就开始说谎了。而学者们的实证研究似乎也证实了这一经验。

一、语言人类学研究的发现

Brown 用现场研究的方法在墨西哥的 Tenejapa 地区开展了非常系统的语言人类学研究。Tenejapa 是墨西哥最南端 Chiapas 州的 119 个自治地区中的一个，此地区所使用的语言主要为 Tzeltal 语，Tzeltal 语属于古玛雅语言（Mayan language）的一个分支，目前大约有 280 000 人使用这一语言，也是语言人类学家们所热衷研究的语言之一。其间，Brown 对古老语言中的"谎言"研究[1]也成为说谎研究者，特别是对说谎行为发生过程研究者关注的重点。实际上，正如 McCornack[2]曾指出的，有关说谎的科学领域发展出了各种不同的理论，并形成了两大研究主线：一是在现场（field）[3]的自然（naturalistic）研究，分析即时的说谎行为；另一研究主线则是在实验室里进行的实验（experimental）研究。另外，在研究说谎行为发生这一问题时，自然、简单的研究条件是最为理想的。因此，Brown 在尚未被人类现代文明侵染太多的部落里以古老而自然的语言进行现场研究，其研究发现必然价值非常。研究发现：当地的儿童在 2 岁时就能判断出某一句是对还是错；在 3 岁时就开始明白利用语言所表达的命题和判断并非一定真实；在 5、6 岁时对于社交谎言则已能运用自如了。

---

〔1〕 P. Brown, "Everyone Has to Lie in Tzeltal", in S. Blum – Kulka, and C. E. Snow（eds.）, *Talking to Adults: The Contribution of Multiparty Discourse to Language Acquisition*, Mahwah: Lawrence Erlbaum Associates, 2002, pp. 241 ~ 275.

〔2〕 S. McCornack, "The generation of deceptive messages: Laying the groundwork for a viable theory of interpersonal deception", in J. O. Greene（ed.）, *Message production: Advances of Communication theory*, Mahwah: Erlbaum, 1997, pp. 91 ~ 126.

〔3〕 在社会学领域中，学者们更愿意将此译为"田野"，这一研究方法最初来自于人类学领域。

二、儿童发展研究的发现

Talwar 和 Lee（2002）[1] 则以经典的实验室研究方法去探测不同年龄阶段的儿童说谎行为发生的可能性是否有差异，或者说，是否随着年龄的增长，儿童逐渐习得了说谎行为。他们以 3～7 岁的儿童作为研究对象，将他们分别单独留在一个房间内，并在其身后放置了会发出音乐的玩具。事前告诉儿童不可以偷看玩具，事后再询问他们有没有偷看。而实际上，研究者操作实验条件，让几乎所有的儿童都有偷看玩具的行为。研究结果发现，3 岁组中只有大约一半的儿童说谎，不承认自己有偷看玩具的行为；而 4 岁以及 4 岁以上的儿童，几乎都谎称自己没有偷看玩具。在 Talwar 和 Lee 看来，这一研究结果证明了说谎行为并非与生俱来，而是通过后天习得的。但是这一结论显然忽视了说谎行为的一个基本前提，就是说谎需要一定的智力和语言能力，即如前面所提到的，说谎可能是儿童情绪和智力发展的一部分（Stott，2005），或者是人类语言学习的最终目标之所在（Aitchison，2000）。刚出生的婴儿显然不具备足够的智力和语言能力，这可能阻碍了说谎行为的发生。因此，不能草率地得出结论：说谎行为是后天习得的。

事实上，如果用另一个完全不同的视角再审视上述分别来自现场和实验室的研究，我们可以得出与上述结论几乎完全相反的观点：说谎行为即使不是人类的天性，也可能正如 Serban（2001）[2] 所认为的，是人类的第二天性（the second nature）。因为从上述研究中我们可以看到，人类个体在最早出现说谎行为上是如此自然，出现阶段之早，水平提高之迅猛，都让人深感"上帝造人"之神奇，不得不怀疑在人身上"天然"存在着某种说谎的"原始身心机制"。

---

〔1〕　Talwar, V. & Lee, K. , "Development of Lying to Conceal a Transgression: Children's Control of Expressive Behavior during Verbal Deception", *International Journal of Behavioral Development*, 2002, 5（26）, pp. 436～444.

〔2〕　Serban, G. , *Lying: Man's Second Nature*, Westport, CT: Praeger, 2001.

说谎是一种日常生活事件

说谎行为在元道德的范围内是绝对禁止的,在一般社会生活环境中也是不被提倡的。但是,与这种道德要求或者说社会期待相左的是,在日常生活当中,"谎言无处不在"(Barnes,1994[1])。Sacks(1975)[2] 在一篇题为《每个人都得说谎(*Everyone Has to Lie*)》的经典文章中,从社交的角度阐述了个体在与他人进行言语互动的过程中经常被迫说谎的情形。大量的研究也证实,在我们的社会中,说谎是一种日常生活事件(如 Barnes,1994;Buller and Burgoon 1996[3];Galasiński,2000[4])。

一、说谎频率

有关日常生活中说谎频率的经典研究应该是来自于 Depaulo 及其同事 1996 年的研究(Depaulo et al.,1996)。此研究包括两组被试,一组被试为 74 名大学生,年龄分布为 17 ~ 22 岁(M = 18.69years, *SD* = 0.91years);第二组被试为 70 名社区成员,年龄分布为 18 ~ 71 岁(M = 34.19years, *SD* = 12.49years)。并要求两组被试用日记形式(daily diary methodology)详细记录一周(7 天)内他们的社会互动以及在社会互动中所有说谎的内容与情境。所谓的社会互动(social interaction),Depaulo 等人将其定义为:"你和另一个人之间持续 10 分钟以及 10 分钟以上的任何交流……在这段

〔1〕 Barnes, J. A., *A Pack of Lies*: *Towards a Sociology of Lying*, Cambridge: Cambridge University Press, 1994, p. 1.

〔2〕 Sacks, H., "Everyone Has to Lie", in M. Sanches and B. G. Blount(eds.), *Sociocultural Dimensions of Language Use*, New York: Academic Press, 1975, pp. 57 ~ 80.

〔3〕 Buller, D. B. & Burgoon, J. K., "Interpersonal Deception Theory," Communication Theory, 1996, 6, pp. 203 ~ 242.

〔4〕 Galasinski, D., *The Language of Deception*: *A Discourse Analytical Study*, Thousand Oaks, CA: Sage, 2000.

时间内一个人可以对另一个人的行为作出相应的行为反应。"[1]
Depaulo 将这一定义以及一些说明这一定义的典型例子都告知了被
试，这些典型例子主要改编自 Rochester 社交记录量表（Rochester
Interaction Record，RIR，Wheeler & Nezlek，1977）。研究结果发
现，对于大学生而言，平均每人每天说谎的频率为 1.96 次，而社
区成员则为 0.97 次。大学生中说谎最频繁的被试，一周（7 天）
内共有 46 次说谎行为，社区成员中说谎最多的被试则达到了一周
30 次。而以社会互动为单位，大学生的平均说谎频率为 0.31，即
在每 3 次社会互动中，说谎 1 次；社区成员则为 0.20，亦即在每 5
次社会互动中，出现 1 次说谎。在所有 147 名被试中，只有 7 名被
试（其中有 1 名大学生和 6 名社区成员）报告说自己在一周内都
没有说谎行为。同时，被试还自陈他们一般并不会特别设计日常生
活中的谎言，也不觉得自己说谎有困难。并且有 70% 的被试承认，
如果让他们重回当时的情境再选择，他们仍会选择说谎。

美国约瑟森道德研究中心（Josephson Institute of Ethics）在
1998 年的一项针对青少年的日常偏差行为的自陈问卷调查中发
现，在过去一年中，有 92% 的青少年曾经对老师说谎，78% 的青
少年承认曾对自己的父母说谎（Josephson，1998）[2]。Prater 与
Kiser（2002）[3] 调查了 310 家企业，发现 25% ~ 67% 的求职者曾
经有过说谎或者试图说谎的行为。

DePaulo 等人（Depaulo et al.，1996）的研究还发现，不仅在
大学生组与社区成员组之间被试的说谎频率存在差异，在性别方面

---

〔1〕 原文为："A 'social interaction' was defined as 'any exchange between you and
another person that lasts 10 min or more…in which the behavior of one person is in response to
the behavior of another person'."参见 DePaulo, M. B., Kashy, D. A., Kirkendol, S.
E., Wyer, M. M. & Epstein, J. A., "Lying in Everyday Life", *Journal of Personality and
Social Psychology*, 1996（70），pp. 979 ~ 995.

〔2〕 Josephson, M., 1998 *Report Card on the Ethics of American Youth*, Los Angeles,
CA：Josephson Institute of Ethics, 1998.

〔3〕 Prater, T. & Kiser, S. B., "Lies, Lies, and More Lies", *SAM Advanced Manage-
ment Journal*, 2002, 2（67），pp. 9 ~ 36.

也有差异，女性的说谎频率高于男性。

表 2 - 1　DePaulo 等人（1996）关于说谎频率的调查结果

	大学生		社区成员	
	男	女	男	女
平均每人每天说谎的次数	1.84	2.04	0.66	1.21
平均每人每周说谎的次数	6.00	7.03	5.00	5.67
平均每人每次社会互动中说谎的次数	0.32	0.30	0.16	0.23

　　但是在 Prater 和 Kiser 的研究中（Prater & Kiser，2002），其结果则恰好相反。Prater 和 Kiser 对不同性别的求职者的说谎行为进行了独立分析，结果发现，男性中有 33% 的求职者说谎，女性求职者则只有 19% 说谎，男性说谎频率高于女性。

　　由此可见，所谓说谎的频率，并不能一概而论，它会随着具体因素的不同而有所变化。

　　二、说谎频率的影响因素

　　其中一个比较明显的影响因素就是说谎的场合。在一些交谈双方之间的对立性或利益关系比较明显的场合下，社会对出现说谎可能性的预期较高，并对说谎者较为宽容，因而说谎者本人的负罪感也较低或较易为自己开脱。因此，在这样的场合下，说谎的频率较高。上述 Prater 和 Kiser（2002）的对于求职场合的说谎行为研究表明，求职场合中总的说谎频率就较高。另外，Robinson 等人（Robinson，Shepherd & Heywood，1998）的调查发现也证实了求职场合的特殊性：83% 的被调查者都承认，他们曾为了找工作而有过说谎行为。Rowatt，Cunningham 和 Druen 的研究（1998）[1] 发现，在与他人约会的场合下，90% 的被试都承认，他们可能会在体重、

――――――――――

　　[1]　W. C. Rowatt, M. R. Cunningham and P. B. Druen, "Deception to Get a Date", *Personality and Social Psychology Bulletin*, 1998, 11（24），pp. 1228 ~ 1242.

身高、收入、以前的情感方面至少说一个谎言。此外，上述美国约瑟森道德研究中心的研究发现，在不同的场合（面对老师和面对父母），青少年出现说谎行为的频率也较高。因为，师生之间以及父母与子女之间的管理与被管理、监护与被监护的关系比较明显，而且世人对在这样的关系中出现说谎行为的预期也较高。

第二个影响因素则是谎言的性质，或者说说谎的动机与目的。在 Depaulo 等人 1996 年的研究中（Depaulo, Kashy, Kirkendol, Wyer & Epstein, 1996）就已经发现，虽然在日常生活中，女性总体说谎频率高于男性，但是具体到不同性质的说谎类别时，男女说谎频率会发生变化。研究发现，总体上来说，对于大学生被试而言，所有被试所报告的谎言中，有 45.53% 的是自我导向（self-centered）的谎言，25.74% 为他人导向（other-oriented）的谎言，且差异显著 [F (1, 74) = 18.62, p < 0.001]；而对于社区成员，自我导向和他人导向的谎言的概率分别为 56.68% 和 24.45%，并且也有显著差异 [F (1, 62) = 21.68, p < 0.001]。而进一步纳入性别因素分析发现，在大学生被试这组，男性大学生的谎言中有 50.57% 的为自我导向的谎言，他人导向的谎言只有 15.25%；相比较而言，女大学生的谎言分类中，自我导向的为 42.42%，他人导向的为 32.21%，并且这一差异显著 [F (1, 74) = 5.67, p = 0.02]。但在社区成员中，也有类似的倾向：相比较男性而言，女性说他人导向的谎言的频率增多，但是没有得到统计上的显著差异。为了进一步验证男女在不同性质的谎言行为上有所差异，DePaulo 和 Bell (1996)[1] 进行了另一项研究。研究的结果证实了，说谎行为中存在着显著的性别差异，与男性相比，女性比男性更多地说他人导向的谎言。在 Depaulo 看来，女性较倾向于说他人导向的谎言，是因为"潜伏期"时女孩子与女孩子在一起相处而排斥

---

〔1〕　B. M. DePaulo, D. A. Kashy, S. E. Kirkendol, M. M. Wyer & J., A. Epstein, "Lying in Everyday Life", *Journal of Personality and Social Psychology*, 1996 (70), pp. 979 ~ 995.

男孩子（当然，男孩子也是如此），女孩子之间的相互顾念对方情感的相处模式延续到成人阶段。Justice（1987）[1] 也提出欺骗动机有性别差异，他认为拒绝他人、责任问题（obligation – excuse）以及资源的获得等皆为男性欺骗的动机；女性则多为自我保护与责任问题（obligation – excuse）而欺骗。并且指出这种性别差异受到性别刻板印象和社会对不同性别角色的期待等因素的作用。Hendershott、Drinan 与 Cross（1999）[2] 则发现，对于学生而言，女生较少出现欺骗行为，而男生则在表现诚实行为的动机上明显弱于女生。

但是，Depaulo 等人回避了研究中的一个突出问题：为什么在社区成员中，女性较男性更倾向于说他人导向谎言的结果没有统计上的显著性？由于在 Depaulo 等人的研究中（Depaulo，Kashy，Kirkendol，Wyer & Epstein，1996），大学生被试组与社区成员组在年龄分别上有着较大的差异：大学生组年龄分布为 17 ~ 22 岁（M = 18.69 years，SD = 0.91 years）；社区成员组为 18 ~ 71 岁（M = 34.19 years，SD = 12.49 years）。因此，可以假设，年龄也是影响个体说谎频率的一个重要因素。Depaulo 等人的研究（Depaulo，Kashy，Kirkendol，Wyer & Epstein，1996）的结果数据已经显示出大学生总体说谎频率要高于社区成员。Prater 和 Kiser（2002）的研究也发现：年龄界于 18 ~ 40 岁的求职者有 48% 的人说谎，而 40 岁以上的求职者中有说谎行为的仅 6% 。但是这两项研究都没有对这一组间差异进行显著性检验的报告。另外，也未见其他关于不同年龄段说谎频率差异的研究报告。

不过，Saarni（1984）对 7 ~ 11 岁的儿童的说谎行为进行了研究，发现，女孩子在收到自己实际上不喜欢的礼物时，相比较男孩

〔1〕 P. L. Justice, "What she doesn't know won't hurt her: Gender effects on patterns of interpersonal deception", Paper presented at the Annual Meeting of the Speech Communication Association, Boston, MA. 1987, November.

〔2〕 A. Hendershott, P. F. Drinan & M. Cross, "Gender and Academic Integrity", Journal of College Student Development, 1999, 4 (44), pp. 345 ~ 354.

子而言，会较好地掩饰自己的情绪。研究者指出，这说明女性在还是儿童的时候就已经比男性更倾向于说他人导向的谎言。Lewis，Stanger 和 Sullivan（1989）[1] 也在针对幼儿说谎行为的研究中将性别列为一个重要的变量。研究操作了一个让被试（儿童）说谎的情景：要求儿童不能偷看玩具，但是由于玩具很有吸引力，几乎所有的儿童实际上都有偷看行为，然后看儿童是否在接受询问的时候说谎。结果发现，女孩比男孩更常说谎，且较不易被发现。Lewis 等人认为造成这一性别差异的原因之一是：女孩比男孩更早开始关注社会认同。同时，这一研究还发现，女孩在面对成人微笑的情境时比面对成人面无表情的凝视时更有可能承认她们的偷看行为。Lewis 等人指出，实际上女孩说谎的动机多是害怕被惩罚。Depaulo 等人新近的研究（DePaulo，Lindsay，Malone，Muhlenbruck，Charlton & Cooper，2003）[2] 也指出，儿童与成人相比其欺骗动机是有所差异的，儿童欺骗的目的一般是为了满足个人的愿望或逃避惩罚，而成人欺骗并不限于为了满足个人的愿望或逃避惩罚，很多时候会与社会情境有关：例如为了礼貌的需要隐瞒自己真实的情感、态度和意见。

另外，研究还显示，不论男性还是女性，对同性说谎的次数皆高于对异性说谎。但是，对于男性而言，他们在描述自己的感受方面，对异性说谎的频率要高于对同性（Depaulo，Kashy，Kirkendol，Wyer & Epstein，1996）。

社会交往中的说谎

说谎频率的研究结果证实：说谎行为确实频繁地出现于我们与他人的社会互动或社会交往中，对个体的人际关系影响极深。但是，

〔1〕 M. Lewis, C. Stanger & M. W. Sullivan, "Deception in 3 – year – olds", *Developmental Psychology*, 1989, 3（25），pp. 301～314.

〔2〕 B. M. DePaulo, J. J. Lindsay, B. E. Malone, L. Muhlenbruck, K. Charlton & H. Cooper, "Cues to Deception", *Psychological Bulletin*, 2003（129），pp. 74～118.

这种影响是积极还是消极的呢？对此，研究者的意见并不统一。

在研究说谎行为的大家 DePaulo 看来，存在说谎的社会互动关系是比较不愉快的，没有说谎的互动关系是较为亲密与愉快的（DePaulo et al. , 1996）。在 Anderson（1968）[1] 著名的关于影响人际交往的人格特质（personality traits）的研究中，以大学生为被试，概括出在人际交往中最受欢迎的前六项人格特质依次为真诚、诚实、理解、忠诚、真实、可信，而最不受欢迎的前三项人格特质则为说谎、假装、不老实。这一结论说明，说谎行为有损于人际关系的良好运作。事实上，除了"说谎"这一人格特质以外，"真诚"、"诚实"、"忠诚"、"真实"、"可信"都是与说谎相关的概念。另外一些学者则从人际交往的行为准则的角度，主张说谎对人际关系产生的作用是负面的。因为真实和真实性是人类有效交往行为的基本要求（如 Habermas, 1979[2]; Sperber & Wilson, 2002[3]）。"诚实"在我们的社会中，是最被认同的价值，而说谎行为会破坏人际间的互信，从而导致社会互动的失败。

但是还有一部分学者则认为，谎言在人际交往中也会起到积极的作用。在他们看来，说谎或欺骗行为是人类社会交往中的一种重要行为方式，特别是那些具有玩笑性质或善意的谎言。例如，Lewis（1993）[4] 就认为，说谎或欺骗在某种程度上可能会促进社会关系的建立和保持。Nyberg（1993）[5] 也认为，谎言有时能让有分歧的人们团结合作，是人类组织能力的重要组成部分。甚至还有一些

---

〔1〕 Anderson, N. H. , "Likeableness Ratings of 555 Personality – Trait Words", *The Journal of Social Psychology*, 1968, 9, pp. 272 ~ 279.

〔2〕 Habermas, J. , *Communication and the Evolution of Society*, T. McCarty trans, Cambridge: Polity Press, 1979.

〔3〕 Sperber, D. & Wilson, D. , "Pragmatics, Modularity and Mind – reading", *Mind & Language*, 2002, 17, pp. 3 ~ 23.

〔4〕 Lewis, M. , "The Development of Deception", in M. Lewis & C. Saarni（eds. ）, *Lying and Deception in Everyday Life*, The Guilford Press, 1993, pp. 90 ~ 105.

〔5〕 Nyberg, D. , *The Varnished Truth: Truth Telling and Deceiving in Ordinary Life*, Chicago: University of Chicago Press, 1993.

学者认为，说谎行为是个体发展中必不可少的一部分。例如，*Stott* (2005)[1] 就认为，说谎是儿童情绪和智力发展的一部分。而 Aitchison (2000)[2] 则从语言学习的角度指出，说谎也许是人类语言学习的最终目标之所在。

除了学者对说谎在社会互动中的作用进行了评价之外，还有一些研究者对普通社会成员进行了态度调查，了解他们对日常生活中的说谎或欺骗问题的看法和评价。

Ekman (1989)[3] 以大学生为被试进行调查，让他们对日常生活中各类谎言的可接受性进行评分。研究结果发现，对于那些可以保护他人免受伤害（包括身体上或心理上的），避免尴尬场面，或者保护隐私的谎言，被试都会给出较高的评分，表示较能接纳这些谎言。而在大学生看来，最不能容忍的谎言是那些给别人带来伤害的（包括身体上或心理上的），或者那些只是自己图利的谎言。同时，Ekman 还发现，即使是在大学生这一比较集中的群体中，随着年龄的增长，人们也更加认同那些利他的谎言。

Barnett 等人（Barnett, Bartel, Burns & Sanborn, 2000)[4] 在 Ekman (1989) 针对大学生的说谎态度调查的基础上展开了更为深入的研究。他们同时调查了小学生和大学生两个不同的人群。小学生组的被试为 4～6 年级的 152 名学生，其中男生 74 名，女生 78 名。大学生组则包括了 144 名被试，其中男生 73 名，女生 71 名。研究者向被试提供了 8 个说谎的例子，每个例子都包括了说谎时的情境以及说谎者说谎的原因。然后让被试分别就自己对这 8 个说谎

〔1〕 Stott, F. M. , "Special Feature: Why Young Children Lie", *Early Childhood Today*, 2005, 5（19），pp. 8～9.

〔2〕 Aitchison, J. , *The Language of Speech: Language Origin and Evolution*, Cambridge: Cambridge University Press, 2000.

〔3〕 P. Ekman, "Why Lie Fail and What Behaviors Betry a Lie", in J. C. Yuille（ed.），*Credibility assessment*, Dordrecht: Kluwer, 1989, pp. 71～82.

〔4〕 M. A. Barnett, J. S. Bartel, S. R. Burns, F. W. Sanborn, "Perceptions of Children Who Lie: Influence of Lie Motive and Benefit", *The Journal of Genetic Psychology*, 2000, 3（161），pp. 381～383.

例子的同意程度进行评量。结果发现，年龄较低的小学生组一般对于说谎行为持不太同意的态度，而年纪较长的大学生组则较前者能接受说谎行为，对说谎者也表现出较为宽容的态度。可见，Barnett等人（Barnett，Bartel，Burns & Sanborn，2000）的研究结论与Ekman（1989）的相关发现是一致的：随着年龄的增长，人们对说谎行为更为宽容。另外，此研究还发现，说谎所得利益的性质是影响人们对说谎行为评价好坏的主要因素，而且这一因素的影响作用受到了另外一个重要因素——说谎的导向性——的交互影响。即在那些表现的是自我导向谎言的例子中，如果说谎者的目的是为了得到物质利益，则相比较得到心理上的利益，会得到被试更负面的评价。而在那些表现他人导向谎言的例子中，如果说谎者的目的是为了得到物质利益，则相比较得到心理上的利益，会得到被试更正面的评价。

在上述 Prater 和 Kiser（2002）的研究中，研究者也发现，年纪较长者较年纪较小者，说谎的频率相对较少的同时也表现出对他人说谎行为更高的接受度。这点与上述的研究发现也是保持一致的。

在对谎言评价方面，除了具有上述研究所发现的年龄差异，以及因说谎性质（是否利他）不同而出现差异以外，研究者还发现，评价者的性别也是一个重要的影响因素。例如，Justice（1987）[1]就发现人们对欺骗的接受程度和实施欺骗的动机一样，都存在着性别差异，女性对欺骗的接受程度似乎更高，因此她们较能从别人的角度看待问题。

---

〔1〕 P. L. Justice, "What she doesn't know won't hurt her: Gender effects on patterns of interpersonal deception", Paper presented at the Annual Meeting of the Speech Communication Association, Boston, MA. 1987, November.

第三章

说谎是什么?

谎言分类学 (Taxonomy of Lies)

为了更好地理解复杂事物,也许将其进行分类研究是比较有效的方法,虽然这一方法有"刻意为之"之嫌。对谎言进行系统而深入的分类工作的第一人可能是学院派哲学家奥古斯丁(Saint Augustine)[1]。他在"Of Lying"一文中将谎言分为以下八类(Augustine, 1952)[2]:

1. 针对宗教教义的谎言(Lies in religious teaching);

2. 对任何人无益却有害他人的谎言(Lies that harm others and help no one);

3. 有益于某人但同时伤害其他人的谎言(Lies that harm others and help someone);

4. 以说谎为乐的谎言(Lies told for the pleasure of lying);

5. 在交谈中为取悦他人而说的谎言(Lies told to please

---

〔1〕 原名为 Aurelius Augstinus(354~430),因被教廷封圣,故世人称为圣奥古斯丁(Saint Augustine 或 St. Augustine)。

〔2〕 Augustine, A., "'On Lying' and 'Against Lying'", in R. J. Deferrari (ed.), *Saint Augustine: Treatises on Various Subjects*, New York: Catholic University of America Press, 1952, p. 86.

others in smooth discourse）；

6. 无害于他人且有助于某人的谎言（Lies that harm no one and that help someone）；

7. 无害于他人且可挽救某人生命的谎言（Lies that harm no one and that save someone's life）；

8. 无害于他人且可挽救某人名誉的谎言（Lies that harm no one and that save someone's purity）。

可见，奥古斯丁是以说谎的动机和说谎的结果为标准来划分谎言类型的。

13 世纪意大利的神学家，经院哲学家阿奎那（Thomas Aquinas)[1] 进而将其归纳为恶意谎言、习惯谎言、玩笑谎言和正规谎言四大类，具体如下：[2]

表 3-1　阿奎那谎言分类表

恶意谎言	1. 针对宗教教义的谎言。
	2. 对任何人无益却有害他人的谎言。
	3. 有益于某人但同时伤害其他人的谎言。
习惯谎言	4. 以说谎为乐的谎言。

---

〔1〕 Thomas Aquinas（1225～1274），被教廷封圣，故世人称为圣阿奎那（Saint Aquinas 或 St. Aquinas）。据同时代的人描述，阿奎纳是个大块头，肥胖而且皮肤黝黑，头颅硕大，发髻很高。他的为人处世表现出很好的教养：众人认为他举止端正，温文尔雅，而且令人如沐春风。在争论中，他保持克制，并且用人格魅力和渊博的学识赢得了对手的尊重。他品位朴素，周围的人为其出色的记忆力所倾倒。在他沉思时，常对周遭的环境浑然不知。他能够系统、清晰和简明地表达他人的意见，使自己的思想富有热情而且兼收并蓄。死后也被封为天使博士（天使圣师）或全能博士。他是自然神学最早的提倡者之一，也是托马斯哲学学派的创立者，成为天主教长期以来研究哲学的重要根据。他所撰写的最知名的著作是《神学大全》（Summa Theologica）。天主教教会认为他是历史上最伟大的神学家，将其评为 33 位教会圣师之一。

〔2〕 何怀宏：《良心论——传统良知的社会转化》，上海三联书店 1994 年版。

续表

玩笑谎言	5. 在交谈中为取悦他人而说的谎言。
正规谎言	6. 无害于他人且有助于某人的谎言。
	7. 无害于他人且可挽救某人生命的谎言。
	8. 无害于他人且可挽救某人名誉的谎言。

Karpman（1949）[1] 根据说谎的动机将谎言进行了分类工作，它们分别是：

良性谎言（benign lies）：为了社交的目的说谎；

歇斯底里谎言（hysterical lies）：为了引人注意说谎；

防御性谎言（defensive lies）：为了避免不利的局面发生说谎；

补偿性谎言（compensatory lies）：为了给他人留下好印象而说谎；

恶意的谎言（malicious lies）：为了获利说谎；

吹牛（gossip）：夸夸其谈；

含蓄的谎言（implied lies）：包含部分真实内容的说谎；

自我陶醉的谎言（"love intoxication" lies）：理想主义式的片面夸大；

病理性谎言（and pathological lies）：具有心理障碍原因的说谎。

哲学家希瑟拉·博克（Sissela Bok，1979）在其非常经典的著作《说谎：在公领域与私领域中的道德抉择》（Lying: Moral Choice in Public and Private Life）中，也根据说谎的动机将说谎分为开玩

〔1〕　Karpman, B., "Lying – A minor inquiry into the ethics of neurotic and psychopathic behavior", *Journal of Criminal Law and Criminology*, 1949, 40（2）, pp. 135～157

笑、避免伤害、获取利益、保护他人以及自我夸大等不同类型。此外，Bok 还特别提出"白色谎言"（white lie）的概念。所谓白色谎言，Bok 将其定义为[1]："不具有伤人意图，且无道德问题的虚假陈述。"因此，在伦理层面，白色谎言相较于其他具伤害性或威胁性的谎言，则不需要给予责难。

从动机的角度研究谎言类型的还有 Lewis（1987）[2] 和 Ekman（1989）[3]。Lewis 认为说谎的动机总体来说包括三类：为了他人免受伤害或感觉不适；避免自己遭受惩罚；自我欺骗的谎言。而 Ekman 则认为人们说谎的目的是为了：避免受罚；得到某种东西；保护自己或朋友免受伤害或惹上麻烦；赢得别人的尊敬或兴趣；避免社交尴尬；向权威挑战。[4]

DePaulo 等人则在 1996 年的一项经典研究中（DePaulo et al.，1996）[5]，招募了 147 名成人被试（所有被试年龄在17～71 岁之间）[6]，要求他们用日记形式（daily diary methodology）记录下自己在一周的日常生活中遭遇的所有谎言。[7] 研究者根据被试的记录进行"编码（coding）"整理分析时，专门对谎言进行了分类。

---

〔1〕 Sissela Bok，*Lying: Moral Choice in Public and Private Life*，New York：Pantheon Books，1978，p. 58.

〔2〕 Lewis，Michael，*The Development of Deception Cultural models in language and thought*，New York：the Press Syndicate of the University of Cambridge，1987.

〔3〕 P. Ekman，"Why Lie Fail and What Behaviors Betry a Lie"，in J. C. Yuille（ed.），*Credibility assessment*，Dordrecht：Kluwer，1989，pp. 71～82.

〔4〕 这位 Ekman 正是美国 FOX 公司所制作的电视剧《Lie to Me》中主人公 Lightman 的原型。

〔5〕 DePaulo，M. B.，Kashy，D. A.，Kirkendol，S. E.，Wyer，M. M. & Epstein，J. A.，"Lying in Everyday Life"，*Journal of Personality and Social Psychology*，1996（70），pp. 979～995.

〔6〕 这一研究包括了两个小研究，第一个小研究被试为 74 名，年龄分布为 17～22 岁（M = 18. 69 years，SD = 0. 91 years）；第二个小研究被试为 70 名，年龄分布为18～71 岁（M = 34. 19 years，SD = 12. 49 years）。

〔7〕 被试需要报告的问题如下：How often do people lie? What do they lie about? Whom do they lie about? To whom do they tell their lies and in what contexts? What reasons do they offer for telling their lies?

他们分类的标准并非单一的，而是根据不同的标准进行分类。

第一，他们以说谎的内容为分类标准，将谎言分为以下五类：

表3-2　DePaulo 等人（1996）以说谎内容为分类标准划分的谎言类型

类　型	定　义
与个人感觉有关的谎言	对人、物或事方面的情感、情绪、观念或评价方面说谎，包括捏造正向或负向的感受和评价。例如说谎者告诉对方，"你做的饼干很好吃（实际上很难吃）"。
与成就、知识有关的谎言	在成就、成绩、成败、缺点和知识方面说谎。例如说谎者告诉对方，"他的算术作业还没怎么动（实际上他已经做完了）"。
与行为、计划和行踪有关的谎言	在曾经、现在或者将来的行为和行踪方面说谎。例如说谎者向某人许诺将会和他一起外出（但实际上他根本不会这么做）。
与解释、理由有关的谎言	为自己的行为编造理由或解释。
与事实、财产有关的谎言	在有关物、事、人或财产等具体事实方面说谎。例如说谎者宣称自己的父亲是大使（实际上其父亲不是大使）。

第二，他们以说谎的动机为分类标准，将谎言分为两大类：自我导向（self - oriented）的谎言和他人导向（other - oriented）的谎言。所谓自我导向的谎言是指那些为了保护或增加说谎者本人的心理或者物质上的利益所说的谎言。相对的，他人导向的谎言则不是为了说谎者本人的利益，而是为保护或增加他人的心理或物质上的利益。

第三，他们以说谎的方式为分类标准，将谎言分为彻底的（outright）谎言、夸大（exaggeration）的谎言和技巧的（subtle）谎言。所谓彻底的谎言是指谎言是完全虚假的，谎言中所传递的信息与事实是完全相反的。夸大的谎言是指说谎者夸大事实或传达的信息超过了事实。而技巧的谎言则是指说谎者故意通过避免或遗漏某些细节的方式，或者通过粗略说明事实的方式来误导对方。

第四，他们以说谎所涉及的对象为分类标准，将谎言分为四类：涉及说谎者本人的谎言（如说谎者谎称自己是一名签约模特）、涉及对方的谎言、涉及第三者的谎言、涉及事物的谎言。

说谎的伦理学研究

有人曾问先哲毕达哥拉斯（Pytlagoras）："什么使人像神?"毕氏答曰："当人说实话时!"这一对话充分显示出了"说谎"在道德伦理上的特殊地位。而对于我们的社会，谎言是否被允许，是一个长久以来争论不已的问题，其观点多种多样。但总的来说，这些已有的观点可以大致分为两大阵营。第一阵营的学者们认为，在任何情况下，说谎都是不被允许的，都是恶行。而另一阵营则相对温和，认为在某些特定的情况下，说谎是无害或善行，是可容许的，甚至被鼓励。正如 Fletcher 所解释的："对于情境主义者而言，说谎本身的理由就是使谎言正当的理由。"[1] 前者的代表人物是德国哲学家康德（Kant，1949），而后者的代表人物则是 Sissela Bok。

一、温和派的代表观点

（一）柏拉图的观点

柏拉图（Plato）在《理想国》的第二卷、第三卷和第五卷里，通过苏格拉底之口，针对"谎言"和"欺骗"相当详细地论述了自己的观点。他说：口头的谎言只不过是心灵状态的一个摹本，是后来派生的，仅仅是形象而已，不是完全纯正的谎言。[2] 医生的治病之术、体操教练的用人之法以及城邦统治者的治国之道，是建

---

〔1〕 Fletcher, J., *Situation Ethics*, Philadelphia: Westminster, 1966, p. 65.

〔2〕 Plato, *Republic*, tr. Paul Shorey, London: William Heinemann Ltd., Loeb edition, 1963, Book II, p. 382b‑e, 转引自王柯平："哲学与诗歌为何而争", 载《哲学研究》, 2004 年第 3 期。

立在"有益"而"实用"的"口头谎言"（$\psi\varepsilon\upsilon\delta o\varsigma$ $\varepsilon\nu$ $\tau o\iota\varsigma\lambda o\gamma o\iota\varsigma$）之上；理想城邦的三分结构（哲王、卫士、农工商）或三类阶层（金、银、铜铁）的划分，也同样是建立在美其名曰的"高贵谎言"（$\gamma\varepsilon\nu\nu\alpha\iota o\nu$ $\tau\iota$ $\varepsilon\nu$ $\psi\varepsilon\upsilon\delta o\mu\varepsilon\nu o\upsilon\varsigma$）之上[1]谎言或虚假对于神明虽然无用，但对于凡人则是一种有用的药物。为了治病救人，医生可用；为了国家利益，哲王可用；为了体育运动，教练可用[2]再者，城邦治理者为了被治理者的利益，有时不得不使用一些假话和欺骗。此乃统治者高明的手腕使然[3]至于那个"高贵的谎言"，也就是古希腊时期广为流布的那个"腓尼基人的传说"[4]，则被奉为金银铜铁5]血统论或城邦社会阶层论的基础，不仅要设法使统治者和卫士们相信，而且也要尽力使城邦里的其他人相信[6]总之，谎言也罢，虚假也罢，欺骗也罢，只要对敌人有害，对朋友或城邦有利，均会成为有用和可用的手段，甚至成为统治者的高明手腕[7]

---

〔1〕　王柯平："哲学与诗歌为何而争"，载《哲学研究》2004 年第 3 期。

〔2〕　Plato, *Republic*, tr. Paul Shorey, London：William Heinemann Ltd. , Loeb edition, 1963, Book III, p. 389b - c, 转引自王柯平："哲学与诗歌为何而争"，载《哲学研究》2004 年第 3 期。

〔3〕　Plato, *Republic*, tr. Paul Shorey, London：William Heinemann Ltd. , Loeb edition, 1963, Book V, p. 459b - d, 转引自王柯平："哲学与诗歌为何而争"，载《哲学研究》2004 年第 3 期。

〔4〕　根据腓尼基人的传说，上帝分别用金、银、铁、（黄）铜创造了统治者、辅助者（军队）、农民和手工业者。柏拉图以为，这些由不同金属制造出来的人群，由于先天素质存在着等级，就应当处在恰如其分的位置上，半点错乱不得，而如果每个人各行其是，即当生产者、护卫者和统治者在城邦里各做各的事而不相互干扰时，便有了正义，从而也就使国家成为正义的国家。柏拉图明知这种天生等级说是谎言，但是他认为只要是有利于国家和社会的，就是正义的，即所谓"高贵的谎言"。

〔5〕　根据原文，此处的铜是指黄铜，顺序为金、银、铁、（黄）铜，但可能是为了符合中国人的语言习惯，一般译为"金银铜铁"，本书也采用这一常用说法。

〔6〕　Plato, *Republic*, tr. Paul Shorey, London：William Heinemann Ltd. , Loeb edition, 1963, Book III, p. 414 ~ 415. 转引自王柯平："哲学与诗歌为何而争"，载《哲学研究》2004 年第 3 期。

〔7〕　王柯平："哲学与诗歌为何而争"，载《哲学研究》2004 年第 3 期。

而与老师柏拉图的基本哲学体系相左[1]的亚里士多德（Aris-toteles）却在对"说谎"的容许性上与老师保持了一致。他也认为，如果欺骗的目的是为了个体自己的利益，则是羞耻的行为；而出于其他目的的"说谎"，则不一定要受到负面的评价。[2] 特别值得一提的是，亚里士多德还看到了"说谎"在艺术上的积极作用。在其著作《诗学》的第二十四章中，他道出了诗歌的魅力正是来源于诗人对"说谎"的巧妙运用："荷马把说谎说得圆的艺术教给了其他诗人。秘诀在于一种似是而非的逻辑推理。如果假定 A 存在或发生，B 就会存在或发生；人们因此就想到：如果 B 存在，A 也就会存在——但是这是一种错误的推理，因此，如果 A 是不真实的，而假定 A 是真实的 B 就必真实的时候，只把 B 的真实写出就行了。因为我们既然知道 B 是真实的，就会错误地推想到 A 也是真实的。"[3]

（二）尼采的观点

我国学者张文涛曾指出[4]，"'谎言'二字遍布尼采（Friedrich Wilhelm Nietzsche）书中，'谎言'论述像条红线一样贯穿着尼采差不多所有著作，'谎言'问题是理解尼采难以绕过的一个堡垒"。根据张文涛的整理工作，尼采论及"谎言"的著作包括：《哲学与真理》、《历史对人生的利弊》、《曙光》、《快乐的知识》、《查拉图斯特拉如是说·诗人》、《善恶的彼岸》、《论道德的谱系·三》、《敌基督者》、《偶像的黄昏》、《权力意志》。正因为尼采对"谎言"的论述颇多，并散见于其前期到后期的多种著作

---

〔1〕 关于这点完全可以从亚里士多德的那句千古名言"吾爱吾师，吾更爱真理"看出。

〔2〕 Roy Sorensen, "Bald – faced Lies! Lying without the Intent to Deceive", *Pacific Philosophical Quarterly*, 1988, 2, pp. 251~264.

〔3〕 夏基松：《现代西方哲学教程》上海人民出版社 1985 年版。

〔4〕 张文涛："'谁有耳朵，谁就会听到的'——简论尼采写作的文学形式与隐微问题"，载《国外文学》2006 年第 4 期。

中，同时"尼采是复杂而丰富的，常常是充满矛盾的"[1]，因此，要想真正厘清尼采关于"说谎"的态度也许是个不可能完成的工作。

按知名学者刘小枫[2]的叙述，尼采在修读柏拉图的《理想国》等书籍时，"一定"对"其中那些谈到哲人在城邦中的位置以及医生、药物、谎言的段落[3]大为震惊"。"从柏拉图的对话中，尼采感到，'哲人的忧患'乃是'谎言和思想冲突的痛苦无处不在'。"而尼采也一定也经历了这样的痛苦，至少在其早期时光中，因为他无法接受最智慧的哲人要去欺骗他的人民。"从早期文章到自传之前的重要文章（《偶像的黄昏》、《敌基督者》），没有一篇不谈论到谎言。谈论谎言本身成了尼采文章的一大主题。"

尼采将"艺术是说谎"和柏拉图的"高贵的谎言"结合在一起，将"谎言"从艺术的领域推广开来，上升至整个形而上学领域，语言、概念、逻辑、理性、宗教、哲学等都是谎言。哲人也主张通过说谎来统治民众，而宗教则是哲人这一主张的最为隐秘的表现。因此，在这一认识之下，尼采对那些他看来是"愚蠢"的普通人的"说谎"行为则大为容忍。"一个小孩在扯不清的家庭纠纷中被拉扯大，撒谎就是再自然不过的事了，他总会违背意愿地说自己想要的东西；他从来没有什么讲真话的感觉或者对谎话本身的反感，所以全然无辜地（in aller Unschuld）说谎"（《人性、太人性》）[4]。而对于哲人或者真正的伟人来说，尼采又主张，诚实与正直是"我们最晚近的美德之一"（《曙光》），是"我们自由精神无法摆脱的美德"（《善恶的彼岸》）[5]。

---

〔1〕 张远山："废铜烂铁如是说——读刘小枫《尼采的微言大义》"，载《社会科学论坛》2001 年第 9 期。

〔2〕 刘小枫："尼采的微言大义"，载《书屋》2000 年 10 期。

〔3〕 指柏拉图所说的"高贵的谎言"。

〔4〕 刘小枫："尼采的微言大义"，载《书屋》2000 年第 10 期。

〔5〕 转引自张文涛："'谁有耳朵，谁就会听到的'——简论尼采写作的文学形式与隐微问题"，载《国外文学》2006 年第 4 期。

    如何解决这一困扰，尼采认为掌握真理始终只是少数人的事情，对绝大部分人则没有必要告知真实，因为这些有关价值观的根本性的问题都超越了人类理性的范围，告知他们反而对他们有害无利。所以，如果哲人意识到："假如有人识破了自己的真面目，他认为是不寻常的。当他不对自己说话时，他就要戴上面具。他宁肯撒谎，而不想讲实话。因为，撒谎要耗费更多的精神和意志。"（《权力意志》）[1] 在这一情况，哲人隐瞒对这一根本问题的认识是"高贵的谎言"，因为它出于最大最智慧的善意，否则就是"坏谎言"、"颓废的谎言"。因为这是"只要谎言，不要人类。……个人为了自己和自己的存在而牺牲人类"（《哲学与真理：尼采1872～1876年笔记选》）[2]。因为高贵谎言的"原因乃是权力意志"[3]，要想"达到胜利之目的，我们就离不开谎言，因为这是出于求生存的目的"[4]。

    由此可见，对于"说谎"或"谎言"，尼采展现出了比前人更为全面和深入的关注，但理解起来也相当复杂。不过，有一点可以肯定的是：尼采并不是绝对反对任何形式的"说谎"，在他的价值体系中为某些谎言留下了一席之地。

    （三）Bok 的观点

    Sissela Bok（1978）[5] 先后考察了奥古斯丁的《论谎言》和《反说谎》，阿奎那的《谎言足以分成正规的、玩笑的、恶意的吗》和《谎言都是不可饶恕的吗》，康德的《论出于利他动机说谎的假设权利》，西德卫克的《义务的分类——讲真话》，哈罗德的《修正功利主义》，鲍农费的《"讲真话"意味着什么》等有关说谎的

---

〔1〕 转引自刘小枫："尼采的微言大义"，载《书屋》2000年第10期。

〔2〕 转引自刘小枫："尼采的微言大义"，载《书屋》2000年第10期。

〔3〕 ［德］弗里德希·尼采：《权力意志——重估一切价值的尝试》，商务印书馆1991版，第580页。

〔4〕 ［德］弗里德希·尼采：《权力意志——重估一切价值的尝试》，商务印书馆1991版，第422页。

〔5〕 Sissela Bok, *Lying*: *Moral Choice in Public and Private Life*, New York：Pantheon Books，1978.

著名论章。在对先贤们关于说谎的伦理研究归纳整理的基础上，提出了自己的观念。

Bok 认为，说谎对被欺骗者、说谎者和社会都有负面影响。对被欺骗者而言，谎言影响了他们对相关事情的判断能力，并可能因此不再愿意轻信他人。对说谎者而言，因为说谎会使其获利，可能会导致其越来越喜欢说谎，并逐渐成为此人的人格特质，他人对其的信任度将会逐渐降低。对社会而言，说谎可能会成为个体间相互模仿或相互报复的方式或方法，从而使得说谎行为在社会上逐渐蔓延，最终导致人与人之间的信任度降低，整个社会诚信丧失。

因此 Bok 主张，说谎行为原则上不应被容许，但有时说谎可能有正当性，有无正当性应以能否公开解释为判断标准，谎言若无法公开解释即无正当性。Bok 提出三段论法来评估谎言是否能公开解释（有无正当性）。其一，应考虑是否能以诚实方法达到目的；若能以诚实方法达到目的，则说谎或欺骗就无正当性。其二，如果没有以诚实方法达到目的的可能性或可行性，那么接下来就应衡量说谎或欺骗的道德原因。Bok 认为有四种原因可以正当化说谎行为：

1. 防止伤害（preventing harm）；
2. 产生利益（producing benefit）；
3. 为了公平（fairness），以说谎方法使原本不公平的事情变得公正（correcting injustice）；
4. 真实性（veracity），用说谎来保护事件的真实性。

最后，在衡量说谎或欺骗的道德原因时，还应注意说谎对他人及社会的影响。总之，在所有说谎或欺骗行为中，Bok 认为紧急原因（crisis）是最有说谎正当性的。例如，当生命遇到危险时，如果说谎可以解除这一危险，并且这种类型的说谎不会导致说谎者出现爱说谎的倾向，也不会鼓励他人说谎，所以具有正当性。除这一例子之外，还有一种情况下的说谎也有正当性，就是对公开的敌人（publicly declared enemies）说谎也有正当性。因为在这种情况中，个体不能期待敌人会诚实以对，只能以说谎方式来使原本不公正的事情变得公正，因此说谎具有正当性。除这两类情况之外，说谎原则上少有正当性。

另外，如前述提到的，Bok在其著作中还提到了一种特别的谎言——"白色谎言"，并认为白色谎言相较于其他具有伤害性或威胁性的谎言，不需要给予责难。即对于这类谎言，既非具有正当性也不具有伦理上的不当性。

二、强硬派的代表观点

相较于上述对"说谎"在某种或某些情况下可以接受的温和态度而言，有一些先哲或学者则抱着"在任何情况下说谎都应被责难和禁止"的观点。其代表人物包括了奥古斯丁、康德等人。

（一）奥古斯丁的观点

奥古斯丁认为："每个说谎者，为了欺骗的目的，总是言不由衷。显然，人被赋予了语言，并不是为了以此相互欺骗，而是为了使别人了解他的思想。为了欺骗的目的，而不是为了那个规定的目的使用语言，就是一种罪恶。我们不应该认为因为有时谎言可能给人以帮助，有的谎言就不是罪恶。"奥古斯丁认为说谎颠覆了上帝赋予人类语言的目的，因此他宣称上帝禁止一切谎言。说谎者因此危及了他们的永生的灵魂。不过奥古斯丁也承认，谎言之间有极大的差别，有些比另外一些谎言更令人讨厌。他将谎言分为八个等级，最坏的是宗教说教中的谎言，最无害的是那些不伤害任何人却能使人免遭玷污的谎言。虽然这些谎言仍是罪恶，我们不能为之辩解或劝别人接受，但它们很容易得到谅解。他的结论是"无可否认，那些除了为救人免遭伤害之外的人已经达到了极高的善的标准。但是，对那些已经达到这个标准的人来说，应该受到赞美的，有时候应受到奖赏的，并不是欺骗，而是他们的善意。这种欺骗应该得到原谅，这点就够了，并不需要把它变成一种赞美的对象"。

（二）康德的观点

大哲学家康德在论述自己所坚持的道德义务的有效性时使用了一个著名的例子，而这一例子正是关于"说谎"的道德抉择。这让我们可以从一个更为直接的途径来理解康德对"说谎"的道德评判。

在《论出于利他动机说谎的假设权利（*On a supposed right to lie from philanthropy*)》一文中，康德举了一个极端的例子：当一个杀人犯（murder）向我打听，被他追杀的人是否躲在我的家里，而这个被追杀的人作为我的朋友恰好是在我家。这时，我也不能够向杀人犯说谎（当然，在此是假定沉默、支吾和拖延是不可能的）。[1]

由此可见，康德是主张拒绝一切谎言的，即使在最极端的情况下，一个人都别无选择，必须诚实。因为，在康德看来，说谎，无论出于任何目的，只要以说谎的形式出现，都会违背了个体对对方的、对自身的，甚至对全人类的义务。

第一，在康德的哲学观中，要求"我"必须把作为理性存在的他人当作一个拥有完全自主意识的个体，应给予充分的尊重。因此，"一般来说，或者说天然的，说谎被看作是个体对对方义务的违背（lying is considered a violation of duty to the person lied to)"[2]。

第二，在康德看来，当人们共同认定某一道德准则时，就是签署了共同契约，社会上每一个人都需要遵守。如果"诚实"是社会的道德准则，那么每个人都需要遵守。而"对诚实的违反——说谎，则是说谎者对自身作为一个有道德的人（人之所以为人）应负义务的最大违背（The greatest violation of the duty a person owes to himself seen as a moral being (the humanity in his person) is the contrary to truthfulness：the lie……)"[3]。

---

〔1〕Immanuel Kant, *On a supposed right to lie from philanthropy* (*1797*), in Practical Philosophy, trans. Mary Gregor, New York：Cambridge University Press, 1996, pp. 611 ~ 615.

〔2〕"Duties to Oneself in Kant's Ethics'", in Mark Timmons (ed.), *Kant's Metaphysics of Morals：Interpretive Essays.*, Oxford：Oxford University Press, 2002, pp. 386.

〔3〕Immanuel Kant, *The Metaphysics of Morals, 1797*, trans. Mary Gregor, New York：Cambridge University Press, 1996, p. 552.

第三，康德还将说谎看成是对整个人类义务的违背。"谎言即使不特别伤害某一个人，也是对人类普遍的伤害，谎言败坏了法律之源，法律以说实话为基础，若有一个最小的例外，都会使它变成一纸空文，因此，在一切宣称中，坦白和诚实是一个神圣而又绝对庄严的理性法令，不受任何权宜之计的限制。"[1]

Paulsen 在其《伦理学体系》一书中，提出欺骗者、奉承者、诽谤者总是希望靠欺骗，从另一个人身上得到一些好处。所以谎言是非正义的一种手段。谎言还有一种特殊的效果，就其可能性而言，它毁灭人们的信念和自信，并最终损害人们的社会生活。这表明了谎言应该受到谴责。说谎使真理失效，其结果是普遍的不信任和相互隔绝。足见在伦理学体系中，有许多道德思想家给予了说谎行为最苛刻的责难，不容许谎言的存在，即使说谎者是为了保护他人，而撒下谎言，都是违背道德的行为。[2] 不过，也解释了为什么道德哲学家对谎言要如此苛刻的原因，"如果我们的体系给谎言留下最小的空子，人的撒谎倾向也将逐渐地把它扩大，而且他总会为他不讲老实话找到一个借口。可是，如果这种体系绝对地禁止谎言，而且用最严厉的惩罚——人的尊严和自尊的丧失——来威胁这种行为，那么他就会警惕起来"[3]。

说谎的语言学研究

Eco（1976）曾经指出，关于说谎理论的界定应被作为语言学中的一项浩大工程。[4] 而笔者在做此研究的过程，也深深体会到：

---

〔1〕 Immanuel Kant, *On a supposed right to lie from philanthropy*, *1797*, in Practical Philosophy, trans. Mary Gregor, New York：Cambridge University Press, 1996, p. 612.

〔2〕 ［德］弗里德里希·包尔生：《伦理学体系》，何怀宏、廖申白译，中国社会科学出版社 1988 年版，第 577 页。

〔3〕 ［德］弗里德里希·包尔生：《伦理学体系》，何怀宏、廖申白译，中国社会科学出版社 1988 年版，第 591 页。

〔4〕 Umberto Eco, *A Theory of Semiotics*, Bloomington：Indiana University Press, 1976, pp. 7, 58~59.

"说谎"或者说"谎言"确实是关于人类语言或言语现象研究中一个瑰丽而独特的探索领域。这样的特别地位可能来自于语言可能是人类特有的财富，且充满了智慧。生存的艰险让人倾向于隐藏自我的真实和发现他人的真实，而语言是达到对方真实思想彼岸最为直接、有效的桥梁。因此，以语言为载体的说谎以及辨别真实与虚假的都是充满智慧与挑战的活动，吸引了人类投身研究，同时也极大地促进了人类的认识能力。

一、说谎者悖论（the Liar Paradox）

（一）说谎者悖论的起源

公元前6世纪的哲学家克里特人 Epimenides 发出了一句涵义无比微妙的名言："所有克里特人都是说谎者（All Cretans are Liars）。"《圣经》里也曾提到："他们（指克里特人，笔者注）中有一个本地先知（指 Epimenides，笔者注）曾说：'克里特人常说谎话，乃是恶兽，又馋又懒'"[1] 因为 Epimenides 本人正是克里特人，由此就产生了一个让人无路可走（悖论的希腊语的本意就是"无路可走"）的语义情景——如果 Epimenides 说的是实话，那么就至少有一个克里特人不是说谎者，那"所有克里特人都是说谎者"就是一句谎言。这就是著名的说谎者悖论（the Liar Paradox or the Paradox of the Liar）的最早形式。

亚里士多德对这一悖论进行了深入的分析：一个人可能本身虽然是说谎者，然而在某些方面或个别场合，却可能讲真话，因此，问题出在"说谎"一词的双关意义上。说一个人是说谎者，并不是指他所表述的一切命题（proposition）都是虚假的。因而，该命题并不会仅仅因为讲述者是一个克里特岛人而由自身的真推出自身的假[2]。而且，如果断言这句话为假，还不能就此推出它为真。即如果说这句话是谎话，可推出"至少有一个克里特人不说谎"，

〔1〕原文为："One of themselves, a prophet of their own, said, 'Cretans are always liars, evil beasts, lazy gluttons.'"参见《圣经·提多书》，第一章。
〔2〕转引自凌文豪："悖论产生的根源及其消解"，载《河南大学学报（社会科学版）》2004年第5期。

但这个人并不一定是 Epimenides 本人，因此就不一定会推出"所有克里特人都是说谎者"为真，因而有人称之为"半个悖论"。

公元前 4 世纪，麦加拉学派的欧布里德（Eubulides）把这句话修改为："我说的这句话是谎话（This statement is false）。"它克服了上述 Epimenides 悖论的不足，由它的真可推出它的假，由它的假又可推出它的真，形成了一个严格的"说谎者悖论"的悖论，又称为 Eubulides 悖论。

（二）说谎者悖论的思考价值

严格的"说谎者悖论"——"我说的这句话是谎话"被公认为是最难消解的悖论，故有"悖论之冠"之称[1]。自它诞生开始，大量的智者"飞蛾扑火"般去研究这一充满魅力的命题，并试图消解它。甚至有一位古希腊的诗人、文法家，因为研究"说谎者悖论"积劳成疾、抑郁而亡。[2]

人类以说谎者悖论为起点，进行了两千多年的探索与思考，并先后出现了三次高潮，它们分别出现在古希腊、中世纪和 20 世纪初。[3] 悖论（paradox）这一概念也稳定下来："一个命题是悖论，当且仅当，从假定该命题为真或为假出发，可以合乎逻辑地推出如果它为真则它为假，如果它为假则它为真。"[4]

后人在"说谎者悖论"和"悖论"本身的定义基础上，发展出了更多的各种形式的悖论命题，而且其所涉及的学科范围不断扩大，已经从哲学领域扩展到了自然科学和社会科学的众多领域。正如我国学者沈跃春所指出的："从科学史上看，悖论既是逻辑、数学和哲学的问题，也是一个困扰和启迪人类思维的跨学科性难题。

---

〔1〕 张铁声："'典型语义悖论'之推理不合逻辑"，载《山西大学师范学院学报》1999 年第 3 期。

〔2〕 杨熙龄：《奇异的循环——逻辑悖论探析》，辽宁人民出版社 1986 年版，第 8 页。

〔3〕 王宗烘："悖论与人类对无限的认识"，载《厦门大学学报（哲学社会科学版）》2001 年第 3 期。

〔4〕 G. H. von Wright, "Truth, Knowledge and Modality", *Basil Blackwell*, 1984, p. 40.

悖论的存在不仅对科学思维方式产生了重大影响,而且对人类的存在,对技术、生产乃至对整个文明都产生了不可忽视的重大影响。"[1]

在笔者看来,"说谎者悖论"之所以成为悖论的第一形式、"悖论之冠"并非偶然,而是与"说谎"这一特殊的人类活动现象的特质息息相关。语义悖论作为一个命题形式,主要以文字和语言的形式表达,而"说谎"或"谎言"也是一种语言形式。另外,命题形式会涉及"真"与"假"的判断,而"谎言"则是对语言的真假判断。另外,无论是语言的产生,还是对悖论的思考,都是人类智慧的体现,是人类对自身与外在事物认识水平提升的体现。正如康德深刻的发现,人类的认识由感性、知性和理性三个环节组成,当人类运用作为知性固有的先天思维形式的范畴,试图去把握世界整体,即认识进入"理性"阶段时,必然陷入悖论。[2] 悖论产生的主要根源在于人类的认识能力的局限性和认识对象本身的复杂性。人类在认识世界,包括人类自身时,往往是片断性的,因此当人们把这些片断性的认知结合在一起产生新的认知时,不可避免地会出现错误。因此,悖论并不是在玩"文字游戏",它让我们重新审视人类认识世界的方式,从而逐步提升对事物的认识能力和认识的准确性。

"说谎者悖论"的出现以及对它持之以恒的研究,从以"说谎现象"本身为研究对象的角度而言,使人类认识到,和其他许多对象一样,我们对"说谎"的认识还存在着很多不足:究竟什么是说谎?有没有绝对的说谎定义?是不是只有在具体的情景中去判断谎言与否时才能达到真正的准确,或者说才能消解"说谎者悖论"?从语言本身来分析,被确定为"谎言"的有什么语义上的特征和语言形式上的特点?这些问题的解答需要我们做进一步的研究。

---

〔1〕 沈跃春:"现代悖论的跨学科研究及其发展趋势",载《安庆师院社会科学学报》1998 年第 4 期。

〔2〕 转引自成良斌:"论悖论对科学发展的影响",载《科学学与科学技术管理》2004 年第 4 期。

二、谎言的原型效应（Prototypicality Effect of Lie）

（一）原型理论（prototype theory）

1953 年，Wittgenstein 在他的《哲学研究》[1] 中对传统的语言理论哲学观进行了批评，认为自然语言中的多数词实际上都难以用其所属范畴的共同表征来释义，例如 card games（纸牌游戏）、board games（棋类游戏）、ball games（球类运动）、children games（儿童游戏）、Olympic Games（奥林匹克运动会）等概念都属于"游戏（game）"这一范畴，但是并不是每一个范畴成员都符合其共同的特征：为了娱乐的目的，并以输赢为结果。事实上，各个范畴成员是以交叠的相似性联结在一起的，带有家族相似性（family resemblance）。20 世纪中期，美国学者 Rosch 用实验的方法进行了一系列的研究，明确提出了"原型理论（prototype theory）"。[2] 简单地说，该理论认为在人们的自然语言中，往往是用这一范畴的某个或某几个典型成员来表征和理解这一范畴。例如，多数美国被试常常以他们对知更鸟（robin）的认识来表征"鸟"这一范畴。其中，典型成员（例如，知更鸟）称为原型（prototype），它是一个特定的对象，是根据一个语言群体意识中最典型的个体所形成的心理映象，作为鉴别同类事物的尺子和标准；而其他非典型成员则称为边缘成员，边缘成员根据其与原型的相似程度被赋予不同程度的非原型成员地位；范畴的边界是模糊的（slippery）。

---

〔1〕 Wittgenstein L., *Philosophical Investigations*, Oxford: Basil Blackwell & Mott, 1953.

〔2〕 Rosch 这时期的主要研究工作包括：

Rosch, E., "Principles of Categorization", in E. Rosch & B. B. Lloyd (eds.), *Cognition and Categorization*, Hillsdale, New Jersey: Lawrence Erlbaum, 1973.

Rosch, E., "Cognitive Representations of Semantic Categories", *Journal of Experimental Psychology*, 1975, General 104, pp. 192 ~ 253.

Rosch, E., "Prototype Classification and Logical Classification: the Two Systems", in E. K. Scholnick (ed.), *New Trends in Conceptual Representation*, Hillsdale, New Jersey: Lawrence Erlbaum, 1983, pp. 73 ~ 85.

　　知更鸟是北美分布最多最广的鸟类。叫声动人，是最早报晓的鸟儿，也是最后唱"小夜曲"的鸟儿，同时也是益鸟，所以深受美国人民的喜爱，并经常出现在美国的各种文学和影视作品之中，是美国人民最熟悉的鸟类。所以对于美国人而言，一提到"鸟"，第一个想到的往往就是知更鸟。

图 3 - 1 知更鸟（robin）

（二）谎言的原型效应（prototypicality effect）

　　Coleman 和 Kay（1981）[1] 在对原型理论展开进一步的研究时，选取了"谎言（lie）"这一自然语言中最难界定、也最让人感兴趣的概念。在研究中，他们分别向 67 名被试出示了一些例子（见下），让其判断这些例子是否是"谎言"。

　　比格法特知道糖果店是他去赌场的必经之处，但是他发现糖果店最近已经搬走了。比格法特的母亲不准儿子赌钱，当他离家准备上赌场时，他的母亲问他要去哪儿，他回答说：

　　例句 1：I am going by the candy store.

　　约翰和玛丽最近正在交往，瓦伦蒂诺是玛丽的前男友。一天晚上约翰问玛丽：你这周见过瓦伦蒂诺吗？玛丽回答说：

　　例句 2：Valentino's been sick with mononucleosis for the past two weeks.

　　瓦伦蒂诺的确患病了两个星期，但事实上玛丽也在前一天晚上曾和瓦伦蒂诺见过面。

　　一天早上，卡捷琳娜将有一个算术考试，但她没有复习好，于是不想上学了。她对母亲说：

―――――――――

　　[1] Linda Coleman & Paul Kay, "Prototype Smantics", *Language*, 1981（57）, pp. 26 ~ 44.

例句 3：I'm sick.

母亲给她量体温。结果发现卡捷琳娜真的病了，后来竟发展为猩红热。

史莫维奇被邀请到老板家吃晚饭，但那天晚上大伙都感到沉闷、没趣，后来史莫维奇对老板娘说：

例句 4：Thanks, it was a terrific[1] party.

而实际上史莫维奇并不认为这次聚会是愉快的，他只是想对老板娘讲点恭维话，而且他实际上也并不期望老板娘会相信他的这句恭维话。

Coleman 和 Kay 让被试在阅读以上材料的基础上，判断例句 1、例句 2、例句 3 和例句 4 是否是谎言。研究结果发现，几乎在所有的例句上，被试的判断都不一致，但是有所差异。具体来说，认为例句 1 是谎言（lie）的被试占全部被试人数的 36%；认为例句 2 是谎言的被试占 34.8%；例句 3 为 51.6%；例句 4 的则占 47%。因此 Coleman 和 Kay 提出，实际上，在自然语言中，"谎言"的概念是十分模糊的（slippery），说谎是一个程度问题，有些形式的谎言非常接近"谎言"这一范畴的原型，而有一些则较为远离。他们进一步研究了"谎言"这一范畴的原型，认为要成为"lie"这一范畴的原型需要具备三个基本原型特征，即一句话要成为谎言需要同时满足以下三个条件：

1. 陈述本身与事实不符；
2. 陈述的发出者认为该陈述是假的；
3. 陈述的发出者作出该陈述的目的是为了欺骗陈述接收者。

———————

〔1〕 这里的"terrific"作"了不起，极好的"解。

在 Coleman 和 Kay 看来，一句话是不是谎言，它的严重程度，都取决于它包括多少谎言的基本原型特征。他们用实验方法和统计数据证明"谎言（lie）这一范畴的原型性及其谎言原型的基本特征，同时还证明了成员资格的级差性（gradience）。而这种在人们的自然语言中，以谎言的原型来表征'谎言'概念，并将原型作为参照点（是否符合三个基本原型特征）来判断其他具体'句子或语言'隶属'谎言'的程度，被称为谎言的'原型效应'（prototypicality effect）"。

（三）谎言的理想化认知模型（idealized cognitive model，ICM）

1987 年，Lakoff 在 Coleman 和 Kay 的"原型效应"的发现基础上，用理想化认知模型（idealized cognitive model，ICM）的观点进一步分析了谎言（lie）这一范畴[1]。

Lakoff 从认知角度将概念范畴称为集合模型（cluster model），范畴成员称为一个个认知模型（cognitive model），其中的典型成员称为理想化认知模型（Idealized Cognitive Model，ICM），例如前述的"知更鸟"就是"鸟"的 ICM。他用 ICM 对"bachelor（单身汉）"、"mother（母亲）"和"lie（谎言）"这三个日常生活中常见的概念范畴进行了深入的分析。Lakoff 在分析"lie（谎言）"范畴按生活常识建立起来的"理想化认知模型"，也就是"lie"的原型时，借用了 Coleman 和 Kay 用实验方法确定的原型，具有三个基本特点：①陈述本身与事实不符；②陈述的发出者认为该陈述是假的；③陈述的发出者做出该陈述的目的是为了欺骗陈述接收者。

此外，Lakoff 还进一步指出，在谎言概念的这一集合模型（cluster model）中，有些认识模型，例如明显的谎言（transparent lie）、弥天大谎（big lie），具备 Coleman 和 Kay 所确定的三个基本特征；还有一些谎言，例如社交谎言（social lie）、白色谎言（white lie）则并不完全具备上述三个基本特征。社交谎言的目的

---

[1] George Lakoff, *Woman*, *Fire*, *and Dangerous Things*: *What Categories Reveal about the Mind*, Chicago: Chicago University of Chicago Press, 1987.

就不是欺骗对方，而主要是为了使人际关系更良好。因此，在谎言的集合模型中，不同的认知模型可以通过他们对 ICM 的偏离情况来解释它们的原型性，那些和 ICM 非常接近的认知模型处于集合模型的中心，而那些原型程度低的成员就构成了谎言集合模型的边缘部分，但值得注意的是，谎言的集合模型，或者说谎言概念是模糊和开放的。

错误信念、说谎与欺骗

近年来，将人类对说谎的理解更进一步加深的则是来自发展心理学有关"心理理论"的研究。

一、心理理论

心理理论（Theory of Mind）这一概念的正式提出者是 Premack 和 Woodruff（1978）[1]。他们在实验中让黑猩猩（chimpanzee）Sarah（雌性）观察一个人类尝试着解决实际问题的录像，然后再向它呈现 4 张不同的解决问题的图片。研究发现，Sarah 能够从 4 张图片中选择录像所表现的那种解决问题的图片。Premack 和 Woodruff 由此认为正是由于黑猩猩能理解人的意图或欲望，进而能根据这种心理状态来预测人的行为，最后做出正确的选择。他们将这种理解他人"意图或欲望"的心理状态称为"心理理论（Theory of Mind）"，并给出了一个明确的界定："所谓一个个体具有心理理论，我们指的是这一个体能将心理状态加于自己及他人。一个这样的推理系统完全可以被看作是一种理论，首先因为这种状态是无法直接观察到的。其次是因为这一系统需要预测能力的支持，特别是对其他个体行为的预测能力。"

由于一般假设认为非人灵长类与人类之间存在着心理或思维系统的相似性和发展的连续性，更多的学者将"心理理论"引入对

---

〔1〕 Premack, D. & Woodruff, G. , "Does the Chimpanzee Have a Theory of Mind?", *The Behavioral and Brain Sciences*, 1978, 4, pp. 515 ~ 526.

儿童的研究，首先对儿童的"心理理论"进行研究的是 Wimmer 和 Perner（1983）[1]。他们所采用的实验范式就是后来成为"心理理论"或"错误信念"研究经典实验范式之一的"意外转移任务（unexpected transfer task）"。

Wimmer 和 Perner 在研究中采用两个故事，我们用第一个故事——"Maxi 和巧克力的故事"来略加说明。让儿童（被试）观看木偶表演的故事：小男孩 Maxi 把一些巧克力放到了厨房的一个蓝色橱柜里（位置 A），然后离开了厨房。Maxi 的妈妈在 Maxi 不在的时候把巧克力移到了绿色橱柜里（位置 B），然后离去。Maxi 回到厨房想吃巧克力。接下来向被试首先提问真实问题，检查儿童对故事的注意和理解。其次提问记忆问题，检查被试是否记得妈妈放巧克力的位置。在保证儿童正确理解并记忆准确的基础上，最后提问信念问题："如果 Maxi 回来，他会在什么地方找巧克力，A 或者 B？"

结果发现，大多数的 3 岁儿童会错误地回答说是位置 B，而 4 岁和 5 岁的儿童会正确地回答是位置 A。这一研究结果表明，4 岁及 4 岁以上的儿童已经理解了 Maxi 的行为是基于 Maxi 自己的信念，而非实际的情景，这些儿童已经了解到信念与事实的不同。而 3 岁的儿童则还不能理解信念与事实之间的差异。Wimmer 和 Perner 将他人或自己的一些与现实不一致的信念称为错误信念（false belief），并认为儿童获得错误信念理解的前提是能了解他人对同一事物的信念可能与自己的不一致，显然具有了"心理理论"能力。

心理理论的提出及其研究极大地促进了对人类认知心理发生发展过程的理解。而从说谎研究的角度，心理理论的意义则有所不同。心理理论研究中对儿童逐渐出现欺骗或说谎行为的过程分析进一步深化了人们对说谎或欺骗行为的认识以及正确的界定。特别是

---

〔1〕 Wimmer, H. & Perner, J., "Beliefs about Beliefs: Representation and Constraining Function of Wrong Beliefs in Young Children's Understanding of Deception", *Cognition*, 1983, 13, pp. 103 ~ 128.

心理理论中的重要概念——错误信念，相关的发现提示我们，它可能是认识和界定说谎或欺骗问题的重要因素之一。

二、错误信念与欺骗

在前述的关于说谎的各类定义中，我们就可以看到这一认识的倾向性。例如 Chisholm 和同事 Feehan（1977）认为说谎需要同时满足的两个前提条件：说谎者相信，对方已相信说谎者自己对所说的事情深信不疑；说谎者还相信，对方已相信说谎者有意让自己（对方）相信说谎者自己对所说的事情深信不疑。表达地十分复杂，但我们在心理理论的相关学说的背景下，就会发现，实际上 Chisholm 和 Feehan 要表达的是说谎者对被欺骗者当时的"信念"的认知。

而 Chandler 等人对欺骗的定义则明确地提出了"错误信念"：欺骗是指意图培养他人的错误信念，致使他人产生错误或进入误区的行为。

特别是近年来，这一在界定说谎或欺骗时纳入"错误信念"及其相似概念的倾向就更为明显。例如 Hall 和 Pritchard（1996）提出的，欺骗就是使他人形成一种错误的信念。Vrij（2000）的定义："一种成功或不成功的有意尝试，没有预先警告，使另一个人产生一种沟通者自己知道是错误的信念。"Masip 等人（2004）提出的"通过言语或非言语的方式，有意地隐瞒、伪造事实或情绪信息，以误导他人形成或维持某种沟通者本人认为是虚假的信念，无论成功与否，都可被视为欺骗或说谎"。

心理理论中的重要概念——错误信念的提出以及相关的发现提示我们：错误信念可能是个体欺骗行为的前提条件，一些研究证实了这点。例如，Povinelli 和 Giambrone（2001）[1] 报告说，他们观察到黑猩猩除了具有对同类行为的预测和理解能力之外，还会操控同类的行为，非常类似于人类之间的欺骗行为。他们发现，雌性黑

---

〔1〕 Povinelli, D. J. & Giambrone, S. , "Reasoning about Beliefs: A Human Specialization", *Developmental Psychology*, 2001, 3（72）, pp. 691~695.

猩猩 Brandy 看见附近的干草堆里露出了一个香蕉，于是向那个香蕉走去。但是，正在这时她又瞥见另一只强壮的雄性黑猩猩 Apollo 笨重地走向她。Brandy 停下步伐，并转身背对香蕉，使得 Apollo 也转身，从而发现不了香蕉。很快，Apollo 发现 Brandy 对自己不感兴趣，于是掉头去找其他的雌性。Brandy 跟着 Apollo 走了一段距离，但一旦确定 Apollo 的去向，就快步走回干草堆，偷偷地取得那个香蕉。Povinelli 和 Giambrone 认为 Brandy 具有理解、推理并通过给 Apollo 制造错误信念来操作 Apollo 的行为。这也是黑猩猩具有心理理论的证据之一，并且这种能力不仅仅是理解和预测，还可以通过一些方式来操控他人的行为。

　　同样，这种通过制造错误信念欺骗他人的行为在儿童身上也能观察到。Sodian 等人（Sodian et al.，1991）[1] 以实验室研究方法探测了不同年龄阶段的儿童操作错误信念进行欺骗的可能性，结果发现，4 岁儿童能操控他人信念进行欺骗，3 岁儿童则不能。由此认为欺骗行为开始于 4 岁年龄阶段，因为在此之前儿童不具备对"错误信念"的理解能力，则无法操控他人的信念，更谈不上进行欺骗。实际上，Perner 等人（1987）[2] 早就指出：儿童只有获得了完整的心理理论后才能具有欺骗他人的能力，4 岁以下的儿童因为不具有完整的心理理论，所以不具备操作他人信念的意图，所以没有欺骗能力。

　　但是，Hala 等人（Hala et al.，1991）[3] 则进一步提出，个体仅具备心理理论，具备了理解错误信念的能力还是不够，必须在具备了对错误信念的"操控"能力后才能最终实施欺骗行为。但目

　　〔1〕　Sodian, B., Taylor, C. & Perner. J., "Early Deception and the Child's Theory of Mind: False Trails and Genuine Markers", *Child Development*, 1991, （62）, pp. 468～483.

　　〔2〕　Perner, J., Leekam, S. R. & Wimmer, H., "Three - year Olds' Difficulty with False Belief: The Case for A Conceptual Deficit", *British Journal of Developmental Psychology*, 1987, 5, pp. 125～137.

　　〔3〕　Hala, S., Chandler, M. & Fritz, S. A., "Fledglingtebories of Mind: Deception as A Marker of 3 - year - olds' Understanding of False Belief", *Child Development*, 1991, （61）, pp. 83～97.

前对于儿童如何获得这一"操控"能力的过程还不清楚。以上研究的结论与前述 Talwar 和 Lee（2002）的研究结论不太一致，后者所获得的儿童说谎行为的出现时间更早——3 岁组中已有大约一半的儿童会说谎。仔细检视这一不同点，我们会发现，究其原因是在于研究者对说谎的界定不同。在 Talwar 和 Lee 看来，儿童只要否认自己有过偷看行为就是说谎，并不涉及对他人错误信念的理解和操控。而在 Hala 等研究者看来，有意让对方产生错误信念的行为才是说谎。

可见，心理理论研究中对儿童最初出现欺骗或说谎行为的过程分析启发我们，在对说谎行为进行深入研究之前需要先对其进行准确的定义。

说谎的界定

来自社会心理学的实证研究以及发展心理学的"心理理论"和"错误信念"的研究发现为我们界定说谎或欺骗行为提供了更清晰的视角。从前述的各种研究以及分析过程中我们可以发现，在界定"说谎（lying）"这一范畴时，需要对如下问题进行解答或说明：

第一，"说谎"与"欺骗"的关系。总体上可以分为两种观念，一种观念认为，"说谎"和"欺骗"在某些情况下可以等同，在行文中也常将两者替换使用。另一种观点则认为，"说谎"和"欺骗"是不同的，"说谎"是"欺骗"的一种，或者说是"言语性欺骗（verbal deception）"。

第二，"欺骗"或"说谎"是否是人类独有的行为？对于这点，目前比较一致的观点认为，欺骗在动物和人类身上普遍存在。从行为表现上看，动物多采用面部表情和肢体动作进行欺骗；而人类的欺骗行为还包括特有的言语欺骗——说谎。当然，这一论断的前提是，"说谎"和"欺骗"是不同的范畴。

第三，"说谎"是否是"有意欺骗"或"故意"的行为。从上述的综述可以看出，越来越多的学者都主张，"说谎"或"欺骗"应该是"故意"的行为，很多学者都提到了"企图欺骗"或"试图误导对象或让对象建立错误信念"。但是少有学者看到："有意欺骗"和"故意"实际上是有区别的。

第四，具有事前说明的误导对象的行为是"说谎"吗？如 Vrij 所提到的"魔术表演"，表演前观众都知道魔术师在"作假"，这样的行为在 Vrij 看来并不属于"说谎"。[1] 但是沿着亚里士多德的思路向下，不仅"魔术表演"，其他更多的艺术行为都可被看成是一种特殊的"说谎"行为。

第五，是否一定要求"说谎"是成功达到目的的行为？大多数的定义使用的是"试图"、"企图"、"有意"等相关词汇，这说明学者们较为赞同"说谎并不要求一定是成功达到目的的行为"。

当然，之所以出现如此众多的"说谎"定义，除了学者对上述问题的不同解答以外，可能最为关键的在于其界定这一概念的专业领域和研究目的不同。正如 Leekam（1992）[2] 所指出的，要回答"谎言（lie）是什么"这一问题，这取决于你自己。例如在人际沟通领域去界定"说谎"，则会以"信息"发出和接受过程为思路，且研究目的可能多为更好地理解和改进信息的交流。而 Vrij 的"说谎"定义是为了其后续的"识别谎言（detect lies）"。但是，上述的定义，包括 Vrij 的定义都不是站在司法的立场上。Carson（2006）[3] 则从法律心理学的领域，将"说谎"定义为一种谬论，说谎者毫无诚意地保证真实。而且 Carson 还特别指出，"有意欺骗"并不是说谎的必备条件。他说，例如在一些法庭审判中，所有人都知道证人在说谎，而证人还是选择在说谎。这种情况下，证

---

〔1〕 ［英］Aldert Vrij：《说谎心理学》，郑红丽译，中国轻工业出版社 2005 年版，第 8 页。

〔2〕 Leekman, R. S., "Believing and Deceiving: Steps to Becoming A Good Liar", in S. J. Ceci, M. DeSimone Leichtman & M. Putnick（eds.）, *Cognitive and Social Factor in Early Deception*, Hillsdale, NJ: Erlbaum, 1992, pp. 47 ~ 62.

〔3〕 Carson, T. L., "The Definition of Lying", *Nous*, 2006, 2（40）, pp. 284 ~ 306.

人明知无法欺骗他人，则不具备"欺骗的意图"，但是还是在说谎。但是，在我们看来，此种情况的"说谎"虽然不是"有意欺骗"，但却是"故意"或"有意"的行为。证人此时的目的不是为了"骗过"别人，而是为了避免出现不利于自己或他人（例如亲友）的结果等其他的目的。

本书的目的是为了探讨在司法背景下，对于证人（广义的证人，包括犯罪人）供述中所出现的"说谎"行为进行有效识别的新技术。因此，本书对"说谎"的定义为：个体有意地做出与事实不符的陈述（包括沉默）。参照上述围绕"说谎定义"形成的 5 个焦点问题，对本定义需要进一步说明的是：

第一，本定义不认为"说谎"与"欺骗"是等同概念，也不认为说谎可以简单看成是"欺骗"的一种。在这方面，本定义在"心理理论"相关研究的基础上，认为"欺骗"需要个体对"错误信念"的理解和有意操控，而"说谎"则如 Carson 所指出的，并不一定要让对象产生"错误信念"，而只是一种"断言"。因为在司法实践中我们会看到，犯罪人在明知不可能改变调查人员或审判人员的信念或想法时，还是会做出虚假陈述。在这一观点下，说谎与欺骗是两个不同的概念，而且它们之间也不存在着包含与被包含的关系。总体上说，欺骗行为所涉及的人类的认知能力或活动要比说谎更为高级和复杂。但说谎也需要个体具备一些基本的心智，如对事实的理解、掌握基本的语言能力以及对形势的评估，等等。另外，我们还要看到，由于说谎和欺骗涉及的一些基本心智以及关于"真实"和"虚假"等核心意义的命题是相同的，因而使得它们的关系表现出密不可分的面貌。

第二，本定义使用"个体"一词，表明只包括人类，不涉及动物或植物。

第三，说谎是"有意"或"故意"的行为，但并不仅仅是为了达到欺骗或者误导他人的目的，还可因为其他目的做出。

第四，具有事前说明的误导对象的行为不是说谎。

第五，说谎不需要一定是成功达到目的的行为。

　　第六，在医学临床上或司法实践中会发现一些个体存在着一种病理性说谎行为（mendacity，谎言癖）。与一般人说谎不同，这些个体说谎并非一时性的行为，而是一种习惯性病理反应，伴有明显的临床精神症状，个体往往无法加以控制。另外，一些个体最初可能明知自己所说内容与事实不符，但后来因病情进行性加重，会对自己的谎言信以为真。正鉴于此，病理性说谎（谎言癖）也不属于本定义的范畴。

　　第七，需要特别说明的是，在"识别谎言"的司法实践中（例如利用仪器测谎时），一些被测试对象会选择"沉默"，有的是对事实不了解不知如何回答而保持沉默，当然不属于"说谎"行为。有的则是知道事实真相但因为各种原因做出"不知道"、"不想说"的意思表示——沉默，本定义认为这也是"说谎"。虽然没有明显的言语表达，但也可看成是一种带有潜台词的陈述。

　　因此，本书的"说谎"是指：个体有意地做出与事实不符的陈述（包括沉默）。

第四章

什么是测谎技术?

我国从 20 世纪八九十年代开始引进和应用测谎仪以及测谎技术。但是我国目前对测谎至少存在着两种常见的称谓:"测谎"和"心理测试"。如由公安部颁布,自 2006 年 3 月 1 日起施行的《公安机关鉴定机构登记管理办法》中第 12 条和 13 条规定,公安机关的鉴定机构可以申报登记开展下列检验鉴定项目,其中包括"心理测试,利用仪器设备对人个体进行心理分析"一项。使用的就是"心理测试"而不是"测谎"。

称谓之惑

对测谎技术称谓的混乱并非只是国内的问题,事实上在美国也存在着同样的困扰。英文文献中的称谓各式各样,有时在非专业人士看来,似乎指称的是完全不同的对象。它们包括:"polygraph"、"lie detection"、"lie detector test"、"psychophysiological detection of deception"、"pathometer"、"psychogalvanometer"、"deceptograph"、"psychograph"、"photopolygraph"、"reactograph"……

但在这林林总总的称谓中,"polygraph"应是最为主流的称谓。这一点,可以从以下事实来证实。美国 1966 年成立的测谎领域的专业学会名为"American Polygraph Association(美国测谎学会,

APA)"，并且此学会的期刊（也是国际测谎领域最为权威的期刊之一）的刊名就是"polygraph"。美国目前培养测试人员的主流学校，例如美国国防部培训测试人员的学校"Department of Defense Polygraph Institute，DoDPI"[1]，校名中使用的是"polygraph"一词。1983 年美国众议院政府工作常设委员会（the Committee of Government Operation，U. S. House of Representatives）正式要求美国国会技术评估办公室（the Office of Technology Assessment，OTA）着手调查测谎的科学性时，OTA 出炉的长达 132 页的技术评估报告《多导测谎的科学效度：研究综述与评估（*Scientific Validity of Polygraph Testing：A Research Review and Evaluation*）》[2]，对此技术的正式称谓也是"polygraph"。此外，可能也是最具有权威性和法定性的是，美国目前为止所颁布的有关测谎的最重要的法令——《雇员测谎保护条例（the Employee Polygraph Protection Act，EPPA)》，采用的正式术语还是"polygraph"。

根据 Bull（1988）[3] 的考证，"polygraph"一词是由两个希腊词组合而成，即"poly"［="many（多）"］和"graph"［="to write（记录）"］——是一种准确的科学仪器，通过热笔（ink pens）在图纸上或者通过计算机屏幕，准确而有效地将各种生理变化显示出来。1908 年，Mackenzie 在 the British Medical Journal 发表了一篇文章，第一次将当时出现的同时测量一种以上心理生理指标的测谎仪称为"Ink Polygraph"（Mackenzie，1908；Reid & Inbau，1977；Ansley，1992）。从此开始，人们开始用"polygraph"一词来称呼测谎仪。

---

［1］　Department of Defense Polygraph Institute（DoDPI）Federal PDD training institution and research center，located at Ft. Jackson，South Carolina. DoDPI was established and dedicated on 15 April 1986 by General Stillwell，then Undersecretary for the Army. Formerly part of the U. S. Army Military Police School（USAMPS）from 1951 to 1986.

［2］　Office of Technology Assessment（1983），Scientific validity of polygraph testing：a research review and evaluation，A technical memorandum，U. S. Congress，Washington，DC.

［3］　R. Bull，"What is the lie - detection test？"，in A. Gale（ed.），*The Polygraph Test：Lies，Truth and Science*，London：Sage，1988，pp. 11～12.

《雇员测谎保护条例》（EPPA）则对"polygraph"及其相关概念"lie detector"进行了明确的界定：

"lie detector"这一术语，包括多通道生理记录仪、谎言记录仪、声音压力分析仪、心理压力测评仪，或者其他类似的仪器（无论是机械或是电子的），这些仪器，或者是仪器测试的结果主要用于说明个体是否诚实的诊断性评价。

The term "lie detector" includes a polygraph, deceptograph, voice stress analyzer, psychological stress evaluator, or any other similar device (whether mechanical or electrical) that is used, or the results of which are used, for the purpose of rendering a diagnostic opinion regarding the honesty or dishonesty of an individual.

"polygraph"这个术语指的是这样一种仪器——

（A）它最基本的功能是连续、真实、永久、同步地记录血压、呼吸、皮电图形的变化，并且

（B）被用于，或者是它的结果被用于作为一个鉴定结论，来判断个体是诚实还是不诚实。

The term "polygraph" means an instrument that -

（A）records continuously, visually, permanently, and simultaneously changes in cardiovascular, respiratory, and electrodermal patterns as minimum instrumentation standards; and

（B）is used, or the results of which are used, for the purpose of rendering a diagnostic opinion regarding the honesty or dishonesty of an individual.

可见，Polygraph 只是众多形式的测谎仪（lie detectors）中的一种，它特指通过记录、收集被试的血压、呼吸、皮电为主的生理指标数据，结合所提问题来辨别真伪的测谎仪。事实上，除此之外，还存在着一些采用其他方式或指标识别谎言（测谎）的技术，

例如通过分析声音是否有紧张感来推测其发出者是否"说谎"的声音压力分析技术，通过眼睛的运动和瞳孔的变化来测谎，以及近十几年出现的脑事件相关电位测谎技术。

测谎的理论基础

测谎技术的专业术语如此混乱，有很大的原因是因为人们不知道"测谎到底在测什么"。也就是说，测谎技术的理论基础一直是暧昧不明的。虽然曾有学者宣称测谎技术有着良好的科学理论基础（如，Raskin，Honts & Kircher，1997a），但大部分的研究还是认同前面提到的 NRC（2003）的观点："心理生理反应与试图说谎的心理状态之间并没有建立起紧密的联系"[1]，没有理论可以确定某种心理生理反应的出现是因为"试图说谎"的心理状态而非其他心理状态导致的。被测者的压力（stress）、恐惧（fear）、负罪感（guilt）、愤怒（anger）、兴奋（excitement）或焦虑（anxiety）等心理状态所对应的生理反应都被指是测谎的基础（参见 OTA，1983；Iacono and Lykken，1997[2]；NRC，2003）。

一、恐惧理论（fear theory）或惩罚理论（punishment theory）

这一理论可能是最早的心理生理测谎技术的基础理论，因为此领域的早期代表人们大都持这一观念。例如 Marston（1917）就指出，在测谎时被试的血压明确增高，这无疑就是恐惧这一心理状态的生理反应。Larson（1932）也认为测谎所利用的自主反应（呼吸、

---

〔1〕 原文为："a tight link is not established from the physiological responses to the psychological states presumably tied to deception." National Research Council，The Polygraph and Lie Detection，Committee to Review the Scientific Evidence on the Polygraph，Division of Behavioral and Social Sciences Education，Washington，DC：The National Academies Press，2003，p. 48.

〔2〕 Iacono，W. G. & Lykken，D. T.，"The Scientific Status of Research on Polygraph Techniques：The Case against Polygraph Tests"，in D. L. Faigman，D. Kaye，M. J. Saks & J. Sanders（eds.），*Modern Scientific Evidence：The Law and Science of Expert Testimony*，St. Paul，MN：West Publishing，1997，pp. 446 ~ 483.

血压、脉搏，等等）正是来自有罪者对可能面临的惩罚的恐惧。

二、条件反应理论（condition reaction theory）

Davis 在 1961 年对说谎的心理生理机制进行了一个比较详细的论述（Davis，1961[1]），他认为有三种可能的机制致使说谎时个体的心理生理反应水平增强：条件反应（conditioned reaction）、心理冲突（mental conflict）以及面临被惩罚的威胁（threat of punishment）。其中第三种机制也就是上述的恐惧理论。而条件反应这一概念显然是受到了巴甫洛夫的经典条件反射理论的启发，在 Davis（1961）看来，个体从小被灌输"说谎或欺骗"是不良的、应受惩罚的行为的观念（无条件刺激），并建立起与这一观念相对应的情绪反应（无条件反应）。这一联系因是从小植入，并已潜移默化到个体的内心，所以是无条件反射。而个体实施了一次违法犯罪行为，虽然不是多次练习，但由于违法犯罪是一种强烈的经历，因此可以在上述无条件反射基础上建立起条件反射。即这一具体违法犯罪行为（条件刺激）与特定情绪反应（条件反应）也建立了联系。因此，当测试时相关问题（涉及具体违法犯罪行为，也就是条件刺激）出现时，个体就会不由自主地出现情绪反应，而伴随这一情绪反应出现的生理反应就会被观察到。所以，测谎所要探测的特异心理生理反应其实就是一种条件反应。而对于无辜者，由于没有建立此类条件反射，就不会出现此类条件反应。

三、冲突理论（conflict theory）

心理冲突理论认为，有罪者在回答问题时会"说谎"，而说谎时会产生两个心理意向，一个是来自对事实的认识，另一个则是来自对"谎言"的认识。这两个完全相反的意向会带来强烈的心理冲突。而对于无辜者，他（或她）只是陈述自己对事实的认识，因此只有一个意向，不会出现心理冲突。具有强烈心理冲突的被试

---

[1] Davis, R. C., "Physiological Responses as A Means of Evaluating Information", in A. Biderman & H. Zimmer（eds.）, *Manipulation of Human Behavior*, New York：Wiley, 1961, pp. 142~168.

的生理反应会比没有心理冲突的强烈，从而能够很好地区分说谎者
与诚实者（Davis，1961）。

四、动机理论（motivation theory）

这一理论由 Gustafson 和 Orne（1963）[1] 提出，他们在前人的
恐惧理论基础上更深入了一步，认为由于有罪者面临着较高的被惩
罚的风险，因为他们具有更强的打败测谎仪的动机，而强烈的动机
状态将会引发强烈的生理反应。

五、心理定势（psychological set）[2]

心理定势（psychological set）这一概念由 Backster 首次在测谎
领域中提出。心理定势本是心理学领域的传统概念，Backster 本人
也承认并非自己首创，而是从另一名心理学家 Floyd L. Ruch
（1948）处借鉴来的。在心理学中，"定势（set）"被定义为对某种
刺激或某类刺激的暂时朝向或准备状态，包括认知定势、动力定
势、神经定势等。而 Backster 的心理定势是指在测谎测试中，被试
对某类问题给予的特别注意。在 Backster 看来，对于不同的被试
（无辜或有罪的），某类的问题会较其他类型的问题具有威胁性
（threat），因而被试会对这类问题特别注意。对于说谎的被试，他
们会认为相关问题比其他类型问题对自己的威胁更大，因为对其更
为注意，也具有更高的心理唤醒（physiological arousal）水平。同
样，对于无辜者而言，他们会认为自己曾做过的其他违法犯罪相关
的问题更具威胁，因而更多关注的是那些问题而非本案件相关的问
题（Matte & Grove，2001）。对于 Backster 的"心理定势"概念及
其理论假设虽然至今仍未能得到测谎学界的一致认同，但不可否认
的是，它是测谎文献中最常被引用的概念和理论（参见 Krapohl，
2001；Matte & Grove，2001）。

---

〔1〕　Gustafson, L. A. & Orne, M. T., "Effects of Heightened Motivation on the Detection of Deception", *Journal of Applied Psychology*, 1963, 47, pp. 108 ~ 411.
〔2〕　关于心理定势我们将在后面的章节进一步加以阐述。

六、防御反射 (defensive reflex)

Raskin (1980)[1] 则认为对于测谎中的心理生理反应最好的解释理论就是防御反射。这一反射机制是个体保护自身免受外部不利刺激伤害的本能反应。在遇到突如其来的威胁时，个体会立即进入紧急反应状态，可能有两种形式：战斗或逃跑反应 (fight or flight reaction)。而生理上的反应由自主神经系统 (autonomic nervous system, ANS) 支配，心跳加快、血压增高、呼吸加速，等等，都是为即将出现的行为 (战斗或逃跑) 提供所需的能量 (Sokolov, 1963)。而将这一理论应用于解释心理生理测谎的根据则是：对于有罪者，相关问题是具有威胁性的刺激，会引发其防御反射，从而产生上述生理反应。

七、唤醒理论 (arousal theory)

一般认为，将"唤醒理论"引入测谎领域的是 Lykken (1959)，但事实上，Reid 和 Backster 都曾对"唤醒"有所提及。只是 Lykken 为了强调自己的观念：测谎并不是在检验"说谎"或情绪本身，而是在检测对犯罪细节的记忆。因而他将此称为"认知唤醒 (cognitive arousal)"，并将此作为 GKT (CIT) 早期[2]的理论基础。这一理论认为，由于有罪者具有对具体犯罪细节的记忆，当符合真实犯罪细节的关键刺激出现时，会出现较高的心理唤醒水平，从而导致其生理唤醒水平也增强。并且刺激越强，唤醒反应也就越强。而无辜者因不知道具体案情，不会出现有指向性的认知唤醒。

八、朝向反射 (orienting reflex)

在一些学者用防御反射作为测谎基础时，另外一些学者对此提出了疑问。因为按照防御反射的观点，有罪者在测试时出现的防御反射会带来心跳加快、血压增高、呼吸加速的生理反应。但是在实

---

〔1〕 Raskin, D. C. , "Orienting and Defensive Reflexes in the Detection of Deception", in H. D. Kimmel, I. H. Van Olst & J. F. Orlebeke (eds.), *The Orienting Reflex in Humans*, Hillsdale, N. J. : Erlbaum, 1980, pp. 587~605.

〔2〕 Lykken 后来对 GKT 测试的理路基础又有了进一步的认识。

验室研究中，常常会观察到的被试的生理反应几乎是相反的，即出现的是血压的下降、呼吸的抑制（Podlesney & Raskin, 1978[1]; Raskin & Hare, 1978[2]）。而这种生理反应并非防御反射的成分，而是朝向反射的重要特征。朝向反射是由一种新异（novel）或者对自己有特殊意义（significant）的刺激引起机体的一种反射活动，表现为机体现行活动的突然中止，头面部甚至整个机体转向此刺激发出的方向（Sokolov, 1963）。因此产生的生理反应可以作为识别有罪者的指标（Lykken, 1974）。

九、二分法理论（dichotomisation theory）

而在朝向反射理论的基础上，以色列学者 Ben – Shakhar（1977）[3] 提出了二分法理论来解释测谎的理论基础。这一理论认为，在有罪者的眼中，所有的刺激（即问题）都会分成两个基本的刺激类型：相关刺激（relevant stimulus）和中性刺激（neutral stimulus）。而对于无辜者，所有问题都是中性刺激，则没有这样的二分法。同时值得特别指出的，Ben – Shakhar 认为对于有罪者而言，相关刺激出现的次数要远低于中性刺激，因此是新异刺激（novel stimulus）。由此，有罪者会对相关刺激出现朝向反应。

说谎时大脑发生了什么?

以上理论基础林林总总，但其中并没有任何一个学说能让测谎学界一致认同。而且，即使在普通人看来，它们比我们的"常识（common sense）"也"科学不了多少"。这并不是我们的研究者不够努力，而是因为"说谎"所发生的最主要的"场所"在我们的

---

〔1〕 Podlesny, J. A. & Raskin, D. C., "Effectiveness of Techniques and Physiological Measures in the Detection of Deception", *Psychophysiology*, 1978, 15, pp. 344~358.

〔2〕 Raskin, D. C. & Hare, R. D., "Psychopathy and Detection of Deception in A Prison Population", *Psychophysiology*, 1978, 15, pp. 126~136.

〔3〕 Ben – Shakhar, G., "Further Study of the Dichotomization Theory in Detection of Information", *Psychophysiology*, 1977, 14, pp. 408~413.

大脑（brain）内部。而大脑是一个典型的"黑箱"。由于条件的限制，我们不能直接考察大脑的内部，只能通过外部观测和试验，找出输入和输出的信息的变化关系来推论说谎发生的心理机制。所以，这些理论基础总体上还只停留在思辨或者是考察外周生理指标变化的层面上，难免有"力有不逮"之感。

而近几十年认知神经科学技术的发展让我们有机会可以深入到大脑"黑箱"的内部，看看人类"说谎"时大脑究竟发生了什么？说谎的心理机制究竟是怎样的？

2002 年，Daniel Langleben 及 其 同 事（Langleben et al.，2002)[1] 选取了 18 名大学生作为被试。每名被试首先拿到一个装着"梅花 5"纸牌和 20 美元的信封，要求其亲自打开信封，拿出里面的"梅花 5"看清楚后放在自己身上。然后，这些被试被依次安排到一台计算机屏幕前，而屏幕会以 1 次 1 张的随机顺序向其呈现一连串各种花色的纸牌。每呈现 1 张，实验员都会询问被试："是否持有这张纸牌？"这些被试事先被告知，当屏幕出现他所持有的那张牌的花色（梅花 5）时，必须"说谎（按键表示 no）"加以否认。如果说谎成功，可以得到信封中的那 20 美元。实验结果发现：整体而言，被试说谎时脑激活区域比诚实时明显增多。Langleben 等人认为，这一结果可能显示，对于个体来说，"说实话"是脑部正常的系统反应，是基本的认知作业，而"说谎"则是比"说实话"更为复杂的认知活动，因此需要更多的脑神经资源参与作业。进一步的源定位分析表明，那些在说谎时更为活跃的区域正是"在人类注意、监测和控制错误上扮演重要角色"的脑部区域，包括前扣带回皮层（anterior cingulate cortex，ACC）和额上回（superior frontal gyrus，SFG）。

而在 2005 年，Langleben 等人又作了改进实验研究（Langleben

〔1〕 Langleben, D. D., Schroeder, L., Maldjian, J. A., et al., "Brain Activity during Simulated Deception: An Event – related Functional Magnetic Resonance Study", *NeuroImage*, 2002, 15, pp. 727 ~ 732.

et al.，2005[1]）。与前次实验不一样，这次的 26 名被试收到的信封里有两张纸牌（分别为梅花 5 和黑桃 7）以及 20 美元。被试被要求对其中一张（如梅花 5）"谎答（按键表示 no）"，而对另一张（如黑桃 7）"诚实回答（按键表示 yes）"，如果能够成功说谎，将会得到那 20 美元的奖励。其结果与上次研究结果有所不同，在说谎（面对梅花 5 回答 no）和诚实（面对黑桃 7 回答 yes）时，ACC 区域的活跃程度都有增加，而下侧前额叶皮层（inferolateral prefrontal cortex）在说谎时比诚实回答时更为活跃。Langleben 等人认为，这次实验范式的改进有效分析出了 ACC 区域，它可能并不是因为与说谎有直接关系，而是因为被试需要做出反应，因此需要工作记忆（working memory）的参与。事实上，也有研究证实左侧 ACC 确实与工作记忆有关（Nunez et al.，2005[2]；Zarahn et al.，2005[3]）。而与说谎有关的区域——下侧前额叶皮层则是负责选择、抑制和产生反应的，进一步说明相比较说实话而言，说谎确实是一个需要更多脑神经资源参与的认识过程。

另外，在 Langleben 团队的这些研究前后，也有一些其他的研究者或研究团队从事着利用 fMRI 研究说谎或欺骗行为的工作。Spence 等人（Spence et al.，2001[4]）在实验中让被试对自己的自传信息（autobiographical information，即被试自己的某一信息，如

〔1〕 Langleben, D. D., Loughead, W. J., Bilker, B. W., et al., "Telling Truth From Lie in Individual Subjects With Fast Event – Related fMRI", *Human Brain Mapping*, 2005, 26, pp. 262 ~ 272.

〔2〕 Nunez, M. J., Casey, J. B., Egner, T., et al., "Intentional False Responding Shares Neural Substrates with Response Conflict and Cognitive Control", *Neuroimage*, 2005, 25, pp. 267 ~ 277.

〔3〕 Zarahn, E., Rakitin, B., Abela, D., et al., "Positive Evidence against Human Hippocampal Involvement in Working Memory Maintenance of Familiar Stimuli", *Cereb Cortex*, 2005, 15, pp. 303 ~ 316.

〔4〕 Spence, A. S., Farrow, F. T., Herford, E. A., et al., "Behavioural and Functional Anatomical Correlates of Deception in Humans", *Neuroreport*, 2001, 12, pp. 2849 ~ 2853.

被试的名字、出生日期）进行谎答或诚实作答，并同时利用 fMRI 纪录大脑区域变化。结果发现，相比较而言，说谎时被试大脑的前额叶皮层腹外侧区（ventolateral prefrontal cortex）和内侧前额叶皮层（medial prefrontal cortex）更为活跃。

Lee 等人（2002）[1] 设计了一个伪装失忆的实验。需要特别指出的是，伪装失忆与测谎无论在认知神经学研究还是司法实践领域都有着密切的关系。从认知神经学的角度来说，失忆是一种精神疾病；而从司法领域上看，伪装失忆是一种企图逃避法律责任的常见诈病（malingering）形式。实验包括两项任务：第一项是学习再认，先呈现一个三位的数字，然后在随后再次出现此数字时要求被试回答"是否为前面出现过的"。第二项则是利用自传信息提问"你是否在某地出生"。被试分为两组，一组实验组，要求对两项任务都假装失忆，并为了更加逼真，要求被试将回答的正确率保持在概率水平，即50%；另一组为控制组，要求诚实回答。比较实验与控制组的 fMRI 扫描结果发现，说谎过程中背外侧前额叶区皮层（dorsolateral prefrontal cortex，DLPFC）、亚皮层的尾状核区域以及顶叶皮层明显激活。Lee 等人认为，DLPFC 代表了任务要求的注意资源和对背景信息的表征和保持，亚皮层的尾状核区域与回答抑制、错误回答的监控有关，而顶叶则与实验中需要心算正确回答与错误回答的比例保持在 1：1 有关。

Gains 等人（2003）[2] 则对不同的谎言类型的大脑加工机制进行了比较研究。研究中的谎言类型分为两种：预演性谎言（well - rehearsed lie，被试已经对此谎言进行了良好的练习）和自发性谎言（spontaneous lie，没有经过练习，被试需要在正式实验时以自己的方式来谎答）。比较两种谎言所激活的大脑区域，结果发现，这两类谎言都激活了双侧前额前部皮层（bilateral anterior prefrontal

〔1〕 Lee, M. T., Liu, L. H., Tan, H. L., et al., "Lie Detection by Functional Magnetic Resonance Imaging", *Hum Brain Mapp*, 2002, 15, pp. 157~164.

〔2〕 Ganis, G., Kosslyn, M. S., Stose, S., et al., "Neural correlates of different types of deception: an fMRI investigation", *Cereb Cortex*, 2003, 13, pp. 830~836.

cortices），双侧旁海马回（bilateral parahippocampal gyrus），这些区域都与情景记忆有关。但不同的是，自发性谎言激活的区域要多于预演性谎言，主要是前扣带回（anterior cingulate gyrus，ACG）区域和视觉皮层。ACG 是与抑制和监控有关的区域，而更多的激活区域说明相比较预演性谎言，自发性谎言可能因为没有事先的练习需要更多的脑神经资源参与。

　　而最近的 fMRI 测谎研究则是来自 Temple 大学的一份研究（Mohamed et al. , 2006[1]）。研究招募了 10 名被试，其中 6 名被要求用装有假子弹的玩具手枪进行射击，以模拟犯罪情境，然后在接受测试时谎答没有开过枪。没有参与射击的被试则说实话。fMRI 源定位分析发现：说实话者的大脑额叶、颞叶的一部分和扣带回被激活。而说谎则导致大脑前部活动，主要是内侧下部和前中央区，以及海马回、颞中部区和颞部边缘区，这些区域中有部分与情绪反应相关。很明显，说谎和说实话所激活的大脑活跃的区域有所不同，而且说谎比说实话激活的区域更多。这点与前面的研究一致。

　　从目前已有的 fMRI 测谎研究来看，结果并不完全一致。这点其实并不难以理解，因为这些研究所使用的具体实验范式并不相同。有的使用的是指导性说谎，有的使用的是自传信息，有的使用的是再认任务，有的是预演性谎言，有的是自发性谎言。可见，同样是"说谎"，具体的心理机制可能是不一样的，有的是反应冲突，有的是反应抑制，有的则涉及情绪……所以在具体大脑区域上表现不同是必然的。但是目前获得的比较一致的结论是：说谎确实是比说实话更为复杂的认知过程，需要更多的大脑区域参与。此外，在认知层面，参与的大脑区域主要是大脑的前额叶皮层（prefrontal cortex）。前额叶皮层是位于大脑前部的皮层结构，恰好位于

---

〔1〕　Mohamed, B. F. , Faro, H. S. , Gordon, J. N. , et al. , "Brain Mapping of Deception and Truth Telling about An Ecologically Valid Situation: An fMRI and Polygraph Investigation – initial Experience", *Radiology*, 2006, 238, pp. 679 ~ 688.

人类脑门的"后方"。从进化上来讲，前额叶是最晚发展的皮质结构之一，人类的前额叶尤其发达。人类的前额叶约占大脑皮质总面积的1/3，直到青春期才渐趋成熟。前额叶非常复杂，功能繁多，但大致说来，前额叶主要负责人类的高级认知功能，比如注意、思考、推理、决策、执行任务等，被称为大脑的"CEO"。

前额叶功能：
Planning 计划安排
Attention 集中专注
Judgment 判断决策
Reflection 洞察能力
Prioritizing 优先选择
Self control 自我控制
Strategizing 制定策略
Sequencing 排列顺序
Anticipation 先见远虑
Organization 组织思考
Impulse control 冲动控制
Working memory 工作记忆
Modulating mood 心境调节
Response flexibility 反应灵活
Goal – directed behavior 切实坚持

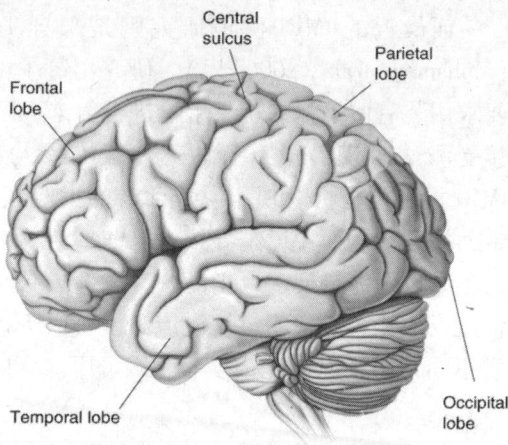

图 4 - 1　前额叶（Frontal lobe）及其功能

说谎时可能经历的过程

虽然关于说谎的理论基础目前还没有统一的说法，但学者还是一致认同这样的观点，即人在说谎的时候，一般会经历四个过程，分别为：内容复杂化、情绪、认知唤醒和尝试控制（DePaulo，1988，1992；DePaulo，Stone & Lassiter，1985；Edinger & Patterson，1983；Ekman，1992；Köhnken，1989；Vrij，1991；Zuckerman，DePaulo & Rosenthal，1981）。这四个过程的分类虽然是人为的，但是所有的谎言理论上都应该具有上述四个过程，而四个过程之间也并非是完全独立的。

一、内容复杂化

说谎的认知神经科学研究已经发现：说谎确实是比说实话更为复杂的认知过程，需要更多的大脑区域参与。一个说谎者必须想出一个可信的答案，不能自相矛盾，应该和观察者知道的或可能发现的事情相一致，避免说漏嘴。而且，他们必须记得他们说过的事情，以便当有人要求他们重述的时候能够说得和以前一样。因此，有时候犯罪嫌疑人陈述真实的案发现场比陈述虚构的案发现场更加容易。

证据已经表明人们在从事复杂的认知任务时更多地出现口吃和口误，语速更慢，停顿更多，在作出回答前要等很长时间（Goldman – Eisler，1968）。认知的复杂性也导致了手和手臂运动的减少以及注视转移的增加（Ekman，1997；Ekman & Friesen，1972）。手和手臂运动的减少是由于比较重的认知的负担造成了对肢体语言的疏忽，造成活动的全面减少。注视转移（通常对不动的点）的出现是因为总看着交谈对象会扰乱思考。内容复杂性对动作和注视转移的影响很容易观察到。问人们 3 天前吃的东西，然后观察他们试图回忆吃过的东西时的行为。

不过，说谎并不总是复杂的认知任务（McCornack，1997）。有时说谎比说实话容易。假设你的一个朋友送了一个你不喜欢的生日礼物。在这种情景下，假装喜欢可能比说你不喜欢要容易。如果你说实话，你还要解释你为什么不喜欢它，你可能会卷入和朋友的争论中，甚至会冒破坏彼此友谊的风险。

二、情绪

我们一般都相信，对于大部分普通人而言，说谎时都会或多或少地出现一些特定的情绪。前述的测谎理论基础中，说谎者的恐惧（fear）、负罪感（guilt）、愤怒（anger）、兴奋（excitement）或焦虑（anxiety）等情绪都被指是测谎的基础。测谎与情绪的作用密切相关，说谎对于大多数人而言，即为一种情绪经验，并且进而引发其他情绪（Ney, 1988）。情绪是指个体经验到愉快、悲伤、恐惧、憎恨、热爱与忧虑等的意识状态，不同于认知与意向的心理过程，是一个激动与强烈的情感状态。Schachter（1971）以认知—生理情绪反应理论来说明测谎的基本原理。在测谎中的生理反应，除了因身体移动所导致的不自然反应以外，其他的反应主要有两类，可以用下图4-2表示。

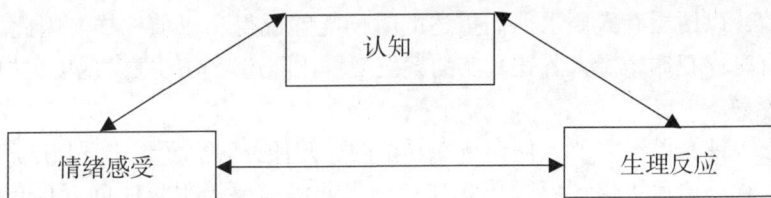

图4-2　Schachter（1971）的认知—生理情绪反应

其中，情绪是指当个体受到某刺激之后，所导致如害怕、担心、焦虑、恐惧犯罪行为被发现的情感状态，此状态不受自我控制，将对个体行为造成干扰、触动作用，并且产生个体生理的变化。而认知则是指在测谎过程中，被测者对被问到的问题所产生的看法和认识，包括认知到犯罪行为暴露后的后果，或是对所作所为有负罪感等。Schachter（1964）主张认知与生理反应之间具有交互作用。

Keeler（1936）曾提出说谎时的情绪反应，分列如下：

恐惧：被测者因为生怕犯罪行为被揭发，基于对测谎的认知而形成的生理变化，因此增强身体上的变化。

压抑：被测者经常使用意识压抑生理变化，容易导致呼吸急促或是身体随意性神经肌肉的活动。

无恐惧则无压抑：无罪的被测者将不会产生恐惧的情绪，亦即无所谓无意识的压抑反应。

关心与期待：被测者对测谎结果的关心与期待将造成个体生理反应。

情境经验：当测谎中激发被测者亲身经验时，将可能产生与当时情境相似的情绪状态。

情绪的平衡：当有罪者经由认罪而消除意识困扰之因素之后，将恢复情绪的平衡状态。

由 Keeler（1936）的理论可知，有罪者在说谎时最主要的情绪即为恐惧，其次为关心、期待与情境的经验，而且他认为上述情绪是同时存在的。

综上所述，可知当被测者接受测谎时，其情绪的状态往往由多种情绪交杂产生，Abrams（1977）曾指出测谎中的生理反应并不一定导因于说谎，被测者当时的情绪亦可能造成类似的生理反应，情绪、认知与生理反应三者交互作用的影响，经常使测谎充满变量。故而测谎图谱结果分析的难易性，乃是取决于被测者的恐惧、罪恶感、内心冲突、生气及兴奋等情绪交杂产生的程度。

（一）负罪感

其中，与说谎最相关的情绪当属负罪感（guilt）。在一次测谎技术研讨会上，一名以色列参会人员为了展示自己国家的测谎仪（声音压力测谎仪）做了一个模拟测谎测试。在测试之前，他邀请参会的另一名学者来模拟盗窃物品（会议主席的钢笔）。这名"盗窃者"是一位大家比较公认的品德良好的高校教授。最后的测谎测试非常轻松地将这名"盗窃者"从 5 名"嫌疑人"中识别出来。在场的人，即使不借助"声音压力测谎仪"，也基本能识别出真正的"盗窃者"是这位教授。因为在他回答相关问题时，声音出现了非常明显的颤音，仅凭人耳就能感觉到。事后，大家纷纷认为，这位教授是最适合被测谎的被试之一，因为可能其道德标准较高，哪怕仅仅只是"模拟盗窃"了一支钢笔，也会有着比较高的"负罪感"。而高水平的负罪感使其在测谎时更加紧张，从而在回答问题时出现明显的颤音。当然，可能有人会提出另外一种解释，是当时的情景（周围都是一些测谎领域的专家学者）导致其情绪紧张，而并不意味着此教授的道德水平高于常人。可见，说谎相关的情绪的强度至少会依赖于说谎者的个性和说谎时的情景（Ekman，1992；Ekman & Frank，1993）。同样的谎言，一些人具有较高道德感或者超我的人所体验到的负罪感更强。而对另外一些人而言，为了达到目标，说谎是自然的、可接受的方法，因此，他们在说谎时或许没有负罪感。某人体验的负罪感的强度也依赖于情景。如果说谎者的谎言有道德上的支持，他就不会有负罪感。举例来说，间谍为了保护她的国家的利益而说谎是完全可接受的，而前面提到的名人说谎的例子，为了他人的利益而说谎被认为是一种"美德"，当然也不会有负罪感。此外，如果说谎者相信说谎是合法的也不会有负罪感。售货员为了卖出商品，会认为强调产品的优点是他工作的一部分，因此当他这么做时他不会有负罪感。如果说谎者认为他说谎的不良结果对受骗者而言不是很严重，他也会觉得没有什么负罪感。

（二）恐惧

与说谎相随的不光只有负罪感，还有恐惧。恐惧的产生来源于说谎者自己意识到的"一旦谎言被识破可能会被处罚"的认知。很多情况下，恐惧和负罪感相伴而生，难以区分。所以有人可能会提出，说谎者情绪的变化也许并非是因为负罪感，而是因为恐惧。但是我们只要回顾一下刚刚提到的那位"盗窃"钢笔的教授的例子，就能很快地澄清这个问题。因为很显然，在这个例子中，教授是完全没有被惩罚的后果的，所以他的情绪变化基本可以确定是来自负罪感而不是恐惧。和负罪感一样，说谎者感到恐惧的强度也依赖于几个方面。其一，它依赖于说谎所冒的风险——也就是说，如果被识破的结果很严重，说谎风险很高，他将会感到更多的恐惧。其二，它依赖于说谎者自认为他或她说谎水平的高低。一些人是非常老道的说谎者，凭着经验他们知道自己愚弄他人是十分容易的，并且很少被识破。这将会增加他们的自信并减少他们说谎时的恐惧。最后还要看是对谁说谎。如果说谎者对一个擅长识别谎言的人说谎，那将比对一个傻瓜说谎更感到恐惧。

（三）焦虑

在说谎过程中，还有一种情绪会和恐惧相关，那就是焦虑。当说谎者意识到自己谎言被戳穿后会面临处罚，在被识别之前，会积极寻找解脱的方法。但大部分情况下，说谎者可能马上就面临测谎测试，且打败测谎仪的可能性较小，也就是说，很难马上找到一个真正有效的解脱方法，此时出现焦虑在所难免。

（四）兴奋

最后，还有一种与说谎相关的情绪则是兴奋。这种情绪与前述的各种情绪有所不同，它主要是指说谎者因为说谎而经历一种积极的情绪——兴奋。例如说谎者发现自己的欺骗行为要成功了，或者即将达到自己说谎的目的。还有一种情况就是，说谎的时候有旁观者在场，并希望旁观者能够看到自己"成功"欺骗他人的过程，兴奋感也可能会出现。例如，有些学生试图愚弄老师，如果有其他的学生在场，会比只有他和老师在场更感到兴奋。

负罪感、恐惧、焦虑，还有兴奋这些情绪都可能在人们说谎的时候出现。而随着这些情绪的产生，人们会相应地出现一些生理指标的变化，同时也会出现一些相应的行为的变化。比如，当说谎者在讲一个自己都不会相信的拙劣的谎言时，往往因为负罪感不敢正眼看对方，可能会造成注视转移。恐惧和兴奋可能会带来有压力的表征，例如动作增加，口吃（例如"嗯"、"啊"）和口误增加，或者和前面那教授一样出现颤音、高音等现象。情绪越强烈，这些行为就越有可能暴露谎言。

三、认知唤醒

与心理定势一样，"唤醒理论（arousal theory）"是传统的心理学理论。心理学家在对人的感觉经验进行考察时发现，人对新奇的刺激的感觉，是随着刺激的重复出现和历时的长短而展开的，刺激重复得越多，时间越长，感知表象的新奇性就会逐渐降低。人在审美活动中获得的愉悦是由这样两种"唤醒"引起的：一种是"渐进性"唤醒，即审美情感的紧张度是随着感知和接受的过程而逐步增加的，最后到达度的临界点产生愉悦体验。另一种是所谓"亢奋性"唤醒，就是情感受到突发的冲击迅速上升到达顶点，然后在"唤醒"下退时获得一种解除紧张的落差式愉悦感。

而将唤醒理论引入测谎领域的则是 Lykken（1959），Lykken 为了强调自己的观念：测谎并不是在检验"说谎"或情绪本身，而是在检测对犯罪细节的记忆。因而他将此称为"认知唤醒（cognitive arousal）"，并将此作为 GKT（CIT）早期[1]的理论基础。这一理论认为，由于有罪者具有对具体犯罪细节的记忆，当符合真实犯罪细节的关键刺激出现时，会出现较高的心理唤醒水平，从而导致其生理唤醒水平也增强。并且刺激越强，唤醒反应也就越强。而无辜者因不知道具体案情，不会出现有指向性的认知唤醒。因此当把与犯罪有关的人、物、事的实物或照片给被测者看，或者用言词讲给他听时，可以预期，对于犯罪者，能够触发一个较强的生理反应。而把与犯罪无关的人、物、事的实物或照片给他看，或用言词讲给他听时，触发出来的生理反应，肯定比较弱。

20 世纪 80 年代中期，Kleinmuntz（1984）[2]、Saxe（1985）[3]等心理学家开始用认知心理学解释测谎原理，认为测谎所测的心理是一种对犯罪情景的认知，测谎的测试人员所使用的实物或言词是一种意在引发再认的刺激。当这种刺激属于犯罪情景的真实描述或犯罪情景的真实状态时，有罪的被测者会出现自主的认知唤醒，唤起对特定事件的认知。由此导致生理反应，而使测谎所测的生理反应异常，进而表明被测者与犯罪事实存在一定关联。现在，我们普遍相信，与说真话的人相比，说谎者可能会经历较高的整体唤起水平。具体表现包括：瞳孔更大、眨眼频率增加、更多的断句、更尖的音调等。

---

〔1〕 Lykken 后来对 GKT 测试的理路基础又有了进一步的认识。

〔2〕 Kleinmuntz, B. and Szucko, J., "Lie detection in ancient and modern times: A call for contemporary scientific study", *American Psychologist*, 1984, 39, pp. 766～776.

〔3〕 Saxe, L., Dougherty, D. and Cross, T., "The validity of polygraph testing", *American Psychologist*, 1985, 40, pp. 355～366.

四、尝试控制

到了现代社会，因为人们知识水平的普遍提高，以及个人经验的增长，绝大部分成人都知道，对于普通人而言，在说谎时因为以上的各个过程，难免会出现一些特定的行为或生理表征。所以，当人们说谎时，大都能够同时意识到自己可能会因为这些特定的行为或生理表征出卖自己，所以会努力压制这些表征以避免被识破。这就是尝试控制。

说谎者可能担心给别人留下不诚实的印象，也可能特别急于给别人留下诚实的印象。人们努力制造令人可信的、诚实的印象叫做印象管理。在刑事案件审讯中，经常会出现这种例子。一些真正的犯罪者在被审问时，害怕自己的言行暴露自己，往往采取一种他们认为最简单有效的方法——不给任何反馈。在整个被审问过程中，既不回答问题，也始终保持着坐在那里一动不动的姿势。不过他很快就会发现，这一策略有很大问题，因为沉默、举止僵硬往往是不愿意合作者的典型表现。而在刑事审讯中，一名被调查对象如果是不合作的，他很大可能会被警方认为是"真正的罪犯"。因此，更有经验者，会采取另一种尝试控制，尽量让自己"更自然"、"更活跃"，或者表现出来"非常愿意与警方合作"。

出于这样的考虑，说谎者会比说实话者更努力地保持行为"自然"或者给别人留下诚实的印象。但是，这是不容易的。他们必须很好地抑制他们的紧张情绪，掩盖他们不得不努力思考的证据，知道如何才是自然的行为，并能够按他们想要的方式行为。但是，这对于绝大多数人来说，是非常困难的。无论说谎者怎么努力，一些行为还是会出卖他们。例如，说谎者很有可能会认为口吃、口误和说话停顿会使他们更像嫌疑犯。因此，他们会试着避免这样的不流畅。但是，这可能会造成听起来特别流畅，像演讲一样，而对大多数人而言，讲话中有语病是正常的。

总之，尝试控制过程可能有两种形式：一是事先设计好的，僵硬的（类似人们在照相时的行为），另一种形式则是"太流畅"，说谎者会尽量表现出自然的动作，同时保证说话尽量流畅，减少说话时的暂停、错误和中止。

四种主要的测谎技术

从说谎的四个过程来看，虽然同样是说谎，因为情景或者个体的不同，表现出来的行为或者表情的表征可能是不同的，有时甚至是相反的。比如情绪过程假设因为紧张说谎者的动作会增加。内容复杂化则会出现因为大脑在高速的运转而导致动作的减少。尝试控制过程则可能出现完全相反的行为模式，一个是动作僵硬，而另一可能的模式则是"假装积极"。可见，没有一种行为模式（增加或减少、僵硬或积极）可以肯定地被当成说谎的表征。但是，我们还是可以得出一个规律——当人说谎时，他的这四个过程的表现和诚实的时候是不同的，或者说是异常的。

根据这一规律，我们可以很容易地想到，只要比较被测者当时模式与其正常的模式是否有差异就可以比较有效地识别说谎。今天，我们已经发展出了许多方法和技术来实现以上目的，包括仪器识别，也就是大家熟知的测谎技术。其实它只是我们人类在探索识别真实与虚假的所有技术和方法当中的一种，也就是利用仪器来识别真实与虚假。仪器识别有很多种，包括分析人的压力来识别他是诚实或是不诚实的，或者紧张的还是放松的。现在发展的比较先进的是利用脑电来测谎，这些统称为仪器测谎。它的优势地方在于它是客观的，因为当我们用观察的方法去识别一个人时，会不由自主地带上一种主观性，其结论的正确性也会备受质疑。仪器为我们提供了客观的指标，我们会认为由此而做出的结论是较为正确或科学的。

除了借助仪器测谎，我们还有其他的方法和技术，其中之一就是通过分析人的行为来识别真实与虚假。这个行为包括我们面部的表情和肢体语言（也就是姿势）。除了分析行为之外，我们还可以通过分析语言本身来识别真实与虚假。因为语言本身是传递信息的，我们会认为，当人们说谎的时候，所传递的信息好像是不可靠的。虽然现在的研究发现内容不可靠，但是和语言同时伴随着的一些线索，比如我们的语调，语速，却可以用来进行谎言识别。另外，我们还可以通过分析语言本身的内容、文字，也就是书面材料，来进一步识别真实和虚假。

事实上，我们可以将以上的各种测谎方法和技术归为四大类：

第一，利用被测者的非言语行为指标来测谎。非言语行为主要是指姿势、头部和面部（其中包括表情）、胳膊和手，以及腿和脚相关的行为。

第二，利用被测者隐蔽的言语行为线索来测谎。这一类技术主要借用不同类型的问题来引发被测者的回答，并对其回答与否、回答快慢以及回答完整性等言语行为线索进行分析。这些问题类型的设计和仪器测谎（Polygraph）很像，只是它观察的不是生理指标，而是言语行为线索。

第三，分析语言本身的内容，叫做陈述内容分析。

第四，就是我们最熟悉的仪器测谎。

不过遗憾的是，很长时间以来，我们都是把这四类技术分别进行研究或应用，也就是我们往往只利用其中一种方法或技术来测谎。而近十几年以来，一些学者提出了一种观念，这一观念非常具有开创性。他们建议能否把上述这些方法，也就是非言语行为评估、言语行为线索分析、陈述内容分析以及仪器测谎结合在一起，在同一个案件当中，或者是针对同一个犯罪嫌疑人，或者针对同一次询问内容进行测谎评估工作，最后得出一个结论。这样一种思路，至少具有以下优点。

第一个优点是，它将几种技术结合在一起，虽然我们无法保证非言语行为评估，或者仪器测谎结果万无一失，但将几种技术放在一起进行综合分析，我们可以期待这些技术之间会相互补充，其结论更为稳定和准确。

第二个优点则是我们也许并不一定需要借助仪器来测谎。因为仪器本身比较昂贵，也难以操作，不是我们每个办案人员都可以接触到的。事实上，只是机构中的一、两个人才可以做专职的仪器测谎人员，其他绝大部分从事的是非仪器测谎。其他三种非仪器的测谎技术我们可以在平时的调查或侦查工作中加以使用。因此相对来说比较方便，利于应用。

此外，四种测谎技术中的陈述内容分析主要是针对文字本身，也就是书面材料。我们将来可以在分析书面材料、检查书面材料或者是看案卷的时候，有意识地拿这一方法来分析。实践中，我们在很多情况下并不能马上接触到犯罪嫌疑人，或者在阅读案件材料之前对案件的了解并不是十分深入，这种状况非常符合陈述内容分析技术的应用。因为进行陈述内容分析，我们只是单纯地对书面材料进行评估，识别其中的真实或虚假的内容，不需要更多的外部信息。

最后，需要特别说明的是，虽然这四种测谎技术利用的测谎指标并不相同，但它们都有一个共同的假设前提，即认为说谎者和诚实者之间，在行为、言语线索、陈述内容（书面）、生理指标上存在着差异。这些差异可以被量化来有效地评估真实与虚假。

第五章

非言语行为分析

　　一般认为，对于说谎者而言，可以比较容易地编造谎言，控制自己的言语内容，但却比较难以控制自己的非言语行为。这是因为，非言语行为的特征是或者至少部分是非自主控制的（Edelmann，1999)[1]。因此人们假设，非言语行为线索可能会"泄漏"人们想要隐瞒的信息。这些假设是正确的。与言语交流相比，个体更不易控制他们非言语行为的某些方面（DePaulo & Kirkendol，1989；Ekman，1992；Ekman & Friesen，1969，1974)。正如弗洛伊德指出的（1959)："用眼睛去看，耳朵去听的他确信没有一个凡人能保持住秘密。如果他的嘴唇沉默，他会用指尖交谈；背叛无孔不入。"

　　所谓非言语行为（non verbal behaviour)，是指与说话者言语行为相伴而产生的身体姿势、手和腿的动作、目光接触、脸部表情以及副语言行为（paralinquistic)。副语言行为，是指说话者言语内容之外的语言特征，如反应的快慢、声音的大小、说话的长短等。对于副语言行为是否可以归于非言语行为，意见并不一致（Edel-

---

　　[1]　Edelmann，Robert，"Non verbal behaviour and deception"，Canter，David，Alison，Laurence（eds.)，*Interviewing and deception*，Aldershot，Hampshire：Ashgate Publishing，1999，pp. 157～182.

mann, 1999; Inbau, Reid, Buckley and Jayne, 2001)。如果将言语行为理解为为发出信息而选择并搭配词汇的行为（Inbau, Reid, Buckley and Jayne, 2001），将非言语行为理解为存在于言语行为之外但又与言语行为相伴随而产生的行为，就完全可以将副语言行为看成是非言语行为的一部分。

基本概念

在了解非言语行为测谎之前，我们需要先对一些相关的基本问题进行说明。

一、人格特点

调查研究结果表明不同类型的人以不同的方式处理欺骗。因此，他们在说谎时的表现有所不同。在测谎领域中，学者们倾向于将说谎者区别为四种不同的人格类型，分别称为操纵者、表演者、好交际者和适应者。

（一）操纵者

人们对说谎者的刻板印象常常是自私的、狡诈的和喜欢控制的。这其实就是说谎者的一种典型类型——操作者。所谓操纵者，简单来说就是那些在权谋上得分很高的人。权谋一词来源于意大利政治家和作家 Machiavelli（1469～1527）。在 1513 年，他出版了《普林西比二世（王子）》，在这本书里他呼吁建立一个由强权的统治者统治的联合的意大利，来保护国家的利益。为了达到这一目的可以不惜任何代价，甚至包括那些不道德的方法，如说谎或者欺骗。这就是权谋。可见，操纵者是指那些非常强势的人，他们认为自己说谎有着充分的甚至正义的理由，所以他们说谎时没有觉得不安，认知并不认为说谎复杂。即使他们的谎言遭遇他人的质疑，他们还是倾向于坚持说谎。看待他人比较挑剔，不在意传统道德，为了达到目的会毫不犹豫地去操纵他人，公开地说谎。

在与人的交往中，操纵者是有计划的、聪明的。他们深感自己比他人优秀、聪明，倾向于相信他人都比较容易被自己控制和支配，有着较为强烈的操纵他人的意向。在交谈中，他们倾向于支配，但是他们也显得放松、聪明和自信。他们通常比那些在权谋上得分低的人更讨人喜欢，而且常常被别人当作好伙伴（Kashy & DePaulo，1996）。相对于低权谋的人而言，高权谋的人被认为更自私、更不关心别人，喜欢批判别人，傲慢，不值得信任，具有攻击性，不可靠和多疑。如果看了高权谋的人和低权谋的人所写的故事，就能很容易看出两者的差别。一个低权谋的人写道："其他两位乘客和我似乎相处得很好……如果我们立刻开始信赖彼此将是十分有趣得。"而高权谋的人写道："那两位乘客是冷酷的蠢货，不断抱怨……如果我饿急了，我会想着如何用我有限的烹饪工具煮了他们。"

（二）表演者

表演者类型的说谎者与其他人相比会更擅长管理他们的言语和非言语行为。与之相关的有情绪控制、社会控制、表演和社会表达。情绪控制是指管理情感交流和非言语表达的能力（也就是隐藏真实感情的能力，举例来说，即使很不安的时候也能保持平静的外表）。社会控制包括角色扮演能力、言语行为管理和自我表达的能力。扮演也是指某人的角色扮演能力。社会表达包括言语表达的技巧和言语流畅性。总的来说，表演者在以上四个方面的能力都要优于其他人，因此他们在日常生活中倾向于隐藏真实的自己，努力展示一个理想的形象。他们的一举一动都是经过修饰的，更擅长于说谎。

（三）好交际者

前面已经提到，研究已经表明，在每天的社会交往中都会有谎言发生，而且谎言会有利于社会交往。因此，认为那些享受社交的人尤其擅长说谎是有道理的。外向的和好交际的人对社会生活特别感兴趣。外向的人喜欢和别人相处，不害羞，对社会交往特别自信。社交性是指和他人亲近，喜欢与他人待在一起而不愿独处的倾向。另一方面，一些人在社会背景下特别保守。可能是因为他们关注自己，关注他们独立面对自我的想法和反应（有很高的自我意识的人），或者因为他们有社交恐惧（在别人面前会感到不安）或害羞（和别人在一起时会觉得尴尬和紧张）。社会卷入的程度不同对说谎技巧的影响很大。好交际的人比害怕交际的人更经常说谎（Kashy & DePaulo，1996），说谎时更不会感到不安（Vrij & Holland，1999），而且说谎持续的时间更长。关于说谎持续时间的发现来自于 Vrij 和 Winkel 的研究（1992 b）。一名警官通过谈话来确定谁拥有一套耳机。实际上，所有的被试在谈话前都发了一套耳机（但警官并不知道这一事实），这些被试都被要求否认自己拿过耳机。警官对于这个问题询问了所有的被试。通过量表测量了被试的人格特点。几乎一半的（46%）有社交恐惧的人在谈话中承认那套耳机在他们的口袋里，而没有社交恐惧的人中只有 19% 的人承认他们有耳机。

（四）适应者

在社交中感到焦虑和不安的人没有必要避免说谎。有些人（那些有高度的公众自我意识或他人导向的人）有独特的对付不安全感的方式，即让他们自己适应他人。这些"适应者"有高度的动机想给别人留下良好的印象。Kashy 和 DePaulo（1996）发现其中有一个方法就是说谎。适应者为了他人会隐藏自己真实的想法，根据他人和情景来行为，哪怕是欺骗或说谎行为。

二、三种非言语行为

在测谎领域，非言语行为可以分为三类。

象征性行为：此类行为是指代其本身意思的动作。例如"ok"的手势，用点头来表达"同意"，用摇头来表达"不同意"。这类动作有着很大的文化特征，但却能异常精准地表达行为者真正想表达的信息，它们能充分表达出所有信息，不需要语言的辅助。

说明性行为：此类行为是为了帮助听者理解说话者的言语信息。例如，说话者一边拍着自己的胸口一边说："你看我，真的没有任何隐瞒。"如果个体说的是实话，那么同时的发生行为就应该表现出是为了更好地表达或说明其言语信息，其行为与言语内容的表现是一致的。

操纵性行为：此类行为不是为了帮助听者理解说话者的言语信息，而是为了干扰听者对信息的理解。操纵者人格的说谎者不仅否认事实，而且还试图通过自己的行为来操控对方，使其产生错误认识。不过同时，由于说谎者并不希望对方真正理解自己的言语内容，所以其行为并不能很好地解释言语内容，两者表现出来就是矛盾的，不一致的。这一点可以作为我们进行测谎的依据之一。

通过以上分类，我们可以发现一个基础事实就是：在自然情况下，非言语行为是为了更好地表达言语内容，促进信息有效和准确沟通。所以非言语行为在本质上是与说谎相违背的，是破坏言语欺骗的尝试活动。这可以从生理和心理两个过程分别加以解释。非言语行为是由对某一刺激的自然的、潜意识和本能的反应组成的。研究发现，让天生失明的幼儿和正常幼儿分别描述水杯中剩余的水的容量，两组幼儿所使用的肢体动作非常相似。由此可见，行为与言语的一致性在某种程度上是天生的。另外，更多的研究还发现，面部表情具有明显的跨种族特点，人类的基本面部表情及其要表达的信息并无二致。这也进一步证实了这点。当然，尽管有大量证据证实，非言语行为具有先天性，但是还有许多非言语行为带有明显的文化差异，这说明一些非言语行为也受后天学习的影响。

三、诚实与说谎行为的本质区别

基于以上认识，Reid 和 Arther 总结了诚实与说谎的非言语行为指标之间存在的本质区别。

表 5 - 1 Reid 和 Arther 的诚实与说谎的非言语行为区别

诚　实	说　谎
真实的友好	过分的友好
直接回答	闪躲回答
较多的目光接触	很少的目光接触
合作的	不合作的

续表

诚　实	说　谎
没有心理负担的	恐惧
镇静	紧张的面部表情
放松	紧张的身体行为
健谈	不太健谈

在自然情况下，人们的非言语行为是为了更好地服务于言语表达，因为有效的、直接的非言语行为应该是友好的，有利于信息沟通。所以说话者表现出来的总体印象是：放松、镇静、友好、没有心理负担；他期待能最大可能地与对方合作，从而把信息完整地传递过去。而说谎者则恰好相反。以上的分类指标比较繁琐，我们可以根据以前学到一些理论和知识将上述指标进一步简化成以下分类：

表 5-2　简化的诚实与说谎的非言语行为区别

诚实	说谎
放松和自信	紧张和防御性的
正面的身体相对	闪躲的身体相对
说明性行为增多	操作性行为增多
自然而舒适的脚步和身体姿势	过多重复的、不停的脚步和身体动作

说谎者，特别是具有操纵者人格特点的说谎者，为了误导对方，他的非言语行为表现出来的就是操作行为增多。当然，一些不善说谎者或不善表演者则不是这样，更可能表现得相当紧张。不过，人类的行为表现在身份的各个部分，研究也发现，一些身体部

分的非言语行为比另一些身体部分更难控制并且更可能被解释为说谎的行为指标。一般认为：因为脸部肌肉变化迅速，可以允许不同的表情表达，人们更小心地控制脸部表情。从另一方面而言，腿和脚的运动的发生速度要慢一些，因此欺骗的企图更容易通过腿脚的运动而泄露。其他渠道也被发现在可控制性上有所区别，这就导致欺骗的泄露程度有强有弱。为了更好地分析非言语行为，我们将它们分为几个独立的部分分别加以研究。

姿势与态度

姿势作为给他人的一个整体印象，是第一个需要进行系统分析的内容。Inbau 等人（Inbau，Reid，Buekley and Jayne，2001）[1] 认为，审讯中犯罪嫌疑人的姿势会暴露其情绪活动、自信及兴趣水平。一个说实话的嫌疑人会对陈述保持高水平的情绪参与、兴趣和自信。他们会在椅子上坐得较直，身体与测谎人员保持在一条直线上以确保直接的交流。在有重要陈述时，也许会向测谎人员倾斜以强调陈述的重要性。他们也可能会双腿交叉，呈现出舒服、自然的坐姿并且放松肌肉。在长时间的讯问中，他们可能会有几次姿势的改变，这些改变看起来比较随意。可见，人的姿势在很大程度上表现了其基本态度。James 认为，人有四种基本姿势及其代表的基本态度：

1. 身体前倾代表注意；
2. 身体后倾或转身代表拒绝或否认；
3. 胸部挺起代表骄傲或傲慢；
4. 身体过度前倾并耷拉着脑袋和肩则代表沮丧或忧郁。

---

〔1〕 Inbau，F. E.，Reid，J. E.，Buckley J. P. and Jayne，B. C.，2001，*Criminal interrogation and confession*，4th edn.，Gaithersburg，MD：Aspen Publishers Inc.，pp. 121 ~ 153.

Albert Mehrabian（1974）的研究结论与 James 的观点基本一致，身体前倾表示友好，后倾则表示有敌意。另外，他早前的研究指出，身体保持竖直代表喜欢之类的感情，反之则代表不喜欢或不同意。诚实者常常用身体姿势来帮助说明自己的意思，因此其姿势是开放的、稳定的、挺拔的。诚实者往往会身体稍前倾，表示他们对谈话内容感兴趣。另一方面，欺骗者常常表现出不开放、防御式的姿势，例如交叉着胳膊或腿。他们可能向后倾斜着身体和（或）将腿伸长，这其实是潜意识地拉开他们自己与测谎人员的距离。

一个值得注意的姿势则是突然的耸肩动作，这一般被认为是不确定或顺从的表现。Darwin 认为，当一个人表示自己无能为力，或者想阻止某些事情发生时，往往会出现双肩的快速耸动。FAIHT 技术认为，当谈话对象说话的同时出现耸肩的动作，那么同时的言语内容就应该忽略，因为他的身体语言告诉我们，他并不知道确切的答案。例如，如果问题是："你对这次询问感觉如何？"嫌疑人在回答"感觉很好"之前或同时耸了耸肩，那么这一回答的具体内容"感觉很好"就应该被忽略。

如果嫌疑人表现出的整体姿势是"定住不动（frozen）"，这可能是害怕或恐惧的表现。因为当人们面对危险，既不能跑，也不能反击时，保持不动是其自然的反应。著名的测谎技术专家，区域测试技术提出者 Cleve Backster 就曾经提到，面对危险，人会有三种身体反应，而第三种反应就是"定住不动（freezing）"，也可称为"坚持和希望（holding and hoping）"。其他一些学者也指出，面对危险"定住不动"是人类的一种生存方式。

另外，前面提到的 Reid 和 Arther 的一些观点也可归属于本类。一般认为，诚实的嫌疑人在行为上整体表现出一定的友好、合作的态度，手脚放置方式合理而舒适；而欺骗者则往往表现出不合作的态度，或者过于友好，往往显得孤立而疏远。在非言语行为分析技术中，如果发现非言语行为可以被评估为"操纵性行为"或"欺骗行为"，这时候的言语内容就不能被评估为"诚实"，而应该不被采信。

我们必须意识到，对于欺骗的嫌疑人，讯问压力制造了其难以解决的困境。面对困境，自然的行为反应要么是反击（fight），要么是逃避（flight）。但是在审讯环境下，嫌疑人不能做出任何一种上述应对行为。因此，欺骗者不得不一边坐在那里回答被讯问的问题，一边管理和掩饰以上的自然行为反应。因此，我们可以利用这一矛盾观察那些指示"欺骗"的细节行为，它们包括：

手脚的轻微颤动
坐立不安
玩小物件
晃腿
拉袜子
平整衣服
拉衣服上的线头
研究指甲盖

头部和面部

一、头部

对"头部和面部"的观察应从头部的位置开始。头部倾向讯问者是一种说明性行为，表示讯问对象对正在谈论的问题抱着合作、感兴趣的态度。因此，轻微的头部倾斜显示讯问对象可能是诚实的，并想要建立良好的谈话氛围。

在一般的谈话中，人们往往用点头来表达"同意"，用摇头来表达"不同意"。而人类学家的研究发现，这一行为可以追溯到婴儿时期，当放在嘴边的东西不是婴儿想吃的，它会将头偏向一边，而如果是自己喜欢的，则会上下调整头部，以准确地将食物放到嘴里。

有学者研究发现，在诚实的嫌疑人身上更多地出现点头行为，而欺骗则与低频率的点头行为有着明显的相关关系。另外，下巴过高地抬起意味着敌意或侵略倾向，反之则表示沮丧或挫败。

二、面部表情

面部表情是最难分析的身体语言，所有的面部表情可以分为六种基本情感：惊讶、喜悦、恐惧、愤怒、厌恶、悲伤。

人们都意识到，自己的面部表情很容易被识别，因此常倾向于掩饰它们。而这些面部表情出现的频率也非常高，所涉及的面部肌肉也非常复杂。那些试图掩盖或伪造面部表情的行为可以很容易地被识别出来，例如某种面部表情保持的时间过长，出现的频率过高，眉毛以及以上（额头）没有参与，或者此表情明显不合时宜，例如，过于夸张的笑容可能是一种掩饰恐惧的表情。真实、自发的表情与伪造的表情之间的区别在于，后者往往不会有眉毛参与其中。除了笑容以外，嫌疑人常常还可能用来掩饰自己的表情有惊讶、愤怒或厌恶。

关于与说谎相关的面部表情的研究，最多的是对笑的研究。一项实验研究表明，那些试图欺骗的人倾向于少笑，尽管在撒谎者和说真话的人之间在笑的实际次数上差别很小（Zuckerman，DePaulo andRosenthal，1981)[1]，在说真话交流的期间和说谎交流期间，存在着可测量的差别。尽管微笑可能提供实际的欺骗线索，研究表明，外行人相信，不管笑的本质如何，微笑的人比那些不微笑的人撒谎的可能性更小（Zuckerman，DePaulo and Rosenthal，1981）。总的来说，这种似是而非的情形也许存在，撒谎者笑得更少，欺骗性交流和真实的交流时的微笑也许有可测量的区别；另一方面，微笑会让外行观察者更实际确信这个人说话的真实性。

三、眼睛

眼睛常被称为心灵的窗户（the windows of the soul）。因为它们是非言语反馈的最佳渠道。当频繁地出现或者面对相关问题时，嫌

---

[1] Zuckerman, M., DePaulo, B. M. and Rosenthal, R., 1981, "Verbal and non – verbal of deception", in L. Berkowitz（ed.）, *Advances in Experimental Social Psychology*, Vol. 14, San Diego, CA: Academic Press.

疑人如果出现视线接触的突然中断或过多的视线接触，则是欺骗的一个有效表征。有研究者曾专门对警察进行过调查，询问他们："讯问嫌疑人时会将什么作为其说谎的参考指标。"绝大多数的警察回答说"嫌疑人和我的视线接触很少。"但是，如果犯罪人知道警察有此判断倾向后，他则会出现过多的视线接触，以便让自己看起来是诚实的。

突然的闭眼可能是想逃避目前处境的表征。而眨眼频繁也可以作为欺骗的表征。眨眼的频率似乎与心理唤醒水平有着较强的相关。在正常情况下，人每 20 分钟眨眼一次，每次眨眼持续 1/4 秒。眉头的抬高是怀疑的表征。两个眉头同时抬高，并伴随着嘴巴张大，则表征惊讶。如果眉毛抬高并靠拢，同时嘴巴微张，则代表恐惧；如果眉毛下拉并靠拢，同时嘴巴紧闭，则是愤怒的表征。而揉眼睛则显然是传达如下信息："我不明白。"

四、嘴巴

"口干"是说谎者的典型特征，古代测谎技术很多都利用了这一点。因此，围绕着"口干"产生的一系列症状都可以作为我们识别谎言的行为表征，例如吞咽、舔嘴唇、说话时揉鼻子、喉结蠕动、嘴角出现白沫，等等。

Darwin 认为当面临恐惧时都会出现一种很强的"呼救"的行为倾向，另外 Darwin 还认为嘴巴张开是惊讶的非言语表征。噘嘴表示不赞同对方所说的话，在心理上有所抵抗。而撇嘴则是明显的攻击性行为。咬嘴唇则是试图阻止自己说出实话，或者某种形式的自我惩罚。

还有一个比较常见的表现是，当人们阻止说漏嘴或将要说漏嘴改口时，会不由自主地把手指放在嘴上，这也可以作为说谎的一种行为表征。

五、鼻子

鼻子和说谎之间似乎也有某种联系，绝大部分的人都会认为，抹鼻子或揉捏鼻子更多地会出现在说谎者身上。我们有一个全世界家喻户晓的童话——《木偶奇遇记（*The Adventures of Pinocchio*）》，里面的主人公匹诺曹（Pinocchio）有一个神奇的鼻子。匹诺曹是个聪明热心的男孩，就是有个毛病，老爱撒谎骗人，上帝为了惩罚他，给了他一个神奇的鼻子。即他的鼻子的长度与他的撒谎次数成正比，他只要一撒谎，鼻子就会变长，撒谎越多，鼻子就越长。一旦他痛改前非，他的鼻子就会恢复正常。在今天，对于全世界大多数的人而言，匹诺曹以及因为说谎而变长的鼻子可能是我们童年记忆的一部分，也是我们无意识的一部分。

不过在一些科学家看来，鼻子和说谎之间的联系可能是因为我们情绪的神经网络和我们嗅觉的神经中枢有所关联。嗅觉是我们人类的基本生存功能。触摸或捏鼻子是一种比较可靠的表示"不相信"的姿势，它所传达的非言语信息可能是"臭不可闻"。当你说话时，听众捏着他们自己的鼻子，那么他们想表达的意思是，他们认为你所说的臭不可闻（也就是不可信）。很显然，那些用手触摸鼻子的手势反映了个体在内心冲突时自我安慰的需要。这些内心冲突包括个体质疑自己说服他人的能力，或者质疑自己陈述事实面对惩罚的能力。

六、血流量

在紧急情况下，个体的身体感觉会加强。流向感官组织的血流量的变化会带来瘙痒的感觉，从而会出现一些挠痒的非言语行为，如在说谎时摸眼睛，摸鼻子和摸耳朵。

这些血流变化也可能导致面部颜色的变化。面部发红一般与尴尬和耻辱有关，而非攻击的特征。当身体处于极度恐惧时，血液会流入更深的血管，以确保当被人割伤时不会因失血过多致死。因此，当人面对高度威胁和可能的攻击时，就会脸色煞白，这时此人处于极度的恐惧之中。

胳膊和手

因为手臂和双手经常被用作表达的工具，因此它们是提供非言语行为的最佳来源，并且对于脸部的微表情而言，手和胳膊的速度慢得多，更易观察到。

　　一个受到惊吓的小孩跑向父母寻求保护。父母会抱着他们，并搓揉他们的身体，本能地告诉他们一切都会好的。作为成年人，这些习得的手势似乎仍服务于同一目的。人们归纳了一些伴随恐惧和压力而来的身体手势。

　　嫌疑人可以用他的胳膊和手建立起防御屏障。这些屏障被用于建立围绕他们自己的安全区域或领地。在讯问情景中，诸如桌子、椅子或隔断这类物理屏障可能不易获得。当物理障碍不可得时，嫌疑人可能利用交叉手臂或腿，或张开双腿来建立屏障。

　　胸前抱臂还可能意味着蔑视。手臂抱得越高，说明嫌疑人的蔑视程度越高。过于夸张的前倾，并抱臂，可能意味着对立的态度。这表示这些人非常相信他们有能力抵御讯问者查明真相的意图。另一方面，如果没有其他压力指标，犯罪嫌疑人将双臂交叉于肚子上，则更可能是诚实的表征。

　　掌心向下的手势意味着说话有信心，并声称具有控制权。它似乎还一般用来传递"冷静下来"的信息，或者用于强调说话者所说的话。掌心朝向对方则是意见分歧的明确表征，或者试图阻止对方说话。即使在握手时，一个人的手掌姿势也能发出明确的非言语信息。如果一个人掌心向下，将你的手握在下面与你握手，并掌心相对，就是他们认为自己具有优势地位的标志。

　　如果嫌疑人在否认的时候（如说："我没有做这个。"），手却指向远离自己身体的位置，他们可能正下意识地试图误导测谎人员的注意力从关于自己的话题上移开。这种操作性姿势可以媲美魔术师的误导或拳击手重拳出击前晃向另一边的假动作。另一方面，当嫌疑人在否认时抚着自己的胸部指示测谎人员看看他们的内心，他们并没有什么可隐藏。这就是一种说明性行为。

　　如果嫌疑人的肘部紧贴着身体，表明他们感觉非常紧张。这一动作类似于保护自己的身体，也提供了一个自我安慰触摸。当有人坐在那里，而他们的胳膊远离身体，则表明他们很放松，没有防御性的，更可能是诚实的。揉后颈是一种紧张的姿势，可能意味着欺骗。把双手置于脑后并抱住，是具有支配优势的一个表征。

腿和脚

腿和脚是最少受到自我监测的身体部位。它们也是可观察的非言语行为中移动最慢的区域。不幸的是，它们的移动往往是十分有限的。

不安的腿和脚的姿势是有压力的迹象，也就是前述的不恰当的指标行为。当双腿处于逃跑的姿势，尤其是指向出口时，就是嫌疑人想要逃脱的迹象。如前所述，伸直双腿是为了使测谎人员看起来似乎离自己（嫌疑人）更远。

人们往往会以心率的节奏，约每分钟 72 次，摇晃、拍打、摆动他们的腿或咀嚼口香糖。这种节奏可以给人以安全感，但压力往往会破坏它。实际上，由于自主神经系统的唤起，心率会加快，而与此同时，测谎人员可以经常看到嫌疑人的姿势出现相应的节奏上的加快。

装扮和追求是由于性吸引力的唤起，在侦查背景下一般没有这些因素。但是，嫌疑人却可能利用这些行为来安慰自己，或者试图让测谎人员青睐自己。因此，在这种环境中，女性出现这类手势，如卷曲头发，摸头发，或摸自己的嘴唇，都是欺骗的表征。而男性的此类行为包括整理他们的头发、领带，以及将手放在臀部上。

副语言行为

如前所述，副语言行为（paralinquistic）是指说话者言语内容之外的语言特征，如反应的快慢、声音的大小、说话的长短等。这些副语言行为也可以帮助我们辨别真实。通过舌头，真实很容易就能显示出来。从认知的角度讲，谎言需要更多的心理活动，如"我要说谎吗？""怎么说？""会不会和我已经说过的相矛盾？""他们会不会通过调查发现我说的并非事实？""如果我被发现在说谎，会遭受什么后果？"因此，试图说谎的嫌疑人会出现突然的反应延时（反应潜伏期）。因此嫌疑人可能试图"买时间（buy time）"，通过要求测谎人员重复问题或者自己重复问题来掩饰自己的反应延时。其他与欺骗有关的副语言行为还有：在情绪激动时出现结巴或高音。事实上，声调对于说话者而言比面部表情更难控制（Ekman，1981），因为在高压力下，声音特征是由自主神经系统控制的（Hocking & Leather，1980）。

像大多数动作一样，声音的特性，例如口吃、口误、句词之间的停顿通常是无心制造的，在信息交流中不是很重要。因此，我们可以假设人们并没有时常练习控制这些行为，不太擅长控制他们。所以，说话时偶尔口吃是正常的。而特别流畅，像演讲似的陈述则是很有可能是练习的结果。

研究进一步表明，副语言行为（声音质量方面和与说话相关的声音）可以泄露一些其他非言语行为（如表情）没有暴露出来的信息（Bugental，Henker and Whalen，1976）[1]，不过并不是所有的研究结果都是一致的。有的研究（DePaulo，Stone and Lassiter，1985a）发现，说谎者表现出较高的声调突起和更多的回答犹豫，并伴随着言语不流畅，如重复、语言错误，表现出不明显的反应慢的倾向，说话较短以及较慢的语言频率。而另一些研究（如Ekman，Friesen and Scherer，1979）表明在说谎时，一些人声音突起会减少。

神经语言行为

神经语言学，是研究语言与神经系统的结构和功能之间的关系的学科，它是心理学相对较新的领域。神经语言学至少给我们提供

---

〔1〕Bugental, D. B., Henker, B. and Whalen, C. K., "Attibutional antecedents of verbal and vocal as sertiveness", *Journal of Personality and Social Psychology*, 1976, pp. 34, 405~411.

了两个可利用的理论依据。神经语言学可以解释眼球运动与大脑语言处理机制之间的可能联系。这种联系深植于我们的日常信息加工的三大通道，这三大通道是：

> 视觉
> 听觉
> 运动感知觉

例如，当一个人试图捕获一些微弱的声音时，他常常会查看最接近耳朵的位置。经过成千上万次这样的反应方式，当个体试图捕获或记住某种声响时就会自动地看向他的耳朵所在的位置。同样的事情也发生在听觉和运动感知觉上。个体往往通过转动眼睛加工图片的组成、颜色和大小，以便检视此图片。同样，一旦个体经过成千上万次这样的反应方式后，它也就成了个体自动的心理运动模式。

一、通道偏好

虽然每个人都可以通过所有三大通道进行信息加工，但每个人都有自己的首选通道。如果仔细观察，就会发现不同说谎者会特别通过某种通道与他人交流，从而获得他人的好感。例如，某一嫌疑人倾向于通过眼神与测谎人员交流，则说明他可能更偏好视觉通道。而这种有意识地选择某一通道的行为可以作为一种值得观察的识别谎言的方法。

二、偏好通道的确定

为确定个体的神经语言学模式，必须观察其眼球运动。在视觉处理通道中，眼睛向左上或右上看。在听觉处理通道中，眼睛是向左或向右水平看。在运动感知觉加工通道中，刺激是人体内部本身产生的。

测谎人员还可以仔细倾听被测者的语言来确定他们的偏好通道。如果被测者问道："难道你看不到我的意思吗?"这就是他们偏好视觉通道的典型信号。这样，测谎人员就可以使用视觉这一偏好通道提问，使得反应更有效。"我看得到你的意思。""你是否看得到我的意思？"如果被测者比较偏好听觉通道，测谎人员就可能会说："注意听我说！""听一听那些可能表明你参与了这一案件的事实！"如果被测者的眼睛运动显示其偏好通道是运动感知觉加工通道，则测谎人员可以说："我想你已经感觉到发生了什么不好的事情。你能搞清楚到底发生了什么事吗？我想你能感受一下这一事件。"

三、回忆与重建

确定被测者的神经语言学模式的另一个好处就是可以确认其信息加工的通道与问题通道本身是否一致。如果期望的通道和观察到的实际通道不一致，那么肯定是什么地方出了问题，测谎人员要加以警惕。

在视觉或听觉通道中，眼睛往右，表示被测者正在"构建（constructing）"，眼睛向左则表示他或她正在"回忆"。因此，如果测谎人员问某个问题，而这一问题要求视觉回忆（眼睛向上和向左）。但是，如果观察发现，被测者进入的是构建模式（眼睛向上和向右），则很有可能他们在重新组织或者编造他们的回答。以下是研究者们总结的视觉通道与谎言之间的关系。需要指出的是，现在还没有确定的证据证明这样的关系是完全正确的，放在这里，只是让大家了解有这样的一种观点。

没有记忆的眼睛线索指标：

视觉建构：眼睛向上，并向说话者的右边，表示他们正在创建或添加信息到他们正试图视觉化的事物上。

圣母玛丽亚：眼睛垂直向上看，表示此人要寻求神的帮助。此眼神定位与记忆没有关系。

图5-1　神经语言学眼睛线索

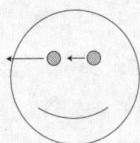

听觉构建：眼睛看向说话者的右边，表示这是一个听觉通道，但他们正在创建或添加信息到他们没有听过的事物上。

运动感知觉：说话者的眼睛向下并向右看，表示该人正体验着身体感觉。虽然没有回忆，但该人体验着某种情感。在询问中，它可能表明该人正接近认罪。

人的眼睛集中垂直向下看，表示该人回忆不起来相关信息。

有记忆的眼睛线索指标：

视觉回忆：眼睛向上，并向说话者的左边看，表示他们正在寻找以前看到过的画面。

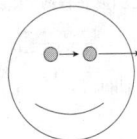

听觉回忆：眼睛向说话者的左边看，表示是一个听觉通道，他们试图回忆起之前听到过的声音。

听觉编码：眼睛向下并向说话者的左边看，表示他们正自己和自己交谈。

失焦：如果人的眼睛凝视前方，并显然没有将焦点放在任何事情上，表明他们在同一时间看到了一堆视觉信息。

图5-1 神经语言学眼睛线索（续）

在非语言行为技术中，将非言语行为应用于评估中，将会是对正面的口头回答的一种否定。这些负面的非言语行为包括即时的操作性行为，下意识的姿势，伴随着欺骗的副语言行为，以及与构建信息相关的神经语言学表征。这些都可以被用来建立一个识别欺骗的暂时的、假定的模型。接下来我们将把注意力集中在分析隐蔽的言语线索上。

第六章

言语行为线索分析

　　所谓言语行为线索，是指人们在回答不同类型问题时与言语行为相关的一些线索。我们可以对这些线索进行分析来识别真实与欺骗。在很多情况，特别是刑事司法背景下，说谎者为了避免暴露自己，往往采取他们认为最简单有效的策略——保持沉默，因此他们的言语活动是相当少的。为了避免这种情况，受仪器测谎，也就是Polygraph 测试的启发，我们现在已经发展出了针对的措施，即设计一系列不同类型的问题来引发被测者的回答，从而进行分析。所以这些问题类型的设计和 Polygraph 测谎技术是一样的，只是它观察的不是生理指标，而是言语行为相关的线索。这类分析最初是由美国著名的测谎专家及审讯专家 Reid 提出并发展起来的。

　　收集整理以往测谎技术发展的历史，我们可以很清楚地看到测谎技术努力向标准化心理测试目标迈进的取向，也就是探索测谎测试以怎样的程序进行才能保证其测谎假设能够得到验证，并不为其他干扰因素污染。测谎技术除了具有向心理学的标准测试靠近的取向之外，还具有心理学所难于绕过的"黑箱效应"。一般情况下，我们是无法直接观察到人的心理现象的，因此需要通过将刺激（stimuli）呈现给被试，然后观察被试的反应，并据此来推测被试的心理过程。如果在满足对其他无关因素控制良好的前提下，被试的心理活动或者说心理过程就可以根据刺激呈现的方式和顺序以及被试的反应来推论得到。因此，在此"黑箱效应"的考虑下，我们可知刺激编排以及刺激的呈现方式是非常重要的。而对于测谎技术来说，刺激的编排和呈现主要是指提问技术（questioning technique）。对于测谎而言，虽然提问技术（也就是刺激编排）是多样的，但其问题类型（也就是刺激类型）是基本固定的。

提问技术的历史发展

1879 年著名的英国学者 Francis Galton 发明了自由联想测验（free association test）。其方法是向被试呈现一个单词（以听觉或视觉方式呈现），然后要求被试尽快地说出他头脑中第一个浮现的单词。Galton 的自由联想测验后来被实验心理学创始人 Wilhelm Wundt 及其弟子发展成为一种标准的心理学研究实验范式。而 Galton 本人则曾尝试着将自由联想测验应用于识别犯罪嫌疑人是否有罪的司法实践中。他的主要方法就是将与要探测的犯罪事件有关的单词混在与犯罪事件无关的单词中，然后随机呈现给被试，要求被试尽快说出他联想到的第一个单词，并观察被试的反应。这一测试的假设为：对于无辜者，他对与犯罪有关的单词的"反应时"（Reaction Time，RT，更为确切的术语为"反应潜伏期"）和与犯罪无关的单词的反应时没有显著差异。而对于有罪者，由于相关单词会引起其内心冲突，并试图说出一个不让自己暴露的联想单词，这样就会延长反应时。当然，有罪者还会出现一些其他特异反应：反应时过短（有所准备）、重复相关单词、没有反应、身体动作异常，等等。至于效果如何，我们可以从 Galton 本人的描述中自己判断：

> "它通过特异的反应将个体的内心想法赤裸裸地展现出来，比其本人所想告知世人的情绪情感更生动、真实。"（转引自 Trovillo，1939）

可见，联想测验法不仅是心理学研究的经典范式，也成为测谎测试的经典范式。

Münsterberg 主张将其导师所改进的"自由联想"实验范式用于识别谎言，并进一步建议通过记录心理生理变化来测谎（Münsterberg，1907，Herbold – Wootten，1982）。因为在他看来，使用"自由联想"的实验范式可以有效地区别真正的犯罪人与情绪紧张的无辜者，因为只有真正的犯罪人才知道那些单词是与案件的时间、地点、人物或事件相关的关键信息，而无辜者虽然也可能因情绪紧张导致反应异常，但是这种异常的生理反应是没有指向性的（Münsterberg，1907）。

Marston 所使用的具体测谎方法也是"自由联想法"。在 1921 年的研究报告中（Marston，1921），他写道"对比无辜被试的反应，或者对比与犯罪无关的问题的反应可以轻易地识别出真正有罪的人"。这应该是测谎技术的相关/不相关测试法（Relevan – Irrelevant Test，RIT）的雏形（Ansley，1990）。Norman Ansley[1] 通过对 Marston 的妻子及其同事的调查认为，Marston 其实在测试中还使用了与如今的对照问题（comparison question）[2] 相类似的"hot question"，而当时之所以没有公开发表是担心被试会知晓这些技术而影响测谎结果（Ansley，1995）。除此之外，Marston 显然还知道犯罪知识测试法（Guilty Knownledge Test）[3] 的精髓。因为他还使用过一种他称为"排除测试法（Elimination Test）"的提问技术（Marston，1938；Ansley，1992），并对这一技术进行了较为详细的举例说明。例如，测试人员想知道其他人是否为共犯，可以向被试问这样一组问题：

---

〔1〕 曾任美国国家安全局（The National Security Agency，NSA）多导测谎处（polygraph unit）主任，并于 1972 年起担任美国测谎学会（American Polygraph Association，APA）学术期刊"Polygraph"的主编。

〔2〕 具体见第六章"对照问题"。

〔3〕 王补在将 the Guilty Knowledge Test 介绍到国内时，将其译为"犯罪情景测试法"，参见王补编译：《犯罪情景测试（GKT）——一种适合中国国情的心理测试方法》，中国人民公安大学出版社 1997 版。但是我国台湾地区多译为"罪知问题法"，我认为译为"犯罪知识测试法"更为贴切与合理。具体见第十章"隐蔽信息测试法"。

Q1：杀人的那个晚上，Jones 和你在一起吗？

Q2：Smith 和你在一起吗？

Q3：Doe 和你在一起吗？

……

Marston 认为在一般情况下，被试对这所有的问题都会回答"No"，但是个体所不能控制的血压反应会显示出当时究竟是谁在杀人现场，因为这一组问题可以很好地甄别出被试是否具有与犯罪案件有关的知识（Marston，1938）。

不相关问题

相关问题（relative question，R）和不相关问题（irrelative question，I）应该是测谎技术中最早出现的两个问题类型。

所谓不相关问题，也叫中性问题（neutral question）、正常问题（normal question），在 GKT（或 CTI[1]）中又被称为非关键项（non‑critical item），是指与案件毫无关系的问题，例如：

你今年是 34 岁吗？

你现在穿着的是白衬衫吗？

对上述两例不相关问题，事实上还可以进一步细分，如果被试今年是 34 岁且当时穿着的衬衫是黑色的。那么，这两个不相关问题是有一些差异的。"你今年是 34 岁吗？"与事实相符且显而易见，因此在测谎测试中被称为"已知事实（Known Truth）"。而对

---

〔1〕 即隐蔽信息测试法（the Concealed Information Test）的简称，近些年来，一些学者主张使用 the Concealed Information Test 代替由 Lykken 提出的 the Guilty Knowledge Test（GKT）这一术语，详见后述。

于另一问题"你现在穿着的是白衬衫吗?"则非"已知事实"问题。

对于不相关问题,被试一般都会诚实地回答"是(yes)"或"否(no)",而且回答起来是没有负担的,不会引起特别的情绪反应,因此可以由此建立被试诚实或正常情绪下的心理生理反应水平。除此之外,不相关问题还有一个重要的作用在于,当它被编排在其他问题之间时,可以将被试由其他问题引起的情绪或生理波动拉回至平静水平。正是由于不相关问题的这些作用,它又被称为填充问题(foil 或 padding)、缓冲问题(buffer)。

同时,我们还要特别指出,不相关问题是心理生理测谎技术,特别是测谎实务中的术语,而在传统心理学实验研究领域中则常被称为无关刺激(irrelevant stimulus)。

相关问题

所谓相关问题(relevant question,R)又称为主题问题(issue),在紧张峰测试(POT)中被称为 key,在 GKT(或 CTI)中又被称为关键项(critical item)。这种问题是指那些明确涉及案情的问题,是测谎所需要甄别的主题,也是测谎测试中的核心和要害问题,例如:

你知道上周日,John 被人杀死的事情吗?
John 被人杀死,是你干的吗?

对于相关问题,被试一般都会回答"不是(No)"或"不知道"。这样的回答对于真正的无辜者而言,是诚实反应,所以回答起来也是没有负担的,不会引起特别的情绪;而对于有罪者而言,这样的回答就是"说谎"。其假设是:相关问题对于有罪者可能具有特殊意义,也可能是因为"说谎"行为伴随的心理变化,或其他原因,导致有罪者出现异常的生理反应。与不相关问题一样,相关问题在传统心理学实验研究领域中常被称为关键刺激（critical stimulus）。但与不相关问题不同的是，相关问题还可以进一步分为四个子类型（以盗窃机动车辆案为例）：

直接卷入（Primary Involvement）类型的问题，如：那辆车是你盗走的吗？

间接卷入（Secondary Involvement）类型的问题，如：那辆车是你协助别人盗走的吗？

犯罪知识（Guilty Knowledge）类型的问题，如：你知道是谁盗走了那辆车吗？

证据相关（Evidence Connecting）类型的问题，如：你是否从盗窃那辆车中获得好处？

事实上，这四类问题涉及了犯罪事实的四个核心要件，即"是不是你做的？是不是你协助他人做的？你知道是谁做的吗？你是否从中获益？"又被称为犯罪的四条腿（the four legs of the crime）。

此外，还有人将相关问题分为两个子类型：

强相关问题：是否直接作案的问题，例如：
是不是你做的这起案子？
是不是你开的枪？
是不是你杀害的？
中度相关问题：是否与案件有间接牵涉的问题，例如：
你是否目击某人做了这起案子？
案发时你是否在现场？

编制相关问题的一些原则：相关问题应尽量简短，重点突出。测谎人员必须确定被测者能理解问题。相关问题不应包含专业的、晦涩的法律术语。另外，某些法律用语要尽量含糊一些，以便让有罪的被测者能够有个合理化的途径（例如"我没有接受贿赂，我只是接受了一个特殊的有酬劳的工作"，"我并没有入室抢劫，当时门没有锁，我只是偷了点东西"）。

测谎人员应该避免使用情绪性语言，因为它可能带来线索反应，而无论被测者是否说谎。测谎人员还应该避免使用诸如"杀"、"强奸"、"偷窃"之类的词语，因为这些词语本身就可能使被测者感到不舒服而直接引发反应。问题应侧重于行为本身，而不是放在与有罪和无罪相关的语言上。例如问被测者："是你盗窃了雇主的钱吗？"有罪的被测者可能会合理化，当他回答"不"时，他自己也认为是如实回答。因为他的雇主曾在年初提出要加薪，但是并没有真的实践诺言。因此，在他的心里对这个行为进行了合理化，认为他并没有"盗窃"，这是公司欠他的。

对照问题

首先需要说明，对照问题（Comparison Question，C）在历史上还曾被称为"情绪准绳（emotional standard）"、"准绳问题（standard question）"、"控制问题（control question）"、"对照反应问题（comparative response question）"，等等，其中"控制问题"一词曾在很长时间内占据了主流。

根据 Keeler 等人的观点，对于不相关问题，因为与案件本身没有直接的联系，无论是无辜还是有罪者，都不具有特殊意义，其心理生理反应都为正常水平。而相关问题则不同，对于无辜者来说，由于没有参与案件，与案件相关的问题对其没有特殊意义，其心理生理反应也应为正常水平。而对于真正的作案人来说，相关问题的心理生理反应水平远远高于不相关问题的。对这样的假设只要稍加反思，就会发现其明显的缺陷：即使对于无辜者来说，因相关问题总是直涉犯罪这一利害攸关事件，也会使其产生或强或弱的异常心理生理反应。因此，直接比较相关问题与不相关问题的心理生理反应来测谎，存在着较大的误报（假阳性）可能性。为了弥补这一缺陷，除了刚刚提到的要特别注意相关问题的编制外，还可以引入对照问题。

一般公认的对照问题的提出者是美国著名学者 John E. Reid，但是在 Reid 之前，对照问题的基本思想早已凸显出来了。例如，我们前面提到的 Marston 的 "hot question"。此外，Summers 神父也使用过类似的问题，只是 Summers 神父将之称为 "情绪准绳（emotional standards）"，并建议这一准绳问题应该从被试的过往生活中仔细提取，以保证其能够引发被试对惊讶、愤怒、羞耻或焦虑等情绪的强烈体验，从而使得其皮电反应明显[1]。例如 "你是否曾经被拘捕过？" Summers 神父认为，可以比较在同一次测试中的相关问题与情绪准绳问题的生理反应水平，如果前者高于后者，则可将被试诊断为 "有罪"，否则，则诊断为 "无辜"（Summers，1939）。

1942 年，美国西北大学（the North Western University）教授，时任芝加哥警察局犯罪侦查科学实验室（the Chicago Police Scientific Crime Detection Laboratory）主任的 Fred E. Inbau 出版了 *Lie detection and criminal interrogation*（《测谎与刑事审讯》）一书，书中介绍了当时新兴的 Polygraph 测谎技术，但涉及的提问技术则是以不相关问题和无关问题为主。相信当时 Inbau 对测谎技术的了解和认识主要来自 Keeler，因为 Keeler 从 1935 年就开始为警方和军方培训测试人员，推广自己的技术。而在 1953 年第三版的《测谎与刑事审讯》一书中，Inbau 不再是此书的唯一作者，加入了一名合作伙伴——Reid。

正是在这一期间，即 1947 年，Reid 提出了控制问题测试法（CQT 的另一种称谓），并迅速为测谎界所接受。Reid 早年从法学院毕业后当了一段时间的律师，后来加入了 Inbau 领导下的芝加哥警察局犯罪侦查科学实验室。在接受了 Keeler 的培训后开始从事测谎工作，但是他后来的测谎技术和理念与 Keeler 相去甚远。Reid

---

[1] 正如前述所提到的，Summers 神父主要研究 GRS 指标。

的成功不仅限于测谎领域，在刑事侦查领域也颇有建树。因为，在 Reid 看来，心理生理指标的测量要与行为观察结合起来，再辅以心理策略，才能在刑事审讯中有效地获得供述以及识别供述的真假。所以，Reid 不仅以测谎技术而闻名测谎界，他的行为分析访谈技术（Behavioral Analysis Interview，B. A. I.）以及与 Inbau 共同提出的"九步审讯法"都是美国刑事侦查领域中的重要技术。而 Reid 与 Inbau 合著的《测谎与刑事审讯》（1953）和《真实与欺骗（*Truth and deception*）》（1966）两本教科书几乎成了当时的行业标准。而也正是因为 Reid，我们才将仪器测谎中的一些技术，如提问技术带到了言语行为线索测谎中。这也被称为"Reid 技术"。

　　1947 年，Reid 提出将 Polygraph 测谎的问题分为两类，一类称为"有罪情结（guilt complex）"，另一类则是"对照反应（"comparative response）"。而很快，Reid 的同事 Inbau（1948）在其发表的文章中将"对照反应"称为"控制问题（control question）"。从此，"控制问题"成为测谎学界的一个标准术语，其影响延续至今。特别是在我国现阶段，无论是测谎实务人员还是研究者，都更多地使用"控制问题"这一称谓。而事实上，从 20 世纪 60 年代开始，Backster（1962）就在强调将"控制问题"与邻近的相关问题进行比较以克服可能的"习惯化（habituation）"问题的基础上，主张对其赋予更为正确的称谓——对照问题（comparison question）。美国测谎学术界也由此意识到使用"控制问题"这一术语确实不符合这类问题在测谎中的真正作用，逐渐以"对照问题（comparison question）"之称代替了传统的"控制问题（control question）"。如今，在美国测谎学会（APA）和美国试验与材料学会（American Society for Testing and Materials，ASTM）[1] 的相关出版文献、联邦心理生理测谎程序规定，以及许多学术论文中，都使用的是"对照问题"这一术语（Waller，2001）。

――――――――――

　　〔1〕　美国试验与材料学会是世界上最大的标准开发机构，也是美国唯一的开发制定术语标准的机构。

从上述发展历程中我们可以很容易地看出，所谓对照问题，正如 Summers 神父在发展"情绪准绳（emotional standard）"时建议的，这一问题应该从被试的过往生活中仔细提取，以保证其能够引发被试对惊讶、愤怒、羞耻或焦虑等情绪的强烈体验，从而使得其生理反应（特别是皮电反应）明显。因此，对照问题常常与所调查的案件性质类似且为被试曾经做过的一些不良行为。例如，针对盗窃机动车辆案件（同上）进行测谎调查，那么相应的对照问题往往涉及的是与盗窃类似的行为，如下：

　　你是否曾经偷过东西？

这一类对照问题被称为涵盖型对照问题（inclusionary comparison question）（Amsel，1999；Podlesny & Raskin，1978；Horvath，1988）。一般情况下，所有接受测谎的被试（包括有罪者和无辜者）对于对照问题都会做出不诚实的回答，即"不是（No）"。但是，如果直接使用这一对照问题，可能会出现一种并不期待的情况——被试可能将本次测谎所调查的盗窃事件（盗窃机动车辆）也理解为自己"曾经偷过东西"的行为之一。这样导致的局面是："你是否曾经偷过东西"不再是对照问题，而成为一个暧昧不明的"相关问题"，使得其真实作用大打折扣。为了解决这一问题，Backster（1962）[1] 明确指出，需要在此类对照问题前面加上一个时间限定（time bar），将正在调查的事件从中排除出去，从而有效地避免混淆。例如，对于上面的对照问题"你是否曾经偷过东西？"可以进行时间上的限定，改进为：

　　在你 23 岁之前，你是否曾经偷过东西？
　　在 2008 年之前，你是否曾经偷过东西？

---

[1]　Backster, C., "Methods of strengthening our polygraph technique", *Police*, 1962, 6（5），pp. 61~68.

由此可见，这类问题往往涉及的是被试早期曾经出现的类似的不良性为，因此被称为早期生活对照问题（earlier – in – life comparison question）。Backster 这一技术受到了测谎人士的广泛认同，已经成为目前编制对照问题的常规方法。但是，这一时间限定方法并非灵丹妙药，它不能解决对照问题的其他潜在隐患。例如，在有些情况下，一个无辜者往往很难将注意力从相关问题转向对照问题上，因为相关问题与正在调查的犯罪案件息息相关，一旦个体被错误地诊断为有罪，他极有可能会陷入失去财物、安全、自由，甚至生命的境地（Lykken，1974）。此外，还有一些被试，可能因为所涉物品价值不大或者有着较高的道德感，会对对照问题做出诚实而非说谎回答。那么，对照问题的意义也就不复存在。为了弥补这一缺陷，测试人员可以追问被试偷的是什么东西，得到答复后继续提问：

除了刚才你提到的东西以外，你还曾偷过其他东西吗？

直到被试最后做出谎答"没有（No）"。除了这种解决方法之外，学者们还发展出了其他与所调查的事件关系并不密切的对照问题类型，称为非涵盖型对照问题（exclusionary comparison question）（Amsel，1999；Podlesny & Raskin，1978；Horvath，1988）。目前主要有两类非涵盖型对照问题，分别为完全诚实问题（overall truth question）和尴尬问题（embarrassed question）（DoDPI，1995）。

所谓完全诚实问题，是指在测谎测试中，有一些问题是专门询问被试是否会或愿意诚实回答测试中的所有问题（DoDPI，1995）。所以，完全诚实问题实际上比较固定，一般也就是以下两题，其他为这两题的变式：

在今天的测试过程中，你是否会诚实地回答我所提的每个问题？

　　在今天的测试过程中，你是否愿意诚实地回答我所提的每个问题？

　　对于完全诚实问题，Backster 建议将其放在问题系列的前面位置，以消除无辜者对后面出现的第一个相关问题因首因效应而产生的心理生理波动的影响。在这种情况下，完全诚实问题并不参与评分过程，因此又被称为牺牲相关问题（sacrifice relevant question）[1]（参见 Capps，1991；Horvath，1994）。

　　而尴尬问题（embarrassed question）则是指每个人都可能曾经做过的，或者曾经在生活中的某个时刻非常想做的，但不被一般社会所期许或认同的行为，当围绕这些行为对被试进行提问时，被试往往会谎答"没有（No）"。典型的尴尬问题如：

　　　　你曾经有过不可告人的想法吗？
　　　　你曾经做过让别人伤心的事吗？
　　　　你曾经有过逃税的行为吗？[2]

　　至此，我们可以发现，涵盖型对照问题较非涵盖型对照问题（包括完全诚实问题和尴尬问题）而言，使用起来可能更为方便。首先，涵盖型问题可选的题目数量更大，因为测试人员可以根据所调查的案件类型以及对被试过去经历的掌握来编制对照问题。而非涵盖型问题，例如完全诚实问题实际上只有两个问题可用，题量有限。其次，被试对涵盖型问题进行谎答的可能性也要大于非涵盖型，因为这些问题涉及的行为确实是他（或她）过去的经历。因此，在实际运用当中，测试人员更多地使用涵盖型问题作为对照问题。

---

　　〔1〕　虽然被称之为牺牲相关问题，但是它起到的是对照问题的作用，因此我们仍将它归为对照问题一类。
　　〔2〕　在美国，由于税收政策的特点，几乎所有的成年人都有过逃税行为，但考虑到社会期许和政策法规等因素，被试一般都不会承认自己有过逃税行为。

但是在实践中，即使是涵盖型对照问题，也不能保证被试肯定会做出"不是或没有"的谎答。因为有时候，接受测谎测试的被试在整个测试的过程中都保持着非常坦诚的心态。这种情况常常会出现在那些有着较高道德感的无辜者身上。他们即使面对一般人难于承认的对照问题，也会很诚实地承认。例如，当向这类被试问及上述对照问题："你曾经做过让别人伤心的事情吗？"如果没有事先的指导，他们会很坦诚地回答"是"（如果他们确实做过）。这样就会导致对照问题的无效。正如前面我们已经指出的，如果被试对对照问题做出了诚实回答，那么对照问题的作用就不复存在了。为了彻底解决这一问题，以 Raskin 和 Honts 为代表的 Uath 大学的学者们发展出了一种新的对照问题类型——指导性说谎对照问题（directed lie comparison question, DLC）（Honts & Raskin, 1988；Raskin, 1989)[1]。

所谓指导性说谎对照问题，是指测试人员在测试前曾特别指导被试在测谎过程中回答该问题时要做出"不是或没有（No）"谎答的对照问题，并且测试人员还要求被试在谎答时要同时想想他（或她）自己从事问题所提的事件是在哪段时间。其倡导者之一的Raskin (1989)[2] 曾对 DLC 进行了详尽的描述和解释：

> 例如调查一起盗窃案件，我需要问你（被试）一些基本问题以确定你的基本诚实度。我需要确定你过去从没做过类似的事情，你也不是那种会偷东西而不承认的人……所以，如果我问你："在你23岁之前，你是否曾通过撒谎来摆脱困境？"你可能会回答"没有"，是不是？大部分的被试最开始都会对这一控制问题回答"没有"。但如果被试回答"是的"，则测

〔1〕 Honts, C. R. & Raskin, D. C. , "A field study of the validity of the directed lie control question", *Journal of Police Science and Administration*, 16, 1988, pp. 56～61.

〔2〕 Raskin, D. C. , " Polygraph techniques for the detection of deception", in D. C. Raskin (ed.), *Psychological methods in criminal investigation and evidence*, New York：Springer–Verlag, 1989.

试人员需要询问被试为什么这么回答……通过询问让被试相信，如果对上述控制问题回答"是的"会给测试人员留下自己不诚实的印象，从而可能被错误地认定为有罪。这种担心以及之前的特别解释将会导致被试在测试中对这一控制问题出现较强的生理反应。将被试对控制问题的反应与对相关问题（直接与盗窃案件有关）的反应进行比较，如果对控制问题的反应较强，则这时就可以解释为：被试对相关问题的否认是真实的。（pp. 254~255）

事实上，DLC 就是上述的涵盖型和非涵盖型对照问题，只是强制性地要求被试作出谎答。而如果在测试中并没有要求被试一定要做出谎答，则被试可能做出谎答，也可能做出诚实回答，所以我们又将这些并未要求被试做出强制性谎答的对照问题称为可能性说谎对照问题（probable Lie comparison question，PLC）。

由此可见，与不相关问题、相关问题不同，对照问题与传统实验心理学的观念相去甚远，我们很难在传统实验心理学的领域中找到与此相似的概念。因此，可以说对照问题是 Polygraph 测谎技术的创新之举，它不仅提升了测谎技术本身的效力，同时也丰富了心理学研究的思路。

投射问题

Reid 在仪器测谎技术的不相关问题、相关问题和对照问题的基础上，在言语行为线索测谎技术中提出了"投射问题"的概念。这一问题是用来引发被测者的隐蔽的言语行为线索，应用于没有仪器情况下的测谎或审讯工作。投射问题可以是开放问题，也可以是封闭问题，但它们必须紧扣正在调查的事件。这些问题需要被测者基于自己的罪责程度而做出反应。

Reid 在自己的一项关于 Reid 行为分析访谈技术（Behavioral Analysis Interview，BAI）的研究中使用了以下 15 个投射问题来分析言语和非言语行为，以识别真实和欺骗：

今天这次询问的目的是什么？

如果是你做的这件事，你现在应告诉我，是你做的吗？

你知道是谁做的吗？

你怀疑是谁做的呢？

你是否要为任何其他的人担保，你认为这个人肯定不会参与这件事？

如果有人想做这件事，谁会有最好的机会做呢？

你认为这件事是故意而为的吗？

你对此次询问感觉如何？

你认为调查为什么会针对你展开？

你是否曾想过要做这件事？

你认为做这件事的人接下来会发生什么？

你认为做这件事的人应该有悔过的机会吗？

告诉我你为什么不会做这样的事？

你觉得为什么有人会做这样的事？

你曾告诉别人你今天来接受此次询问吗？

在这一研究中，4 名盲评估者评估了被测者的态度，姿势（封闭的、不舒服的和僵硬的姿势被作为欺骗的表征）和言语反应。对于诚实的被测者，认定为诚实的（准确认定）为 78%，另外 5% 被认定为欺骗，17% 无结论。对于欺骗的被测者，认定为欺骗的（准确认定）为 66%，认定为诚实的为 17%，另有 17% 无结论。除去那些无结论的，其认定诚实的准确率平均为 91%，认定欺骗的准确率平均为 80%。

言语行为线索测谎技术

使用投射问题的假设在于：诚实和说谎的被测者在对待调查及

其结果的态度上有着根本的区别。诚实的被测者希望测谎人员能够成功。他们希望测谎人员能够找到真相，即他们（被测者自己）没有犯罪或者他们与被调查事件无关。而说谎的被测者则希望测谎人员失败，他们想隐藏真相，制造幻象，即他们（被测者自己）没有犯罪或者他们与被调查事件无关。投射问题的目的是显现出这种差异。当问被测者怀疑是谁实施了这一罪行时，无辜的被测者会给出人名以帮助破案或缩小侦查范围，而真正的作案人通常不会直接给出人名。测谎人员必须对每名被测者使用同一组问题，而且问题顺序也要完全一致。这样才能进一步进行比较和可靠的分析。

　　一般认为，诚实的被测者与说谎的被测者在言语行为线索方面有着以下本质的区别：

诚实	说谎
想真相大白	想隐藏真相
健谈的	非健谈的
努力缩小侦查范围/协助破案	无信息提供，或者扩大侦查范围
使用适当的和有力的措辞	使用含糊的和躲闪的措辞
表达真实情感	显得疏远而有距离
承认可能性	否认可能性/彻底声明与自己无关
辩称确实无罪	辩称法律上无罪
不使用"个人编码"	使用"个人编码"
关于"如何和为什么"描述一致	关于"如何和为什么"描述变化

　　基于这些根本性的差异，Reid 认为诚实和说谎的被测者在如何回答问题上是不同的。在讯问中，向被测者连续发问以下问题，就能发现诚实和说谎的被测者之间的差异。

　　1. 你喜欢你的工作吗？（仅适用于涉及雇员案件的评估）
　　诚实：普遍对工作有正面的评价。
　　说谎：躲避问题或有负面的评价。

讨论：有一个心理学概念"认知失调"，指的是如果没有发生态度转变，我们不可能在心里有着两种截然相反的想法。你不可能恨苹果而又在吃苹果时觉得很享受，除非突然发生了态度的转变。你不能相信你有一个好雇主和好工作，而又去窃取你雇主的东西，除非有了突然的态度转变。而这一转变一般是涉及雇主和工作的负面看法。

2. 帮我完成这句话，这次询问和调查是关于……的？

诚实：回答迅速，并且使用适当的和有力的语言描述这一犯罪事件。

说谎：反应很慢，用含糊的用语（如："看我能不能帮你说清楚这件事"），往往会让你无法了解案件中到底发生了什么。

3. 为什么要你来接受询问？

诚实：会使用适当的和肯定的用词来确定原因（因为犯罪），常会承认他们也有可能犯下这一罪行。

说谎：通常是不确定原因，使用含糊的语言来描述犯罪，或作一般性陈述，如："每个人都可能……"

4. 你对此次询问感觉如何？

诚实：可能承认有些紧张，但表现出对调查的积极态度，同时他们希望看到这个问题得到解决。他们甚至指出，如果是他们面对这类事件，也可能会犯下同样的罪行。

说谎：通常对整个过程表现出敌意或者负面、不合作的态度。

5. 请写下关于此事所有的详情以及你的解释

诚实：如果你不知道发生了什么犯罪事件，当你看完他们的回答后，你就知道到底发生了什么，并能编制关于待解决事项的相关问题。你也可以对此运用科学的内容分析法（Scientific Content Analysis，SCAN）来进一步深入辨识诚实与说谎。

说谎：一般写得很少，往往忽略那些可以使你明白发生了什么的信息，也可以帮助你制定待解决事项的相关问题。

6. 如果你是侦查员，你将如何进行调查？

诚实：就如何破案提出建设性的意见，因为这将帮助他们洗清自己的嫌疑。

说谎：不能提供有效的建议，因为这将帮助他们被识别出来是真正的肇事者。

7. 造成这种局面的五个最重要的原因是什么呢？

诚实：给出的答案往往能激发作案人的负面情绪，如贪婪，有病，贼性难改。

说谎：通常不能回答这个问题，或者答案具有明显的个性化特征，例如，因为他们需要钱还债，或者他们偷车是因为他们厌倦了坐公交。

8. 你是否想过做这样的事？

诚实：通常很快否认这样的想法。

说谎：犹豫不决地否认，或做出类似如下的声明，"每个人都会这么想，但我从来没有这样做过"。

9. 在你的生活的头_____年里，你曾做过_____？（对照问题）

诚实：受到问题威胁，并表现出关注，反应延时，重复问题，使用"缓冲"字眼或其他手段回避回答。

说谎：快速反应，对问题漠不关心。

10. 你有没有做过这件事（正调查的犯罪事件)？

诚实：快速反应，对问题漠不关心。

说谎：受到问题威胁，并表现出关注，反应延时，重复问题，使用"缓冲"字眼或其他手段回避回答。

11. 在你的生活的头_____年里，你曾做过_____？（对照问题）

诚实：受到问题威胁，并表现出关注，反应延时，重复问题，使用"缓冲"字眼或其他手段回避回答。

说谎：快速反应，对问题漠不关心。

12. 不管你告诉我什么，都会被严格保密，这也不意味着你说的就是对的，如果让你说一下怀疑对象，你会怀疑谁？

诚实：犹豫，但通常都会给出一个人名，以帮助破案或缩小侦查范围。

说谎：给不出任何信息，或者表明可能是任何人，以扩大侦查范围。

13. 除了你自己，你还会将谁排除在调查范围之外，你会说谁肯定没有做这事？

诚实：尝试给出一个人名，以帮助破案或缩小侦查范围。

说谎：通常不知道哪个人足够好可以被排除在外，或者为每个人都做出担保。

14. 如果我们找到做这件事的人，你认为我们应该怎样处理他？

诚实：一般都会给出严苛、适当的惩罚建议。

说谎：常常会回避说这不是他们的责任来决定给予什么样的惩罚，或将这一问题转给别人（"这是主人自己要决定的"），或将给予回避性的答案（"这取决于他为什么这么做"）。

15. 你会给予他改过的机会吗？

诚实：几乎总是回答"不会"，有时会使用强烈的语言描述犯罪人（"曾经是贼，终身为贼！"）。

说谎：通常会考虑给予改过的机会（"我相信每个人都应该有改过自新的机会"）。

16. 我们将做一个彻底的调查。我们将询问每一个人，并且做法医检验。如果对你做法医检查，你觉得如何？你会接受吗？

诚实：他们会很快反应，并强调这些调查将洗清他们的嫌疑，可能会说："因为我没有做这件事。"

说谎：重复的问题，表现出明显的反应延时，会询问是什么类型的法医检查，会使用一些缓冲性质的回答，例如"我希望""但愿会有好结果"。

17. 是否存在着某种证据表明是你做的这件事？

诚实：很快地排除这种可能性，除非有正当理由（如：他们曾因为工作关系摸过被偷走的钱）。

说谎：回答很慢，而且对回答的内容也不确定，或者也可以提供理由说明为什么会存在这一证据，但理由比较勉强。

18. 如果我们能够弥补损失（如你支付她的医疗费用），公司（或个人）愿意放弃追究，你愿意接受吗（补偿）？

诚实：通常会拒绝支付费用，因为他们没有这样做，并表示他们希望肇事者被捕。

说谎：可能会同意，因为这意味着调查会被终止，他们将不会被发现和受惩罚，或者可能使用一些含糊的言语拒绝付款，如："我不可能支付全部"或者"我负担不起"。

19. 你有没有告诉别人发生了什么事，以及你要接受询问什么的？

诚实：这是他们生活中的一件大事，他们通常已经和家人与朋友讨论过了。

说谎：通常不会告诉任何人，因为他们知道调查中他们表现不会很好，而且如果他们告诉别人，别人会追问其细节。

20. 你认为这件事是故意而为的（即：被盗）还是意外发生的（即：丢失）？

诚实：通常认为是犯罪发生。

说谎：如果他们能够说服你相信没有犯罪发生，他们就会"回家"。因此，他们往往会选择采取"没有犯罪发生"的立场。

21. 有什么你认为是重要的，而我却没有问你？

诚实：可能会提供信息。

说谎：很少提供信息。

22. 在你的一生中，你有没有通过说谎来摆脱麻烦？（对照问题）

诚实：受到问题威胁，并表现出关注，反应延时，重复问题，使用"缓冲"字眼或其他手段回避回答。

说谎：快速反应，对问题漠不关心。

23. 在你是否做了这件事上，你是否对我说了谎？

诚实：快速反应，对问题漠不关心。

说谎：受到问题威胁，并表现出关注，反应延时，重复问题，使用"缓冲"字眼或其他手段回避回答。

24. 如果你是调查员，通过回答三个问题可以破案，你会问哪三个问题？

诚实：说出三个最强相关问题

说谎：避免问重要的相关问题，因为这可能导致案件被侦破。

25. 如果我需要再次向你问话，你会不会毫不犹豫地再来？

诚实：快速同意会再来。

说谎：可能对询问已经结束表现出惊讶，而且也可能同意再来，但并不是很热衷，或者对是否再来持迟疑态度。

26. 询问已经结束了，你感觉如何？（SCAN："询问后的询问"）

诚实：通常感觉和以前一样。

说谎：通常会表示如释重负。

26A. 对于是否是你做这件事，我应该相信你的回答吗？

被测者如果回答这个问题为"是"，然后又用类似以下三句中的任何一种来回答，则表明其是诚实的：

我说的全是实话；

我没有说谎；或者

我没有做这件事。

26B. 如果是的话，请给我一个理由，为什么我应该相信你。

26C. 如果调查证明，毫无疑问就是你做的这件事，你怎么说？

26D. 在询问中你情绪怎么样？你感觉如何？

26E. 你当时害怕吗？

26F. 如果要求你为这件事做出赔偿，你会付多少钱？

　　对隐蔽的言语行为线索进行分析往往会提供许多宝贵的信息，这一信息的准确性和实用性可以通过对前述的非言语行为的观察和解读进一步放大。同样也可以结合接下来的陈述内容（书面）分析技术加以修正。

第七章

陈述内容分析技术

在很多情况下，所谓的被害人或者犯罪人的陈述往往是执法或司法机关所能得到的唯一的证据，这样的状况使得人们不得不去寻找一些系统性的方法来评价这些陈述的真实性。最早的探索来自于Münsterberg，他在其代表作《在证人席上（*On the witness stand*）》中提到了虚假供述（false confession）以及如何识别和避免虚假供述。

基本理论基础

目前，已经发展出来好几种评价陈述真实性的方法，包括以动机、认知和记忆等理论为基础的谎言识别方法。

其中，主要以记忆理论为基础的最流行的谎言识别技术就是SVA技术（Statement Validity Analysis，SVA）。SVA技术是建立在安乔吉假设（Undeutsch hypothesis）基础上的。这一假设认为，来自于真实经验记忆的陈述与基于创造或幻想的陈述，在内容和质量上是不同的（Steller，1989）。

情绪—动机观点则假设说谎是一个比较困难的任务，特别是当说谎者具有很强的担心说谎不成功的焦虑时，这种焦虑程度越高，其生理唤醒程度越高，则谎言被识别的可能性就越高。而且，谎言被识别后所面临的后果越严重，则说谎者更难成功地说谎。这就是所谓的动机损害效应（motivational impairment effect）（DePaulo et al.，1988）。根据这一理论假设，高说谎动机会导致说谎行为的持续时间减少，说话频率降低，口误的增加等。

认知方法则假设审讯是一种情景，在这一情景中，说谎只是一种对传递信息和减小伤害的情景要求的适应性反应。有效的交流要求当事人能够尽可能准确而完整地表达。信息操作理论（Information Manipulation Theory，IMT）（McCornack，1992）假设说谎违反了言语交流的潜规则，因而导致说谎信息在质量、数量、方式和其他相关方面与真实的信息存在差异。因此，要想识别谎言或说谎则可以很好地利用这些固有的假设，有意识地控制那些会暴露欺骗的信息的释放。

此外，关于陈述内容分析有两个基本原则体系：标准基础内容分析（Criterion Based Content Analysis，CBCA）和科学内容分析（Scientific Content Analysis，SCAN）。虽然陈述内容分析技术主要采用的是 SCAN 技术原则，但是也吸取了 CBCA 技术的一些精髓，而实际上，CBCA 也是 SCAN 技术的前身。

SVA

陈述有效性评价（Statement Validity Assessment）（也叫 SVA）是迄今为止测量言语陈述真实性的最常用的技术。这项技术在德国已经被发展成为在性侵犯案中决定儿童证人证言的可信度的技术。这项技术专门针对性虐待和儿童并不令人惊讶，因为判定一起性虐待案常常是很困难的，常常没有法医或物理证据，声称的被害人和被告给出的证言常常是相反的，而且常常没有其他的证人告知所发生的事情。这就意味着对被告和声称的被害人的可信度的了解很重要。如果声称的被害人是孩子，那么他们就处于一个很不利的位置，因为成人有着不信任孩子的陈述的倾向。最近，已有研究关注 SVA 是否对评价成人和除了性虐待以外的案件的被告的证言有用，研究结果显示，利用 SVA 能够使人们识别说谎的水平高于偶然概率。但是，这项技术还是存在着一些问题，这意味着 SVA 并不是像我们想象的，像在德国的个别应用中那样毫无争论。首先，我将对 SVA 发展的历史背景作一个简单的介绍。

1954 年，西德最高法院召集了一个小型的专家听证会。最高法院想评价心理学家在认定儿童证人证言可信度方面有多大的帮助（尤其在性侵犯案件的审判中）。心理学家乌都·安乔吉（Udo Undeutsch）报告了他研究的一个案例，声称被强奸的被害人只有 14 岁。最高法院的五名法官：

> "对这个案例印象深刻，并且深信在评估儿童或青少年证人的证言方面，进行法庭外检查的心理学专家比那些在法庭审判的正式气氛下的事实发现者有另外的，更好的资源"。（Undeutsch，1989，p. 104）

结果，1955 年德国最高法院作出了一个规定，在所有有争议的儿童性虐待案中都要求使用心理访谈和可信度评价。这导致在许多案件中传唤心理学家作为专家。艾琛（Arntzen）（1982）估计在 1982 年以前有 40 000 多起案件都使用了专家证言。在西德和瑞典这也导致出现了各种评价性虐待的声称被害人的证言的可信度的内容标准。在瑞典和德国专家研究的基础上，史德拉（Steller）和克肯（Köhnken）（1989）汇编了一系列这样的内容标准，并且描述了一套评价陈述真实性的程序。这就是我们现在所知的陈述有效性评价或者 SVA。

SVA 在德国法庭上得到了很好的确立。原告和被告的律师都很少质疑这种评价的有效性，尽管允许他们质疑。原告和被告也都被允许质疑或者不信任 SVA 证据——例如，通过发现专家证人推理中的弱点，通过法庭上的专家交互检查，或者通过聘请另一位专家就专家意见的性质提供建议。在德国，人们还没有正式的途径成为一名专家。目前，"法庭任命你是专家那你就成为专家"（克肯，1997）。这种情况在今后将可能会改变，因为德国心理与法律学会现在开始进行一项官方的培训计划来让心理学家成为 SVA 专家。

目前，SVA 在其他的欧洲法庭也被作为证据使用，例如荷兰。但是，SVA 评价在英国法庭上是不被承认的。北美（美国和加拿大）对在法庭上使用 SVA 的观点是有分歧的，例如汉斯（Honts，1994），拉斯金（Raskin）和埃斯普林（Esplin，1991b），尤尔（Yuille，1988b）支持在法庭上使用 SVA 的结论，而其他的人（Boychuk，1991；Lamb，1998；Ruby & Brigham，1997；Well & Loftus，1991）则持怀疑的态度。SVA 的结论也在北美的一些法庭上以专家证言的形式作为证据使用（Ruby & Brigham，1997，1998），但是这比在德国要少见得多。SVA 在北美的主要价值在于用来指导警察的调查和起诉裁量（prosecutorial discretion）（Raskin & Esplin，1991 b）。总之，各国对于 SVA 的意见是不一致的，在某些国家这项技术比在其他的国家更常使用。

一个完整的 SVA 由三个部分组成：

一个结构化的访谈；
标准基础内容分析（CBCA），系统地评价获得的陈述的内容和质量；
通过一套问题（有效性检查列表）来评价 CBCA 的结果。

CBCA

SVA 的第二阶段是系统地评价访谈中获得的陈述的可信度，即所谓标准基础内容分析（criteria – based content analysis，CBCA）。表 7 – 1 提供了评价中使用的 19 种标准（一些研究人员只使用标准 1~14）。受过训练的评价者仔细检查陈述，并且一一判断 19 种标准是否出现，常常使用的是 3 分量表。如果标准没有出现就记为"0"，如果出现就记为"1"，如果明显地出现就记为"2"。CBCA 建立在这样的假设的基础上，这个假设最先是由安乔吉提出来的（1967），也就是来自于真实经验记忆的陈述与基于创造或幻想的陈述，这在内容和质量上是不同的。这也被称为安乔吉假设。陈述中每出现一个标准就提高了陈述的质量，并且进一步证实了这样的假设——这份陈述是建立在真实的个人体验的基础上的。CBCA 不是"言语测谎仪"——也就是说，它不是搜寻"谎言症状"。某个标准的缺乏并不一定意味着这个陈述是假的。下面我们将给出 19 种 CBCA 标准以及为什么说这些标准不太可能出现在谎言或幻想中。

表 7 − 1　陈述的内容标准分析

一般特征
1. 逻辑结构
2. 无组织的叙述
3. 细节的质量
特殊内容
4. 语境铺垫
5. 对交互行为的描述
6. 话语复述
7. 事件中料想不到的复杂化
8. 异常的细节
9. 多余的细节
10. 正确报告的细节被误解
11. 相关的外部联系
12. 主观的心理状态的描述
13. 犯罪者的心理状态归因
动机——相关的内容
14. 自发改正
15. 承认记忆的缺乏
16. 对自己的证言有怀疑
17. 自我否定
18. 宽恕犯罪者
罪行——特定要素
19. 罪行的细节特征

一、一般特征：陈述的一般特征包括那些与陈述整体有关的标准。

逻辑结构。如果陈述基本上是有意义的——也就是说，如果陈述是连贯的和符合逻辑的，不同的部分不会不一致或相差太多，那么就是有逻辑结构。

无组织的叙述。如果整个陈述的信息是分散的，而不是以一种结构化的、连贯的、时序性的方式说出来，那么就是有无组织的叙述的标准。但是，陈述就整体上而言不应有不一致的情况（标准1）。尤其当人处于不安时，这种无组织的重复叙述就会出现。举例来说，某人可能先讲核心事件（"我的钱被偷了，我被抢劫了"），然后可能回到最开始（"我当时在商店里，我付完账后把我的钱包放回我的袋子里"），然后讲述稍后发生的事情（"那家伙跑得很快，我追不上他"），然后又回到开始（"我的袋子当时一定是开着的"），等等。维英克（Winkel），维吉（Vrij），科普勒（Koppelaar）和冯·德·斯丁（Van der Steen，1991）发现，受情绪困扰的成人强奸案的被害人倾向于以非常无组织的和不连贯的方式陈述。如果某人已经把同样的事情讲了好几遍或者他常常想起这件事，那么这一标准就不太有用，因为说太多或想太多会使得人们以时序性的方式讲述。

细节的质量。这一标准要求陈述必须富有细节——也就是应该出现对地点、时间、人、物和事件的特定描述。举例来说，"我在艾伯特路的红绿灯附近使用提款机，当时天开始变黑，正下着毛毛雨，也很冷，提款机附近相当热闹，至少有八、九个人在那里站着。然后，我取完钱后，这个家伙走近我，把一把刀放在我脸前，抢过我的钱就往街角跑了。我大声喊叫'拦住他，他抢了我的钱'，但是没有人帮我，真是难以置信"，这样的陈述就符合这一标准。并且，苏皮（Soppe）和同事认为，如果讲述的是真实的而不是捏造的，那么要求详述一些细节可能会带来一些额外的信息（Soppe，1995 b；Soppe & Hees‐Stauthamer，1993）。

二、特殊内容：陈述中的特定段落，为了表现陈述的具体和生动。

语境铺垫。如果有事件发生的时间和地点，以及发生的行为与其他的行为和（或）习惯相连，则出现语境铺垫。举例来说，一名被害人描述了罪行发生在午餐时间的一个公园里，当时他正在遛狗。

对交互行为的描述。如果陈述中包含了关于至少是声称的犯罪者和目击证人之间的交互行为的信息，就满足了这一标准。例如，"我对他说滚开，但是他没有走开，反而笑起来，然后我哭了起来"就符合这一标准。

话语复述。如果话语或者交谈的一部分以最初形式被复述，并且不同的说话者可以从被复述的对话中识别出来，则出现了话语复述。这一标准并不是说对说话的内容简单报告就可以满足的；至少一个人的话语被生动地复制才能满足这一标准。因此，"我对他说'不要这样'"满足这一标准，但"然后我们谈到了体育运动"则没有满足这一标准。

事件中料想不到的复杂化。如果在事件中包括某些料想不到的因素，则会出现这一标准。举例来说，可能提到在犯罪地的时候，声称的犯罪者的汽车警报响了，或者声称的犯罪者在发动他的汽车时出现问题，等等。

异常的细节。异常的细节是指关于人、物或事的细节异常和（或）独特，但是在上下文中是有意义的，例如对犯罪者手臂上的文身的描述，或者一名证人说犯罪者有口吃的细节，等等。

多余的细节。如果证人描述的与声称相关的细节对于指控而言不是必要的，则出现多余的细节。例如一名儿童证人描述的成人犯罪者想要除掉进入卧室的猫因为他（成人）对猫过敏的细节。

正确报告的细节被误解。如果证人说到细节超过证人的理解能力，则满足这一标准——举例来说，一名描述成人的性行为的孩子，却把性行为归于打喷嚏或伤痛之类。研究已经指出，大多数小于8岁的孩子几乎没有任何对性行为的详细了解（Gordon, Schroeder & Abrams, 1990; Volbert & Van der Zanden, 1996)。

相关的外部联系。如果报告的事件不是声称的犯罪的一部分，但是与这些罪行相关，则相关的外部联系就出现了——举例来说，如果被访谈者说到犯罪者和其他女人之间的性行为。

主观的心理状态的描述。如果证人描述了在事件发生时的感觉或想法，就出现了这一标准。例如她当时有多害怕，或者当一切都过去以后她是如何恢复过来的，等等。这一标准也包括对认识的报告，例如一名证人提到，当事件发生的时候她如何想着逃脱的事。

犯罪者的心理状态归因。如果证人描述了犯罪者在事件中的感觉，想法或动机这一标准就出现了（"他也很紧张，他的手在抖"，"他实际上很喜欢它！他一直在微笑"或"因为在他开始碰我之前，他关闭了所有的窗户，并且把音乐声音调大，所以他当时想到了我可能会尖叫的可能性"，等等）。

三、动机——相关的内容：证人陈述的方式。和"特殊内容"一样，它涉及的是陈述的某些段落。

自发改正。如果对以前提供的材料自发地提供改正或者信息添加，就满足这一标准（自发意味着没有任何访谈者的干扰）。例如，"当时大约是 2 点钟，等一下，可能要更晚一点，因为当时天已经开始变暗了"就是一个改正的例子，"我们坐在他车上，他开得很快，顺便说一句，他的车是沃尔沃的（Volvo），他开得太快了，以致在遇到一个红绿灯时几乎不能停车"是一个添加的例子。

承认记忆的缺乏。如果证人通过说"我不知道"或"我不记得了"或者通过类似这样的回答——"我记得我们当时是在车上，其他的都不记得了"来自发地承认记忆的缺乏，这一标准就出现了。在回答一个直接的问题时，"我不知道"或"我不记得了"这样的答案不能算作承认记忆的缺乏。

对自己的证言有怀疑。如果证人表达他担心自己陈述的一部分是不正确的（"我认为"，"也许"，"我不确定"，等等）或难以置信的（"你知道，这事是如此怪异，他看起来是如此好的男人，周围的人都喜欢他，我曾经认为没有人会相信"），这一标准就出现了。

自我否定。如果证人提到自己没用或者自我谴责的细节，就出现了自我否定。例如"很明显，我把门大开着真是蠢，因为能很清楚地看见我的钱包放在书桌上"。

宽恕犯罪者。如果证人倾向于为犯罪者找借口来赞同那些声称的犯罪者或者不去谴责他或她，那么就出现了宽恕犯罪者——例如，一名女孩说她现在对被告可能会被监禁感到很难过，因为她认为他并不是有意要伤害她。

四、罪行——特定要素：与特定的罪行相关的要素。它们与"特殊内容"的分类不同，因为它们与陈述本身的一般生动性无关，而是与特定的罪行有关。

罪行的细节特征。如果证人以某种专业人士知道的某类罪行典型发生的方式描述事件，那么这一标准就出现了。举例来说，我们知道，近亲相奸的案件过程与被一个陌生人袭击的动态氛围是不同的，因为前一类型的犯罪比后一类型的犯罪常常包括较少的暴力和较少的来自被害人的抵抗（Soppe & Hees–Stauthamer，1993）。拉斯金（Raskin）和埃斯普林（Esplin）（1991 b）将 CBCA 中的标准19 引入到列表有效性检查部分（稍后会谈到），他们认为这一标准与陈述本身的一般生动性无关而是与特定的罪行有关。

至少有七个理由来说明为什么这些标准不太可能出现在虚假的陈述中。

捏造故事的人往往没有足够的想象力来创造那些相关的特征。举例来说，他们没有足够的创造力来进行复杂化或话语的复述，或者提到交互行为，或者描述他们自己的或其他人的心理状态。

捏造者有时有足够的创造力来考虑将这些特征放到他们的故事中，但是因为他们意识不到判断者会用这些特征来评价陈述的真实性，因此他们没有将这些考虑在内。

捏造者有时缺乏某些相关的知识，因而不能将某些标准放入他们捏造的叙述中。尤其是对于标准 10，因为如果对性知识没有充分的了解是不可能有关于性行为的细节描述的。

　　将许多标准纳入到一个虚假的陈述中是一件非常困难的事情。例如无组织的叙述，以时间顺序（先发生什么，然后发生什么，然后他说了这些，等等）来讲述一个虚假的故事比故意以一种无组织的方式陈述要容易。

　　捏造者有时不想提供太多的不同细节，因为他们害怕会忘记自己已经说过的事情。忘记曾经说过的东西是一件很麻烦的事情，因为总是有要求捏造者重复他们曾经说过的话的可能性，在这种情况下，说谎者一定要能够重复相同的叙述，并且细节不变，在重要的问题上不自相矛盾。很显然，说谎者开始说得越少，越容易记住他们第一次说的话，就越不可能在以后出现自相矛盾的情况。

　　捏造者有时不提供很多的细节是因为他们害怕观察者将会检查这些细节，并会发现他们在说谎，每提到一个细节就会给访谈者提供一个检查叙述是否真实的机会。我们在第二章中提到的那个杀人凶手的案例中就看到了这一情况。凶手详细地描述他在午后和傍晚时所做的事情，给警察提供了很多可检查的细节。当警察没有发现任何证明他的描述的证据时，他作为嫌疑犯的可能性就增加了。对访谈者而言，不提供细节会使任务变得更困难。

　　捏造者有时不想纳入某些特征（例如，承认记忆的缺乏，对他们自己的记忆产生怀疑），因为他们认为这些特性会使得他们的叙述听起来比较不可信和不令人信服。那些想把责任推卸给别人的人也不太可能承认自己的错误或者为其他人开脱，因为他们认为这样做会降低别人被发现有罪和（或）被定罪的可能性。

　　但是，如果说谎者知道观察者在使用 CBCA 标准来评价陈述的真实性的话，那么他们常常可能试着将一些标准考虑进来，以便留下诚实的印象。

　　CBCA 的缺点在于，虽然有 19 项标准，只要符合其中的多数标准，就可以进行判断，但是其前提是明确的：基于诚实的假设。另外，CBCA 并没有具体的数值评分方法，可以说这 19 个评价标准是"心的分析"，同时还需要考虑陈述是如何产生和形成的，陈述者的人格特质以及他们的陈述动机。因此，此方法并非完全的量的评估，只是质的评估。

SCAN

20 世纪 80 年代后期，萨皮尔（Avinoam Sapir）移民到美国，并开始推广他自己的内容分析方法，他称为"科学内容分析（Scientific Content Analysis，SCAN）"。萨皮尔曾有在以色列情报系统工作的背景，并且在以色列耶路撒冷警局做过测谎人员，拥有心理学和犯罪学的双学士学位，犯罪学硕士学位。他在对言语沟通进行广泛研究的基础上，深入研究了人际交往中的语言行为，开发出了 SCAN 技术。

一、科学内容分析（SCAN）的概念

萨皮尔认为，由被测者书写或陈述的内容可以识别为诚实或者说谎的。他假设如下：

每个人都希望自己所有的信息得以传达。

与陌生人交谈比与你认识的人交谈要容易。

个体唯一抵制问题的说法是："我不想回答这个问题。"（内容阻抗）

如果被测者用上述说法来对我询问的问题进行抵制，就表明这一问题涉及了敏感区域。因此，如果被测者不结束问题就表明其非常矛盾。

被测者可以从测谎人员的问题那里获得信息，因此，测谎人员必须仔细审查自己询问的内容。

只要被测者不说"我不想谈"，那么他就是想说。

二、在测谎技术中的 SCAN 技术

SCAN 技术中的第一步是获取一个开放或"纯粹"的陈述，获取这一陈述的目的是为后面的语言编码提供一个由犯罪嫌疑人给出的书面陈述。在前述的言语行为线索分析技术的询问阶段，投射问题 5 "请写下关于此事所有的详情以及你的解释"就是服务于这一目的的。

一旦这一书面材料获得，测谎人员就可以对整个陈述过程进行具体评估。每一个陈述都应有三个部分：事件前（是什么导致了这一事件）、事件本身、事件后（事件后发生了什么）。一个真实的陈述的理想容量是：事件前 20%，事件本身 50%，事件后 30%。简而言之，就是一个真实的陈述，事件后内容容量要大于事件前内容，而事件本身通常是最多的部分。

之所以有这样的关于内容容量的假设是因为，说谎的被测者不希望多谈论这一事件本身。因此，他们有一种倾向，在事件前的内容陈述上花很多时间，因为他们试图避免涉及讲述事件本身。因为他们必须在事件本身那部分说谎，从而造成在事件前部分的延长，一旦他们在陈述中不得不涉及必须说谎的部分时，他们往往采用略过的方式说谎，从而造成了对事件本身的陈述比较简短。事件后涉及的是事件后发生了什么。在受害者指控他人的陈述中，如指控他人强奸、性骚扰，对于一个诚实的指控者而言，这一部分的陈述内容往往是关于调查过程以及他们对所遭遇的事情感到羞辱。而说谎的指控者不会有这些体验，所以他们的事件后陈述内容非常短。

三、颜色编码科学内容分析

萨皮尔还发展了一种颜色编码系统帮助进行内容分析。通过颜色编码分析，让评估人员能够看到萨皮尔认为的正确分析所具有的全部重要的细微之处。以下是颜色编码分析所需的步骤：

（一）代词

把所有的代词用"（ ）"标记起来：我，你，他，她，我们（合作伙伴），你们，他们，我的，你的，他的，她的，我们的（占有），他们的。当出现某个代词缺失时，用一个"X"，并用"（ ）"标记起来。

任何人都不会混淆代词。

代词的变化（如"我"变成"我们"）是说谎的迹象。

缺少代词"我"或"我的"，可能表示说谎，因为它标志着一个缺乏担当的陈述。"我"越少出现，其陈述越不可靠（如：在陈述的第 1 ~ 10 行，有 7 个"我"，而在第 11 ~ 29 行只有 4 个

"我"，则犯罪可能发生在陈述的第二部分，因为具有更少的担当）。

太多的代词，表示被测者对他们所写的内容非常谨慎，最终的结果可能是他们在陈述中说了谎。

如果代词出现在介绍一个人之前，则表明他们之间关系很差（如："我当时正和她一起吃早餐，我的妻子凯西"）。

被测者在陈述时，力图不使用"我"字，因而可能会代之以"我们"，"他"，"这件事就被这么做完了"和"醒来后，洗澡（省略代词）"。

"我们"表明一种伙伴关系，亲密的和良好的关系。

任何时态的变化。使用准确的现在时表示其对所陈述的内容有担当。一个诚实的被测者会声明说："我是诚实的。"这和陈述说"我从来不说谎"有很大的不同。如果被测者都不能表明能对自己的陈述负责，那么如何能让测谎人员相信其陈述呢？

（二）蓝色编码

用蓝色突出标记任何有关以下内容的区域：被测者告诉你他们为什么做某些事，或者为什么会发生某些事情（关键词：因为，由于，所以），还要用蓝色标记出任何提及离开的区域。

蓝色表示敏感区域，因为陈述者感觉需要解释他们的行动，也可作为尝试放缓陈述的手段，可能是为了拖延陈述进入他们所关注的部分。

（三）绿色编码

绿色突出标记那些用语变化。

用语变化等于性质的变化，或者是说谎的标志。例如，在一份欺骗的陈述中，一名婴儿被他的父亲谋杀，父亲在事件前陈述中将受害人称为"婴儿（而不是我的孩子）"，在事件本身的陈述中，称为"他"，只在事件后陈述中叫了婴儿的名字。

大多数用语变化都是缘于情绪变化。

对那些在陈述中出现的个体的出现顺序，我们需要特别注意，因为它反映了这些人在犯罪嫌疑人生活中的重要性。

在陈述中，如果缺乏恰当地将某一个体"社交介绍"给我们的内容，则此人与陈述者之间的关系存在问题。

（四）粉色编码

粉色突出标记那些遗漏时间或其他信息的任何区域。关键词包括：之后，稍后，我不记得了。例如，被测者说"我去厨房取水。离开厨房后……"在这个陈述中，被测者讲到去厨房取水，马上接着说的是"离开厨房后"，中间遗漏了在厨房中的具体过程，这种遗漏可能意味着被测者对厨房中发生的事情出现了阻抗，是说谎的表征。又如，被测者说道："我开始做饭……"但后面的陈述中完全看不出是否做完饭。SCAN 技术认为，如果你开始做某事，但没有标明你是否完成，则意味着阻抗，是说谎的表征。

萨皮尔认为大多数被测者往往通过"遗漏"来说谎——有意地遗漏某些信息。任何关于信息出现遗漏的区域都用粉色突出标记。用以表明被测者的欺骗性策略已被识别并被提取出来。

（五）紫色编码

所有客观时间都用紫色突出标记。

在如实陈述中，主观时间 = 客观时间。

每小时 3 行是最好的陈述频率；每小时 4～7 行可被视为无定论；每小时 8 行或 8 行以上则是蓄意试图减缓陈述，这名被测者85% 的时间在说谎。

3 行：1 小时　9 行：1 小时　1 行或以下：1 小时
　　正常　　　　减缓　　　　犯罪发生

一般来说，陈述的长度在一至一页半，也就是 25～37 行左右。

（六）黄色编码

所有不重要的信息（如："我站起来，刷牙，洗澡，穿好衣服，等等"）都用黄色突出标记。只有 10% 的有罪者给出此类陈述，他们通常是隐瞒信息。

任何否定的句子也用黄色突出标记（关键词是："没有"，"不是"),测谎人员要求被测者告知发生了什么,或者没有发生什么。

黄色和蓝色并存在于同一区域时,表明这一部分对于被测者而言,极为敏感。

（七）橙色编码

橙色突出标记任何不必要的联系,如"说到","告诉到",但并不包括"问到"。真实和欺骗的陈述之间的差异在于,诚实的被测者以真实的记忆为基础陈述,而记忆中往往会带有很多不必要的信息。真实的陈述会有与被调查的事件无关但与事件有联系的事情,而说谎的被测者是在想象（凭空想象）的基础上进行陈述的。这个概念类似于 CBCA 的第 9 项标准:"多余的细节"。

（八）其他分析细节

陈述的第一句话非常重要,因为这意味着被测者决定开始讲述。

有趣的是,许多欺骗性的陈述都往往以"（某人）离开"开始。也许,这表明他们当时与受害者是单独相处的,这给予了他们实施犯罪的机会。

将第一句的每个部分与后面的陈述中相似的内容进行比较（如:"妈妈"和"我的妈妈"比较,当被测者没有使用代词"我的"时,显示在此处他们为母亲感到不安）。

陈述中问题的出现可能表明陈述者有意地从陈述中发出了敏感信息。

请记住,陈述不是按时间顺序报告,但被测者可以决定什么是重要的。这也是 CBCA 的标准之一,即标准 2（无组织的叙述）。

萨皮尔教导我们,陈述将创建一个新的现实,调查人员必须忘掉案情本身,单单关注陈述:被测者是死的,但陈述是活的。

那些看起来对测谎人员不重要的事情,对陈述者而言却可能非常重要。

生活中没有巧合。

如果没人说过,就没有发生过。

如果被测者表示不会回答问题,他们就是回答了问题! 最近的例子是对美国总统克林顿的询问。有记者问道："克林顿先生，关于你有婚外恋的谣言是真的吗?"克林顿回答说："我不想在这里谈论我的私人生活。"

以最短的方式造句是最好的方式，任何偏差都是有意义的。

在陈述中说"我不记得了"，意味着被测者在回忆，因为让一个人不记得他不记得某事是不可能的，除非是你问一些关于他的具体问题。

"不是真的"也就是"是真的"。

"可能是这样"并不等于"就是这样"。

答案应该始终显著长于问题。

缺乏担当（缺乏代词或使用过去时）表明它可能根本就没发生过。

如果被测者在陈述中提到了一个谈话，那么这是一个很重要的谈话。

在陈述中如果提到了"门"，一般表示在过去有"虐童"行为。

在陈述中提到"灯"，是性的象征。开灯是性的指代，关灯指示性方面有问题。

如果被测者提供了太确切的信息［CBCA的另一标准：标准3（细节的质量）］，例如描述坐下，站立，上班或睡觉，说谎的犯罪人有70％的可能性在陈述中有矛盾之处。

重复（"我回到家。当我回到家，我……"）表示被测者有心理冲突。

"谈到"是非正式的，"说到"是正式的。

统计表明，"真实"一词很少出现在欺骗性的陈述中。

如果被测者描述他们如常去了某处，则很大可能是，他们正在隐瞒他们不想你知道的信息。

SCAN 的应用

一起被怀疑为凶杀的案件调查中，一名男子报案，他在给一名四个星期大的婴儿喂食时发生意外，这是他第一次给婴儿喂食。当时他用一个纸巾来清洁婴儿的嘴和脸，后来纸巾越来越湿，所以他不得不多次折叠起来，最后成了一小团儿。这团儿纸巾后来意外地被弄进婴儿的嘴里。他报告说，当他想把纸巾从婴儿嘴里弄出来时，由于他不知道正确的处理方法，导致纸巾反而进入了婴儿的喉咙里，婴儿随后死亡。

当警方让他陈述这一事件并加以解释时，他给出了下面的"陈述"：

（我）[1] 想说大约是下午 2：00。杰西卡离开 （X）[2] 公寓去 （她） 姐姐那儿。（她） 去到玛丽家，玛丽和杰西卡出去了。（她们） 那天晚上要去打牌。（她们） 经常去。杰西卡一周去 4 或 5 次；（她） 母亲每天都去。当杰西卡离开，（她） 离开了 （我） 和 （X） 婴儿和 （我的） 狗。（X） 婴儿睡在客厅里的一个小床上。 （X） 婴儿睡了整个下午。当 （他） （chL）[3] 醒后， （他） 开始哭。 （我） 想喂 （他），所以 （我） 按包装盒上的说明将谷物和配方奶粉混合。 （我） 想是

---

〔1〕 SCAN 技术要求把所有的代词用 "（ ）" 标记起来：我，你，他，她，我们，你们，他们，我的，你的，他的，她的，我们的，他们的。具体见前述 "SCAN" 中关于 "（一）代词" 的内容。

〔2〕 SCAN 技术要求当出现某个代词缺失时，用一个 "X"，并用 "（ ）" 标记起来，表明缺失的是一个代词。具体见前述 "SCAN" 中关于 "（一）代词" 的内容。

〔3〕 chL 是 change of Language 的缩写，（chL）表明此处出现了代词相关的用语变化。SCAN 技术认为，如果陈述中出现用语变化，而事实上并没有本质的变化，则是欺骗的表征。如陈述开始时使用 "婴儿" 这一称呼，此处陈述者却使用 "他" 来指代同一名婴儿（事实上指代对象并没有变），就属于用语变化，SCAN 技术认为这是欺骗的表征。

格柏燕麦片。（我）还加了1或2匙美赞臣，用温水混合。（我）用塑料勺子测量的，（我）每天都用它。有朋友告诉过（我）喂（X）婴儿（chL）要用配方奶粉和谷物。当（我们）用奶瓶喂（他）（chL）时，（他）会每15分钟醒来一次，所以（我）决定那天开始喂（他）谷物和配方奶粉。我把混合物（chL）放在婴儿用的塑料盘子里；你可以加入热水以保持食物温度。然后（我）拿着谷物（chL）到客厅。（我）抱起（X）婴儿（chL）坐在（我）平常坐的椅子上。（我）后来站起来，换了另一个椅子坐下。那个椅子的扶手较高，很难喂（X）婴儿（chL）。（X）婴儿在（我的）腿上，（我的）左臂托着（他的）（chL）头和（X）后颈。谷物放在椅子的右边扶手上。（我）开始用左手喂（X）婴儿（chL）。（我）几乎把所有的食物（chL）喂到了（X）婴儿的嘴里。有4盎司的配方奶粉和1或2匙的燕麦片。（我）想花了约20分钟将它喂给了（X）婴儿。（我）弄撒了一些谷物（chL），弄到了（X）婴儿的衣服和（他的）嘴上。这椅子真的搞得（我）手忙脚乱。（我）以前从来没有说过这椅子搞得（我）手忙脚乱。（我）曾拿过来一张纸巾。（我）想是在（我）拿着食物到客厅后拿来的，并把它放在椅子扶手上。（我）当时返回饭厅拿了纸巾。（我）把一张纸巾放在椅子旁边的一个凳子上。（我）必须保证能拿到毛巾（chL）来擦拭（他的）（chL）脸和衣服。每当（我）擦到（他的）嘴时，（他）都会哭。第三次和第五次喂（他）的时候，（我）都弄到了（他）身上。I（对事件本身开始陈述）（我）一直都在清理（他），但（他）还是在哭。（我）一直在为（他）做真正的清洁。毛巾上沾满了谷物，变得越来越湿，也变得越来越小。你必须不断调整毛巾，让干净的地方漏出来。当（我）给（他）擦嘴时（他）一直在哭。不知何故，当（我）清理完时，（我）把毛巾扔进了（他的）嘴里。（我）试图用（我的）手指将它弄出来，但（我）却是在将（它）推得更远（chL）。（我）可能把（我的）手指放进去了4或5次，但（"但"，取消了后面的信息）（我）不能将他弄出来。I（结束事件本身的陈述）然后（我）离开了椅子，尝试着用其他的方法。（我）站起来，把（他）翻过来。（我）用（我的）手托着（他的）胸。然后（我）在（他的）背上拍打（他），并轻轻地挤压（他的）腹部。（我）没有使劲挤压因为（他）是一个小婴儿。（我）无法把它弄出来，所以（我）带着（X）宝宝跑下楼（chL）。（我）打开门去杰西卡母亲的公寓。（他们）都待在那里：玛丽·史密斯夫人（杰西卡的母亲）和杰西卡的父亲，（她）哥哥及（他）女友——特里·琼斯。（我）想（我）说过（X）婴儿吃了一张纸（chL）卡住了（他的）喉咙（chL）。（我）想（我）把（X）婴儿交给了杰西卡的母亲。（X）婴儿死在了沙发上，无论比利做任何（他们）告诉（他）的挽救措施。有些女士不断地告诉（chL）（我们）要拍打婴儿，用手肘拍打（X）婴儿的后背，并挤压（X）婴儿。约5分钟后救护人员来了。（我）想有3或4名救护人员。（他们）一定是将（X）婴儿从沙发上抱走，并将（他）放在桌子上。（他们）打开了一包东西，并打开手电筒察看（他的）喉咙。（他们）终于将它（chL）取了出来，并与镊子一起放在餐厅的桌子上。它非常血腥和脏乱，所以（我）把它扔进了离餐桌最近的垃圾桶里了。它正好在一个书桌下面。（他们）后来在警察局里向（我）出示了它，它沾满着香烟灰。（我）没有看到任何人取出它，（我）只是想指出，它之所以沾满香烟灰是因为那个垃圾桶总是充满了香烟灰。（没有人）告诉过（我）有什么黑色东西在毛巾（chL）上，所以（我）只是这么理解。（我）没有将它从垃圾桶中取出，（我）不知道是谁做的。当（他们）正要（我）去楼上拿（我的）外套并下来，在（我）还没下到一半台阶时，（他们）正要离开。如果（我）愿意的话（我）会和（他们）一起走，但是（"但是"取消了随后的信息）（我）想去找杰西卡。（我）没有什么可以为吉米（chL）做的，当（他）在医院时只能祈祷。（我）返回楼上为杰西卡和（我自己）找了一些香烟。（她）在医院可能需要香烟。然后（我）离开，来到了打牌大厅。（我）找杰西卡，但（她）不在哪里。（我）于是去找了杰西卡的妹妹，问玛丽的男友，杰西卡在那里。（他）告诉（我），（她）在打牌大厅里。（我）回到打牌大厅，杰西卡在那里。（我）示意让（她）到（我）这里来。（我）告诉（她）（X）婴儿（chL）在医院。（我）不确定（她）当时做了什么。（我）不记得（她）是否回去告诉玛丽或是否拿了（她的）外套，用了大概 20 分钟从打牌大厅步行到了威廉斯波特医院。

　　在分析这一实案陈述时，首先要注意的是犯罪嫌疑人一开始就说，"（我）想说大约是下午 2：00，杰西卡离开公寓去她姐姐那儿。（她）去到玛丽家，玛丽和杰西卡出去了。（她们）那天晚上要去打牌，（她们）经常去，杰西卡一周去 4 或 5 次；（她）母亲每天都去。当杰西卡离开，（她）离开了我和婴儿和（我的）狗"。

　　萨皮尔报告说，在凶杀案中，嫌疑人在第一句话中使用"离开"一词与欺骗之间有着高相关。如前所述，这也许是因为她通常留下嫌疑人与受害人单独在一起，给予了犯罪人实施犯罪的机会。

　　因为嫌疑人没有说杰西卡（他的妻子）是谁，用萨皮尔的说法，没有使用"适当的'社交介绍'"，根据 SCAN 技术分析，它表明一种有问题的人际关系。犯罪嫌疑人给出的陈述的一开始，是与打牌有关的非重要信息，这也大大增加了最后判断此陈述为欺骗陈述的机会，而非重要的信息（打牌）对嫌疑人和陈述本身则非常重要。

　　犯罪嫌疑人使用所有格代词"我的"来指代狗，却在谈到他的儿子时没有使用这一所有格代词（只说"婴儿"），这使得陈述显得更有问题。

在分析陈述并进行了访谈后，犯罪嫌疑人被告知他所说不属实。他后来承认，他的孩子使得他与妻子之间的关系出现了问题，他们（婴儿和妻子）从来没有联系。她总是离开去打牌，留下他独自在家照顾婴儿。因此他决定杀了婴儿。

第八章

仪器测谎——Polygraph

虽然利用观察对方的行为或者陈述的内容来识别谎言是我们古老的识别谎言的方法，同时也是我们最常使用的方法，但是一直以来人们都非常热衷于找到一个简单有效的自动识别仪器来测谎。直到 1921 年 Larson 发明了第一台 Polygraph 测谎仪，这样的探索终于有了成功的希望。虽然 Polygraph 饱受质疑，但无可否认的是，它已经取得了部分成功，已经成为不少国家常规性的测谎工具。而 Polygraph 测谎仪所采用的三种主要生理指标也已经基本固定下来，它们分别是呼吸、血压（或脉搏）以及皮电。

测谎的生理指标[1]

此 Polygraph 测谎仪出现之初，主要是在早期利用脉搏指标的基础上，开发出了血压指标。例如 Marston 的测谎仪主要测试的就是被测者的心血压。

James Mackenzie，一名英国的临床医生以及心血管专家于 1892

[1]　关于 Polygraph 测谎仪生理指标的部分内容（主要是早期的研究发现），我们在前面的历史回顾中已经有所涉及，本章节主要在前面内容的基础上加以补充和详细化，特别是针对近几十年的发展情况。

年发明了"临床多导生理记录器（clinical polygraph）"，这一仪器可以以每秒15次的速度通过墨水笔在纸带上进行记录，如下图8 – 1所示：

图8－1　Mackenzie 的临床多导生理记录器[1]

1914 年～1919 年，Benussi 由莱比锡大学转往维也纳大学任教，随后接受了意大利 Padua 大学的邀请前去任教。1913 年，Benussi 发表了一篇文章，报告了他对说谎时呼吸特征的实验过程与观察结果。他所使用的记录呼吸的仪器为 Marey 呼吸描记器（Pneumograph），如下图 8 – 2 所示：

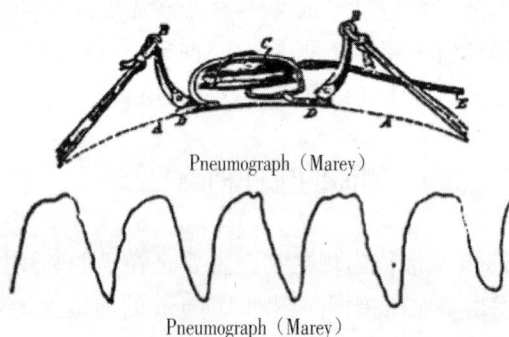

Pneumograph（Marey）

Pneumograph（Marey）

图8－2　Benussi 所使用的呼吸描记器及其所记录的图谱[2]

---

〔1〕　来自 Norman Ansley, Courtesy of the American Polygraph Association, Photo by W. D. Haman, Assistant Curator, Oxford Museum of History and Science.

〔2〕　来自 Norman Ansley, Courtesy of the American Polygraph Association.

注：Marey 是当时著名的生理仪器制造商之一。这台仪器带有一只 12cm 长的笔，可以同步在滑动的纸上记录呼吸图谱，如上图中的下部曲线所示。上升的曲线反映了被试的吸气过程（inspiration），而下降部分记录的是呼气过程（expiration）。

Benussi 的研究发现，利用呼吸描记器（Pheumograph）观测到的数据，结合数理统计方法可以进行"测谎"。因为当人们说谎时，吸气与呼气的比率（inspiration – expiration ratio）会发生规律性的改变。后人将此比率称为"本努西比率（Benussi Ratio）"（Herbold – Wootten，1989；Larson，1932）。根据 Benussi 的报告，利用呼吸特征进行实验室模拟测谎的结果十分理想，只出现了两例错误，一例为有罪者，另一例为无辜者。Benussi 对此结果进行了讨论，认为是被试使用了反测谎（countermeasure）对策控制自己的呼吸而导致测谎失败。

除此以外，Benussi 还将测量心率（heart rate）和血压（blood pressure）与呼吸结合起来测谎，如下图 8 – 3 所示：

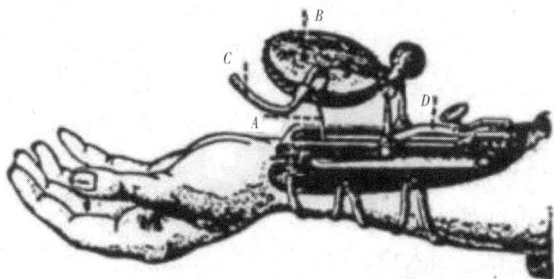

图 8 – 3　可同时记录心率、血压和呼吸的仪器[1]

Benussi 还通过数理统计方法对数据进行进一步分析，提出了识别谎言的更为具体的心理生理指标评分公式。Benussi 发现，当人们说谎时，吸气与呼气的比率（inspiration – expiration ratio）会

_____

[1]　来自 Norman Ansley, Courtesy of the American Polygraph Association.

发生规律性的改变（Benussi，1914）。

一般来说，呼吸描记器连续记录到的被试呼吸图谱都类似于下图所示，是一条连续的有规律变化的曲线。曲线中上升的部分反映了被试的吸气过程（inspiration），而下降部分记录的则是被试的呼气过程（expiration），如下图 8 - 4 所示。

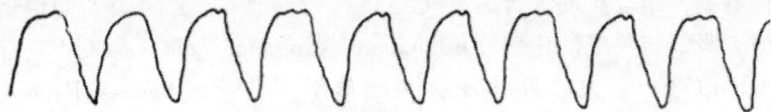

图 8 - 4　呼吸描记器记录的呼吸曲线

Benussi 通过长期的观察认为，正常情况下，相邻的一次上升和一次下降曲线中（代表一次完整呼吸过程），上升曲线轨迹（tracing）的长度是下降曲线轨迹长度的 3/5。也就是说，在正常情况下，个体一次完整的呼吸过程中，吸气过程占 3/8，呼气过程则占 5/8，吸气与呼气过程的比值为 3∶5。Benussi 将此比值称为呼吸比率（inspiration - expiration ratio，简称 I∶E Ratio），而后人则将此称为"本努西比率（Benussi Ratio）"（Herbold - Wootten，1989[1]；Larson，1932）。

此外，Benussi 还发现，所谓 3∶5 的呼吸比率值会伴随情绪的波动而发生变化，当人说谎时，吸气过程会减少，而呼气过程会增加，从而导致整个比率值变小。也就是说，当人说实话时（情绪正常），I∶E Ratio 是 3∶5，当他说谎时（情绪波动），I∶E Ratio 可能就变成 1∶3。

后来 Arther 运用两个呼吸记录仪进行实验，发现胸呼吸和腹呼

----

〔1〕　关于 Polygraph 测谎仪生理指标的部分内容（主要是早期的研究发现），我们在前面的历史回顾中已经有所涉及，本章节主要在前面内容的基础上加以补充和详细化，特别是针对近几十年的发展情况。

吸之间有差异，大约每次相差 33%。因此，在 1958 年 Arther 对呼吸指标进一步细化，将 Benussi 发明的一个呼吸通道改进为两道，分别记录胸部呼吸和腹部呼吸。

随着 20 世纪 70 年代兴起的电子计算机普及运动，机械式的测谎仪也开始计算机化，但核心技术以及主要心理生理指标并没有太多改变。计算机技术只是将采集到的各项心理生理指标以图谱的形式直接呈现到计算机屏幕上，取代了过去通过机械式热笔描记在纸上的方式。当然计算机强大的存储和计算功能，可以实现图谱回放和自动评分功能。

在 20 世纪 80 年代末，Kircher 和 Raskin（1988）博士开发了计算机化测谎系统（Computerized Polygraph System，CPS）。CPS 不仅包括收集和即时呈现各项测谎心理生理指标的功能，更为突出的是，它具有自动诊断功能，可以直接给出一个被试说谎的概率值。Kircher 和 Raskin（1988）指出：初步的结论证明计算机化的自动诊断的准确性与专家诊断能达到同一水平[1]。同时值得一提的是，在 Kircher 和 Raskin（1988）的研究中，他们增加了一个新的测谎心理生理指标——指脉容量（finger pulse amplitude，FPA），通过测量手指的动脉容量变化来测谎。1999 年 Podlesny 和 Kircher[2] 又将这一指标改进为 Finapres（Finger Arterial Pressure）。虽然他们都证实：通过"指脉"测谎的正确性与传统血压指标的测谎效果并无太大差异，但目前此项指标也只是参考，并不纳入评分系统。

到了 2001 年，北美制造 Polygraph 测谎仪的三大公司（Lafayette、Stoelting、Axciton）基本已经完全将传统机械的测谎仪转化为计算机化的测谎仪。三大公司都使用同一软件平台，即 Kircher

---

〔1〕　Kircher J. C., Raskin D. C., "Human versus computerized evaluations of polygraph data in a laboratory setting", *Journal of Applied Psychology*, 1988, 73, pp. 291~302.

〔2〕　John A. Podlesny & John C. Kircher, "The Finapres（Volume Clamp）Recording Method in Psychophysiological Detection of Deception Examinations: Experimental Comparison With the Cardiograph Method", *Forensic Science Communication*, 1（3）, pp. 1~17.

和 Raskin 开发的 CPS 系统，并增加可用来识别反测谎行为的工作指标——记录身体动作传感器。

另外，在 Polygraph 不断被改进的同时，一些研究者将测谎的指标放在其他方向上。1970 年美国 Dektor CI/S Inc.（Dektor Counterintelligence & Security Inc.）研制发展了声音压力测谎仪（Psychological Stress Evaluation），主要分析人说话声频在频率范围 8～12Hz 间的变化情形。1996 年来自美国国防部测谎机构的 Victor 博士发展出计算机化声纹测谎仪 CVSA（Computer Voice Stress Analyzer），可依据被测者说话的声纹变化情形分析其是否说谎。

从 20 世纪 90 年代开始，陆续有学者将新进的认知神经技术应用于测谎领域，目前已经有关于利用 fMRI 和 ERP 测谎的报告。

近年来，因为全球反恐形势的严峻，美国宾夕法尼亚州大学正尝试着研制一种新型红外线测谎仪。该仪器透过一个套在头上的带状装置发射和探测红外线，"观察"被测者的脑部血流变化，从而鉴定被测者是否在说谎。这种非接触式且快速的测谎技术非常符合机场等场所的测谎筛查要求。

反测试（反测谎）

当我们对测谎技术进行研究时，很多时候我们都假设的是被测者在测试中都按照测谎人员的要求去做。很显然，实际情况并不总是这样。有时候，被测者为了避免被暴露会想尽各种方法来"打败"测谎仪。用于达到这一目的的方法称为"反测试（反测谎）"。

所谓"反测试（countermeasure）"一般是指误导观察者的所有方法，而其在测谎领域则被定义为要造成漏报（false negative）结果的企图或者干扰测谎正确性的方法。2002 年，Honts 和 Amato[1] 更是将"反测试"范畴进一步扩大，将其定义为"任何想改变测谎

---

〔1〕 Honts, C. R. & Amato, S. L., *Countermeasures*, in M. Kleiner's（ed.），Handbook of Polygraph Testing, London：Academic Press, 2002, pp. 151～264.

结果的做法（Countermeasures are everything the examinee does in trying to alter the polygraph test outcome）"。可见，反测试的方式方法是非常多的，为了提高对其认识的有效性，Krapohl（1996）[1] 对心理生理测谎的反测试行为以及有效方法进行了富有价值的分类工作。主要分为以下三大类：

药物反测试（pharmacological countermeasures）：被试通过服用药物或酒精改变某项生理指标或整个唤醒水平来反测试。

心理反测试（mental countermeasures）：被试通过对注意、记忆、情绪、认知或唤醒水平的自我操作来试图影响测谎仪记录的生理数据。例如上述 Honts、Raskin 和 Kircher（1994）的研究中所采用的心理反测试方法就是让被试在测试过程中从 7 开始倒数，以此达到减少被试对问题本身的注意水平的目的。

身体反测试（physical countermeasures）：被试通过身体动作来试图影响测谎仪记录的生理数据。例如控制呼吸，坐立不安，等等。这些身体反测试是直接通过动作来影响生理指标的，因此又称为行为反测试（behavior countermeasures）。与此相对应，在身体反测试中还有一种亚类型，被试是通过身体动作影响心理状态，从而再影响到生理状态，这就是疼痛反测试，例如咬舌尖、绷脚（用脚趾抵压地面）。Honts、Raskin 和 Kircher（1994）的研究中所采用的身体反测试方法就是让被试在测试过程中咬舌尖或者用脚趾抵压地面。但是身体反测试的缺点也很明显，被试的动作很容易被发现。上述研究中被发现的 12% 的反测试者都是那些使用身体反测试方法的。

如果这样的反测试技术被证明是有效的，那么可能对 Polygraph 技术产生很大的影响，因为它表明 Polygraph 技术是无效的，

---

[1] Krapohl, D. J., "A Taxonomy of Polygraph Countermeasures", *Polygraph*, 1996, 25 (1), pp. 35~56.

并不符合"科学性"。

加拿大学者 Mike Stephenson 和 Glenn Barry (1988) 曾对行为反测试（身体反测试）进行了详尽的研究。他们考察了 20 名被试，发现这些被试一共使用了 36 种身体反测试方法，包括将脚抵住地板、卷曲脚趾、僵直手臂、按压手掌、按压皮电传感器、用手肘抵住椅子扶手，等等。

Reid 和 Inbau (1977) 似乎并不关心反测试的影响。他们认为在很大程度上反测试是不可能成功的，因为一名受过适当训练的测试人员会注意到被测者正试图愚弄自己。但是，一些研究已经表明，训练反测试可能会非常有效地打败 Polygraph (Ben – Shakhar & Dolev, 1996; Elaad, 1987, 见 Ben – Shakhar & Furedy, 1990; Honts, Devitt, Winbush & Kircher, 1996; Honts, Hodes & Raskin, 1985; Honts, Raskin & Kircher, 1994)。在 Honts、Raskin 和 Kircher 1994 年进行的研究中，首先被试接受了 30 分钟的训练，学会使用身体反测试（咬舌尖或者用脚趾抵压地面）或心理反测试（从 7 开始倒数）。训练以后他们接受了由一名经验丰富的测谎人员实施的 Polygraph 测谎。结果发现，心理的和身体的反测试一样有效，每种反测试方法都能使大约 50% 的被试打败 Polygraph。而这名测试人员（他在 Polygraph 方面很有经验）只识别出 12% 的使用身体反测试的被试。此外，所有使用心理反测试的被试都没有表现出能引起测试人员怀疑的行为或生理反应。这些研究结果有力地反驳了 Reid 和 Inbau 的观点，即认为有经验的测试人员能够发现被测者使用了反测试的说法。

反－反测试

不过，针对反测试，特别是身体反测试（行为反测试），如绷脚（用脚趾抵压地面）等，Reid 还发明了动作传感器——测谎椅（polygraph chart）来记录动作变化。这种动作传感器（测谎椅）的主要原理是：当被测者绷脚（用脚趾抵压地面）或者有其他身体动作变化时，坐在椅子上的压力就会变化，动作传感器就是通过记录这样的变化来识别反测试。Lykken（1981）承认这一方法对于那些有经验的测谎人员来说是比较有效的，但是对于有一些反测谎动作，这一方法似乎行之无效。例如，他举例说，被试咬自己的舌尖，Reid 的测谎椅则无法发觉。Lykken（1981）还指出："如果测谎人员事先知道被试会进行反测谎行为以及使用反测谎的方法，则被试很难打败测谎仪。"

Stanley Abrams 和 Michael Davidson（1988）则进行了一项研究来评估身体反测谎的效果，并进一步考察了动作传感器（测谎椅）在反－反测试（即对抗反测谎）方面的效力。在这一研究中所使用的动作反测谎方法包括：咬舌尖、僵直下巴、将脚抵住图钉、绷紧臀部。研究结果发现，每一种反测谎方法都至少可以影响一项生理指标（皮电、呼吸或脉搏）。而且，如果排除那些明显的外部动作线索（例如上身的运动），测谎人员只能觉察到这些反测谎动作的 12%，而加上外部线索以及图谱上的异常变化（例如曲线没有任何变化，这可能是被试抑制生理反应的结果）这些参考因素，测谎人员最多可以识别出 40% 的反测谎行为。但是，如果借助了动作传感器，对反测谎行为的识别率则能达到 92%。因此，Stanley Abrams 和 Michael Davidson 强烈建议使用动作传感器，同时也承认了反测谎行为对测谎结果的影响甚大。一些其他研究也发现，在那些报告说得到较高测谎准确率的研究中，绝大部分被试是没有使用反测谎措施的（Patrick and Iacono，1987；OTA，1983）。

Honts、Raskin 和 Kircher 在 1987 年还报告说，在腓肠肌（gastrocnemius muscle）和颞肌（temporalis muscle）上戴上电极，能正确地识别 90% 的使用反测试者。

而对于心理反测谎，例如数绵羊或者倒数（很显然是默数而不是出声的），人们也提出了一些反－反测试的对策。当被测者使用心理反测试时，会导致他们不关心测试问题。这时候可以采取一些方法强迫被测者要去听和加工那些问题，例如停下来或者测后询问一些题目的具体内容。

此外，我们还要意识到，在现实生活中进行反测试是很困难的，因为很多反测试方法只能在实验室而不能在现场环境中进行。因此，以上实验室研究发现的反测试的成功率在实验室以外不可能一样高。例如，在真实杀人案件调查中，被测者针对提问的细节有选择地进行反测试，例如当出现与案件细节符合的问题时采用反测试措施。那么，这将导致他能很准确地，甚至比侦查人员还准确地依据案情回答问题。而无罪的嫌疑犯则不能系统地使用反测试，即使他们希望如此，因为他们不知道哪个选项是正确的，哪个选项是错误的（Lykken，1998）。所以反测试不是帮助有罪者打败测谎仪，反而使其"不打自招"。

精神病患与 Polygraph 测谎

在这里所说的精神病患（Psychopath）并不是指医学上的心理障碍者，而是特指一类人，他们从精神病鉴定上会被诊断为"具有精神疾病"，其中往往可能是反社会人格障碍的问题。在司法上，这些人虽然只占整个司法人口（Forensic Population）的极少一部分，但是他们可能作了所有犯罪行为中最严重的那些罪行。在有些时候，他们被称为"反社会人格"罪犯。

我们可以推论，识别一名精神病患者的谎言对 Polygraph 测谎仪来说是困难的，因为只有被测者在说谎时出现唤醒，谎言才能被测谎仪识别。正如在本书的前面所指出的，测谎的理论基础包括了唤醒、负罪感、恐惧等。精神病患者在面对一般的危险或者特殊的惩罚时出现的焦虑没有正常人那样高（Lykken，1998）。因此有可能精神病患者在说谎的时候不会被唤醒，不会恐惧或者没有负罪感，这使得识别他们的谎言变得不可能。

Raskin 和 Hare（1978）的研究表明，使用 Polygraph 测谎仪，精神病患者和非精神病患者具有同样的可识别性，这或许有点令人吃惊。但是，在这样的研究基础上下结论未免太早，特别是当这个研究还受着批评的时候（Lykken，1998）。为了激励这一研究的被测者，规定那些打败测谎测试的人可以得到 20 美元的奖励。虽然这一个奖可能会激励被测者，引起唤醒，但它更可能产生欺骗高兴而不是恐惧或负罪感。这可以解释为什么研究中没有发现精神病患者和非精神病患者之间的差异。虽然一名精神病患者是比正常人对处罚较少焦虑，但是没有理由认为精神病患者会对胜利较少感兴趣。为了调查精神病患者和非精神病患者之间的差异，应该进行那些被测者面对处罚而不是激励的测试。这样的测试尚未进行过。因此在犯罪调查中，精神病患者是否比正常人更有能力打败 Polygraph 仍不清楚，但确实有许多从事 Polygraph 测谎实务的测谎人员反映精神病患测谎确实比较困难。在美国测谎学会（APA）1996 年介绍 Polygraph 技术的文献《Polygraph 测谎技术的问与答（*Polygraph: Issues and Answers*)》[1] 中，有着这么一句，即支持者宣称该项技术的准确率高达 90%，然而称此项技术一无是处的研究者则强调说，最危险的精神病患、骗子和间谍就恰恰存在于另外的 10% 里面。

〔1〕 Severna Park, *Polygraph: Issues and answers*, MD: American Polygraph Association, 1996.

第九章

Polygraph 测谎的实施

在拥有了稳定可靠的仪器以及掌握了基本提问技术以后，并不意味着仪器测谎活动就可以有效进行了，因为作为一门应用前景非常广泛的技术来说，一套统一的实施程序是必要的。特别对于那些急切想给予测谎技术"科学"光环的研究者们来说，测谎实施程序的"标准化"的要求必须达到。而在我们看来，对于刑事司法背景下的测谎技术而言，这样的目标既非必要也无法真正达到。因为"犯罪"首先是一个社会现象，任何想要用单纯的自然科学方法解释或管理犯罪问题的想法都是不切实际的。当然，这并不是反对"标准化"，而是主张测谎技术的测试程序应该考虑在司法实务应用中的可操作性和灵活性的结合。

Polygraph 测谎的测试程序

Yankee（1995）[1] 认为，在目前司法背景下，一个典型的司法心理生理测谎测试（forensic psychophysiological detection of decep-

---

〔1〕 Yankee, W. J., "The current status of research in forensic psychophysiology and its application in the psychophysiological detection of deception", *Journal of Forensic Sciences*, 1995, 40 (1), pp. 63 ~ 68.

tion examination）程序一般包括五个阶段（phases）：

1. 测前访谈阶段（the pre test interview phase）
2. 实测或图谱采集阶段（the actual examination or chart collection phase）
3. 测试数据分析阶段（the test data analysis phase）
4. 诊断阶段（the diagnostic phase）
5. 测后访谈阶段（the post test interview phase）

1928 年，美国学者 Juns 提出在测谎时，随着测试次数的增加，心理生理指标的反应会逐渐降低，并指出这是由于疲劳效应造成的。也就是说，随着长时间测试的进行，被试处于疲劳状态，其生理的反应会越来越弱。因此，Juns 提出在测谎测试中应注意被试的疲劳指标，在每次完整的测试中，同一套题测试的次数最好能控制在 3 次左右，而且每一套测试题目的时间不要超过 25 分钟。因此，针对一名被试进行测谎测试，整个测试时间都一般控制在 90 分钟以内。

但是，根据我国学者武伯欣（2003）所总结，至少在刑事司法背景下，对真实案件进行测谎测试，需要对案件进行较为详尽的了解。因此，在上述的典型测试程序正式实施之前，至少有两项工作需要测试人员先行进行，即“案情分析”和“编题”。因此一项测谎测试程序，至少针对真实案件的测试程序远非 90 分钟内就能完成。

测前访谈阶段

也许对于许多人而言，测前访谈阶段会被看成是测谎的准备阶段而有所忽视。但事实上，这一阶段的重要性并不亚于其他阶段。特别是在某些特定的测谎方法主张下，这一阶段能占整个测试时间的一半，其重要性可见一斑。从目前的统计结果来看，根据测试方法的不同，测前访谈所需要的实际时间为 30～120 分钟不等，有时甚至更长（Krapohl and Sturm，2002[1]）。测前访谈阶段之所以不能草率待之，是因为在这一阶段，测试人员至少要完成以下几项任务：

1. 绝大多数被试是第一次接受测谎测试，因此需要让被试了解整个测谎过程中要发生的事情，以及他需要如何配合完成测试。

2. 让被试知道他拥有选择接受或拒绝测谎的权利，如果同意接受测谎，需要被试签下知情同意书。

3. 向被试介绍他将接受的测谎测试的基本原理，尽量让其相信测试是准确公正的，因为这至少可以稳定无辜者的紧张情绪，从而有利于测试人员最后作出准确结论。

4. 询问被试的身体状况，确认其没有病痛、没有服用药物和饮酒、没有饥饿感和疲劳感。

5. 让被试陈述（不是讨论）自己对此次测谎所涉及的案件（或事件）的了解和看法，让他意识到此次测谎的焦点所在。

6. 确定最后要正式提问的问题。对于有经验的或者接受过良好培训的测试人员来说，在详细了解所要测试的案件之后，测前访谈阶段之前往往已经将本次测谎的问题大体编制出来了。而在本阶段主要是对问题的细节进行确认，以保证问题不会因为信息错误而成为无效、甚至干扰问题。

7. 最后询问被试是否准备好接受测试，并告知被试如果在这个阶段主动认罪，将比被测谎测试认定有罪更有利于自己。

为了使上述工作顺利完成，很多测试人员会在这一阶段进行一

---

〔1〕 D. Krapohl, S. Sturm, "Terminology Reference for the Science of Psychophysiological Detection of Deception", *Polygraph*, 2002, 31（3）, pp. 154～239.

个预试，并冠之以专业术语——激励测试（Stimulation Test 或 Stim Test）。这种预试的经典场景往往是测试人员让被试从"1"到"10"这 10 个数字中任选一个数字，并写在卡片上。例如被试选了数字"6"，写在卡片上并出示给测试人员看。这样，被试和测试人员都知道，被试所写下的数字为"6"。然后测试人员对被试进行测谎测试，向被试提问："你刚才所写的数字是 1 吗？"10 个数字都被一一问到，并要求被试对所有的问题都回答"不是"。测试结束后，邀请被试一起查看被试对每个问题的反应图谱，并向其指出当被试对问题"你刚才所写的数字是 6 吗？"回答"不是"时就是在说谎。而对其他题目的回答"不是"时则没有说谎。

因此，在此题上的心理生理反应图谱与其他问题的图谱相比，有很大的不同。在一部分测谎人士看来，通过这样的预试一方面可以使得被试了解和熟悉测谎测试的程序以便更好地配合［因此激励测试又被称为熟悉测试（acquaintance test）］，而另一方面也使得被试深信测谎技术的准确性。

不过要达到上述效果的前提是：测试图谱上对"6"的反应确实要显著有别于在其他数字上的反应。但实际上，并不是所有的预试图谱都可以达到这种要求。为了弥补这一不足，测试人员往往会通过技术修改，将那些看起来差异并不明显的图谱变得明显。这种激励测试还有其他变体形式，但为了保证预试结果百分百的准确，都无一例外地会使用与"欺骗行为"极其类似的测试技巧，这备受反对者的抨击。

除了上述作用之外，激励测试还有一个作用，可以建立被试诚实回答和说谎时的心理生理反应水平。因为激励测试的基础真实标准（ground truth criterion）很容易建立——测试人员知道被试刚才所写的具体数字，所以能确切地知道他在每个问题上是否在说谎。

提问实测阶段

测谎测试要求两名测谎人员配合，一人负责提问，另一人操作计算机。提问要求声音洪亮，有节奏，不能带有任何倾向性，也不能有任何暗示，同时根据反应强度选择适当的增益，要注意被测在整个测试中的反应。测试房间面积不宜过大或过小，一般在 8～12 平方米左右。房间应尽量采用白色、淡蓝色等无刺激、令人舒适的颜色，光线应柔和，防止噪音。旁听人员不宜过多。

在确定测试问题和被试都已准备就绪后，测试人员会要求被试佩戴上 Polygraph 的传导组件[1]坐在椅子上，保持舒适和平静的状态，开始正式测试阶段，也就是提问实测阶段。这一阶段的主要工作就是测试人员将编制好的问题依特定顺序向被试提问，被试对每个问题作出"是"或"不是"的简短回答。在整个实测过程中，Polygraph 持续、实时地采集被试的各项心理生理指标数据。提问实测阶段是一个比较标准的心理测量（psychometric test）过程，因此在普通心理测量活动中所存在的问题也会出现在这一阶段，需要一一解决。

一、疲劳效应和练习效应

为了避免疲劳效应和练习效应这两种效应出现，测谎测试的理想状态应尽量简短，但为了保证结论的可靠性，我们又需要反复测量以获得更接近真值的平均值。因此为了同时满足以上要求，针对每名被试的一个完整实测阶段一般持续时间不会太长，并且分 3 个子阶段完成。在每个子阶段，测试人员将准备好的问题依次向被试提问一遍。每个问题只重复 3 遍，这最大可能地减少了练习效应的影响。另外，子阶段之间会安排一个短暂的休息时间，以克服疲劳效应。

二、顺序效应

为了消除顺序效应，按照传统心理测量学的方法，每一遍提问的顺序应该是随机变化的。但是在测谎测试中，并没有明确地要求提问顺序随机化。因为顺序效应实际上可以作为测谎的一个考察指标。一般情况下，只有有罪者才会对某个问题非常在意，经过一遍

---

[1] 用于采集心理生理测谎所需要的各项生理指标数据。

或两遍同样顺序的提问以后将会记住这一问题的出现位置。而当这个问题即将再次出现时，被试会出现期待效应，这可以作为其有罪的一个判断依据。

三、习惯化问题

由于 Polygraph 测谎采集的是个体的心理生理反应，且同一刺激（即同一个问题）会重复出现，这就会带来"习惯化（habituation）"问题。所谓"习惯化"是指当一个刺激重复地出现，使个体对它逐渐熟悉后，对它的反应就会降低。这是人类演化过程中形成的机制，它使得人类可以集中精力去关注新的可能是危险的信号。因为大脑的资源是有限的，如果能减少对熟悉物体的注意力，我们就可以有更多的资源去注意新的刺激，增加我们生存的概率。

对于 Polygraph 测谎中可能会出现的习惯化问题，Veraguth 早在 1906 年就已指出：对于关键单词而言，第一次出现时引起被试的皮电变化要大于这一关键单词以后出现时的皮电变化。而 Backster（1962）则提出在提问顺序中，每个相关问题都紧挨着一个对照问题，并提出应在比较相邻的相关问题和对照问题的基础上做出判断，以尽量克服习惯化的影响。已有不少研究证明，同样的问题向被试重复多次提问后，其准确率会降低（Balloun & Holmes，1978；Lieblich，Naftali，Shmueli & Kugelmass，1974；Orne，Thackray & Paskewitz，1972）。

诊断阶段

通过实测阶段采集到被试的心理生理反应变化数据以后，测试人员依据一定的评分方法进行评分（scoring），最后做出被试是否有罪的判断结果。

一、诊断结论

在测谎实测或图谱采集阶段（the actual examination or chart collection phase），以及随后的测试数据分析阶段（the test date analysis phase），测试人员会对采集到的图谱进行即时或事后的分析，最终对被试是否"说谎"做出一个判断结论。

在这里我们要特别指出的是，与目前许多心理测试不一样，Polygraph 测谎遵循的一个基本原则是：由于个体差异很大，测谎测试并不是将被试与他人，或者与常模进行比较，而是自己与自己比，即将被试在不同类型问题（即刺激）上的心理生理反应水平进行比较，并据此作出其是否有罪或说谎的结论。所以，测谎测试作出结论的过程更像医学上一个对"病人"作出"是否患病"的诊断过程。此外，随着人类认识水平的提高和统计技术的发展，人们已经意识到，对于测谎测试的"最后结论"不再只是简单地根据事先设定的"一个绝对的分界点（an arbitrary cut – off point）"作出判断的过程，而是通过"风险决策"程序最终作出一个"诊断（Diagnosis）"[1] 的过程。这一诊断结论不外乎以下四种之一：

说谎（Deception Indicated，DI）

诚实（No Deception Indicated，NDI）

无结论（No Opinion，NO）

无法判断（Inconclusive）

其中，DI 还可以表示成为 SPR（Significant Physiological Responses，有显著心理生理反应），NDI 也可表示为 NSPR（No Significant Physiological Responses，无显著心理生理反应）。

另外，在多数情况下，如果各方面测试条件都保证良好，测试

---

〔1〕 目前，美国对于测谎测试作出结论的用语不再是传统的"conclusion"，而更多地使用"diagnosis"这一单词。这一转变，我们认为主要受到统计技术方法以及科技融合趋势的影响。传统信号检测论及其技术在近几十年有了很大的发展，保险精算法等高级统计方法在经济学、医学上的运用为测谎技术带来了崭新的视角和精确的方法——测谎技术更多地面对的是个案（case）而非样本（sample），这一点上更类似于医学中对个体的诊断。此外，根据某个特定 cut – point 简单地作出"是"与"非"的判断，其偶然性和不可靠性不言而喻，我们应考虑基础概率，风险概率，以及置信区间等综合作出判断，因此我认为使用"诊断"一词更能反映这一变化，也更符合"diagnosis"的原意。

人员都可以获得良好的测试图谱，然后通过评分程序得到一个最后的分数。根据已经确定好的划分标准，可以将被试诊断为 DI、NDI 或 NO。所谓 NO 是指所得分数介于说谎和诚实之间，因而不作结论。而 Inconclusive 则是在某些情况下，测试人员对所得到的测试图谱无法评分（例如测试图谱混乱、异常），从而不能对被试作出诊断结论。

二、基础事实

由此可见，经过一个完整的 Polygraph 测谎测试后，测试人员最后能给出的"确定的"、"有价值的"诊断结论实际上只有两种：说谎（DI）或诚实（NDI）。而与之相对应的是，这名被试事实上也分属于两类人：真正犯罪者或者真正无辜者。

需要特别指出的是，在刑事司法背景下，要确定被调查者是否为真正的犯罪者有时候是非常困难的，有可能永远都无法知道案件真相和真正作案人。因此，正如前面所提到的，我们需要建立一个基础真实标准（ground truth criterion），例如以人证、物证或法庭判决作为基础真实标准，或者综合以上各种资料建立标准。如前述 Marston 在 1921 年进行的一项测谎效度的现场研究（field study）中，被告是否真正有罪是综合供词、法庭审判过程等综合作出最后的判断。虽然在一些情况下，以这一标准建立的基础真实（ground truth）并不符合真正的事实，但这是我们尽最大可能所能达到的"事实"，我们将它定义为"真实"。

由此，我们一方面可以根据确定的"诊断结论"将被试分为"说谎（DI）"和"诚实（NDI）"；另一方面我们又可以根据"基础真实"将被试分为"事实上的犯罪者"和"事实上的无辜者"。最后，我们可以得到下表：

表9 -1　信号检测论2 ×2 列联表

基础真实

		事实上的犯罪者	事实上的无辜者
诊断结论	说谎	Hits true positives 真阳性	False alarm false positives 假阳性
	诚实	Misses false negatives 假阴性	Correct rejection true negatives 真阴性

三、信号检测论在测谎中的应用

由上表可知，当测试人员针对一名被试作出了"说谎"或"诚实"的诊断结论以后，会出现四种情况：事实上的犯罪者被正确地诊断为说谎，即真阳性（true positive，TP）；事实上的无辜者被错误地诊断为说谎，即假阳性（false posivive，FP）；事实上的犯罪者被错误地诊断为诚实，即假阴性（false negative，FN）；以及事实上的无辜者被正确地诊断为诚实，即真阴性（true negative，TN）。这样的数据形式是典型的信号检测论（Signal Detection Theory，SDT）的研究对象。

信号检测论最早出现于雷达侦测领域，即借助数学方法帮助雷达有效地区别雷达"信号"和"背景噪音"（Leshowitz，1969）[1]。我们从上表中四种结果的早期术语："击中（hits）"、"虚报（false alarm）"、"漏报（misses）"和"正确拒绝（correct rejection）"，就能很容易地发现雷达侦测的应用痕迹。经过二战的强力促进，信号检测论及其相应的技术和方法得到了极大的完善和提升，并在战后逐步扩大到其他应用领域，如医药行业、非损伤性检测、信息检

---

〔1〕 Leshowitz B. ，"Comparison of ROC curves from one – and two – interval rating – scale procedures"，*The Journal of Acoustical Society of America*，1969，46，pp. 399 ~ 402.

索、产品检验、调查研究，以及临床心理学等（*Swets*，1996）[1]。而从 20 世纪 70 年代开始，研究者开始试着将信号检测论引入测谎领域（如 Ben – Shakhar, Lieblich and Kugelmass，1970）[2]。

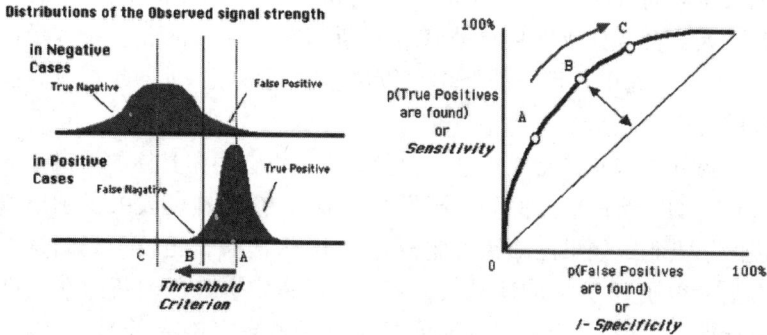

图 9 – 1 信号检测论分析

信号检测论的研究启示我们，测试人员在作出测谎结论的过程中，并不是仅仅依靠其对"说谎"与"诚实"生理指标的辨别能力，还纳入了人为的反应决策。

在刑事司法背景下，测试人员往往会采取"工业质量控制取向（industrial quality – control approach）"。因为一旦无辜者被错误地诊断成有罪者，即出现了虚报（false alarm），就意味着无辜者可能会因为这一测谎结论导致精力和财物的消耗，失去工作、家人、自由，甚至生命，其后果往往是非常严重的。因此，很多测试人员常常抱着"宁愿放过一千，也不能错杀一个"的心态，会提高判断标准（即将标准垂线尽量向右移），牺牲击中率，以尽量避免出现虚报或假阳性。

〔1〕 Swets, J. A. , *Signal detention theory and ROC analysis in psychology and diagnostics*：*Collected papers*，*Mahwah*，NJ：Lawrence Erlbaum Association.

〔2〕 Ben – Shakhar, G. , Lieblich, I. & Kugelmass, S. , "Guilty knowledge technique：Application of signal detection measures", *Journal of Applied Psychology*, 1970, 54, pp. 409 ~ 413.

但这并不是绝对的，在另外一些背景下，测试人员的反应偏见可能完全不同。极端的例子就是在人事筛选背景下。其情景往往是从多位应聘者中筛选出一位职位合适者，这是一个典型"工程失败安全取向（engineering fail - safe approach）"的测谎工作。因此，测试人员会自觉或不自觉地降低判断标准（即将标准垂线尽量向左移），牺牲正确拒绝的概率，以尽量避免漏报（misses）或假阴性的可能性。

另外，即使在相似背景下，测试人员也会根据具体的情景来调整自己的判断标准。例如，同样是面对从 10 名嫌疑人中识别出真正的杀人犯，如果已知杀人犯肯定是 10 人之一，相较不能确认杀人犯是否在 10 人中的情景下，测试人员肯定会降低判断标准（即将标准垂线稍向左移）。这其实就是基础概率（base rate）对判断标准的影响。另外一个例子就是要求测试人员从 2 名嫌疑人或者1000 名嫌疑人中甄别出真正的犯罪人，也就是基础概率分别为50% 和 0.1%。在这两种不同的情景下，测试人员显然会采用完全不同的判断标准（参见 Gastwirth, 1987[1]；Kircher & Raskin, 1987[2]；Murphy, 1987[3]）。

此外，信号检测论的研究也告诉我们，用传统的击中率、正确拒绝率或总体准确率来考察测谎的准确性是不恰当的，应该用更加精确的统计指标——AUC，即为 ROC 曲线下面积（Area Under Curve，简称 AUC，记为 A）。正是因为如此，当今很多考查测谎准确性的研究报告都不再使用准确率来表示，而是改用 AUC 指标。例如前述的国家研究委员会（NRC）在 2003 年发表的题为《测谎仪与测谎技术（The Polygraph and Lie Detection）》的研究报告中使

〔1〕 Gastwirth, J. L. , "The statistical precision of medical screening procedures: Applications to polygraph and AIDS antibody test data", *Statistical Science*, 1987, 2 (3), pp. 213~238.

〔2〕 Kircher, J. C. & Raskin, D. C. , "Comment: Base rates and the statistical precision of polygraph tests in various applications", *Statistical Science*, 1987, 2 (3), pp. 226~238.

〔3〕 Murphy, K. R. , "Detecting infrequent deception", *Journal of Applied Psychology*, 1987, 72 (4), pp. 611~614.

用的就是 AUC。NRC（2003）根据自己的筛选标准，最后选出了 57 项研究进行元分析。需要说明的是，NRC 是应美国能源部人事筛选工作的要求进行的研究，所以选取的 57 项研究都是针对人事筛选测谎准确率的。因此，对于司法背景下的测谎准确率的借鉴作用需有所保留。研究结果发现，实验室研究获得的准确性指标 A 在 0.81～0.91 之间；而现场研究准确性指标 A 则在 0.711～0.999 之间。根据来自 ROC 基础研究的发现，A 的取值范围在 0 至 1 之间，值越大表示诊断准确性越好，A 到达 0.9 以上时诊断准确性较高，0.7～0.9 时诊断价值中等，低于 0.7 时诊断价值则较低（参见，宇传华，2002[1]）。

〔1〕 宇传华："诊断试验的评价（第十三章）"，参见余松林主编：《医学统计学（7 年制规划教材）》，人民卫生出版社 2002 年版，第 164～178 页。

第十章

提问技术

站在今日之地回顾测谎技术的百年发展，人们会看到，在各式各样的测谎方法之中（Lykken，1998；Raskin，1989；Reid & Inbau，1977），可以明显地划出一道阵线，而两边对峙阵营的领军人物则分别是 Reid（后期为 Honts 和 Raskin）与 Lykken。因此，也许并不为所有人认同，但我们仍鉴于此二人的先锋作用将他们各自倡导的测谎方法作为其阵营的旗帜，即 CQT 和 GKT。CQT 是目前北美地区应用最广泛的测谎方法，但同时也受各方诟病最多（Ben - Shakhar，2002；Iacono & Lykken，2002；Lykken，1974，1998；National Research Council，2003）。对于 CQT 最大的批评在于，测试中不恰当的准绳问题的使用会增加将无辜者错误认定为有罪者的风险［即出现更多的假阳性（False Positive）］。而 GKT 测谎方法目前应用最广泛的国家当属日本（Fukumoto，1980；Nakayama，2002；Yamamura & Miyata，1990），其在我国也有较为广泛的应用。GKT 的优势在于，如果相关信息没有被泄露，那么相比而言，GKT 对假阳性的控制要优于 CQT，但却对假阴性（False Negative）

的控制较弱，即有较大的可能性漏掉真正的有罪者[1]。在这两大阵营中，还存在着一些其他的测谎方法，如相关/不相关问题测试法（RIT）、紧张峰测试法（POT），等等。

相关/不相关测试法

相关/不相关测试法（Relevant/Irrelevant Test，RIT）作为一种 Polygraph 测谎提问技术，其雏形最早可见于 Münsterberg（1907）、Marston（1917；1921）和 Larson（1921）等人的论著中，甚至可以溯及 Lombroso（1895；1911）的论著。但目前公认的是，Keeler 是明确提出并完善固定 RIT 的第一人，因此 RIT 又称 Keeler 技术（Keeler Technique）。RIT 是第一种被广泛使用的提问技术，并且在很长一段时间内（大约在 20 世纪 20～40 年代）占据着统治地位（Krapohl & Sturm，2002；NRC，2003）。

典型的 RIT 涉及的问题类型实际上只有两种：相关问题（R）和不相关问题（I）。相关问题和不相关问题交替出现，也就是 I - R - I - R - I - R - I - R……例如，对一起杀人案的犯罪嫌疑人高大龙（时为 35 岁）进行测谎测试，被害人赵小英被人用绳子勒死在公路边。针对此案件，其相关问题和不相关问题可以分别如下：

表 10 - 1　高大龙案测谎测试部分问题

题　目	题目类型
Q1. 你是叫高大龙吗？	不相关问题（I）
Q2. 你是记得 92 年赵小英被人杀死的事情吗？	相关问题（R）
Q3. 你今年是 35 岁吗？	不相关问题（I）

---

[1] Nurit Gronau, Gershon Ben - Shakhar, and Asher Cohen, "Behavioral and Physiological Measures in the Detection of Concealed Information", *Journal of Applied Psychology*, 2005, 90, pp. 147～158.

题　目	题目类型
Q4. 赵小英被人杀死的时候，是在公路边上吗？	相关问题（R）
Q5. 今天是星期四吗？	不相关问题（I）
Q6. 赵小英是被人用绳子勒死的吗？	相关问题（R）
……	……

在这些问题中，第 1、3、5 题都与案件没有直接的关系，属于不相关问题，而第 2、4、6 题则直接与案件有关，为相关问题。在向被试进行提问时，相关问题和不相关问题交替出现。由此我们可以发现，RIT 与兴起于 19 世纪末 20 世纪初的实验心理学经典范式——自由联想测验（free association test）或单词联想测验（word association test）有着显而易见的传承关系。此技术假设，对于真正的无辜者，因为并不了解案件的具体情况，相关问题与不相关问题的性质相同，当它出现时不会引起心理生理反应水平的显著变化。但是对于有罪者，则由于种种原因会对相关问题出现明显的心理生理反应变化。因此，RIT 技术就是为了收集每名被试对不相关问题和相关问题的心理生理反应水平，然后再将二者进行比较：

如果 RR = IR；则诊断被试为无罪（诚实）；

如果 RR > IR；则诊断被试为有罪（说谎）。

其中，RR、IR 分别指被试对相关问题、不相关问题的响应度（responsivity），也就是被试对相关问题和不相关问题的心理生理反应水平。

可见，RIT 相对简单，易于理解和掌握，实施起来较为容易。但是，随后的司法实践和研究都表明：RIT 很容易造成误报，也就是把无辜者认定为有罪的概率较大。这是因为，虽然在理论上我们可以假设无辜者对相关问题的反应水平应该与不相关问题的相同。

但事实上，对于很多无辜者而言，在被问及相关问题时往往会出现心理生理上的波动反应。其原因也不难想见，相关问题因与案件直接相关，往往会涉及犯罪、违法、道德等方面的问题，并与被试未来的前途、自由，甚至生命安全息息相关。因此，即使是对一名完全与所调查的案件无关的被试，相关问题也很有可能意义非常，其对相关问题的心理生理反应水平可能会显著高于不相关问题，从而被错误地诊断为说谎或有罪。Horowitz、Kircher、Honts、Raskin 在 1997[1] 的一项实证研究验证了这一可能性。

除此之外，Matte（1996）[2] 还指出，有一些无辜者也可能会担心测谎仪出错，而这种对错误的担忧（fear of error）会使得无辜者更为关注相关问题，这也增加了错误认定的风险。Horvath（1968）则更激进地报告说，RIT 的误报率高达 100%。另外，Raskin 和 Honts（2002）也认为，RIT "不能满足心理生理测试的基本要求，不应该再使用（does not satisfy the basic requirements of a psychophysiological test and should not be used)"[3]。Raskin 和 Honts 使用了 psychophysiological test 而非 Polygraph，虽然我们知道在很多情况下，这两个术语可以互为文本，但在此处恐怕在于强调 RIT 并不符合一般意义上的心理生理测量所要求的标准化的要求。这是因为，RIT 缺乏数量化评分技术，判断被试对于相关问题的生理反应水平是否高于不相关问题主要依靠测试人员的主观经验，这可以说是 RIT 的另一重大缺陷。

〔1〕　Horowitz, S. W., Kircher, J. C., Honts, C. R. & Raskin, D. C., "The role of comparison questions in physiological detection of deception", *Psychophysiology*, 1997, 34 (1), pp. 108 ~ 115.

〔2〕　Matte, J. A., *Forensic psychophysiology using the polygraph*: *Scientific truth verification - Lie detection*, J. A. M Publications: Williamsville, NY, 1996.

〔3〕　参见 Raskin, D. C. & Honts, C. R., "The comparison question test", in M. Kleiner's (ed.), *Handbook of polygraph testing*, Academic Press, London, 2002, pp. 5, 1 ~ 47.

紧张峰测试法

几乎在发展出 RIT 的同时，Keeler 又提出了紧张峰测试法（Peak of Tension，POT）（Keeler，1936；1938）。Keeler（1939）[1]以一个抢劫案（robbery）为例说明了 POT 的具体技术。在这个案件中，劫匪闯入银行抢走了 20 000 美元的现钞。但是，只有警方和劫匪本人知道被劫走的现钞的实际数目（20 000 美元）。根据 POT 技术，测试人员会向被试，即此案的犯罪嫌疑人，提一组问题：

<blockquote>
从银行弄到的钱数是 5000 美元吗？

是 10 000 美元吗？

是 15 000 美元吗？

是 20 000 美元吗？

是 25 000 美元吗？
</blockquote>

如果被试是真正的窃匪，其心理生理反应水平会在被问及"20 000美元"时出现一个明显的"高峰（peak）"，然后再回落；而无辜者则不会出现此种反应变化。由此，测试人员可以识别出真正的犯罪人。

可见，POT 的基本形式就是，对与案件直接有关的具体情节（例如当事人的名字、盗窃财物的数量，等等）进行提问，每个问题都提供多个选项，一般情况下是五个选项，上述 Keeler 给出的例子就是包括五个选项的一个问题。其中，"20 000 美元"是与案件事实相符的选项，被称为"key"。POT 技术要求在提问中，key 应该出现在选项系列的中间位置。上例中的 key（20 000 美元）就

---

[1] Keeler, L., "Problems in the use of the 'lie detector', 1996 Police Year Book 1938 ~ 1939", Washington, D. C. : International Association of Chiefs of Police, pp. 136 ~ 142.

是出现在中间位置（五个选项中的第四个）。这样做的目的非常明确，就是为了避免首题效应和尾题效应对测试效果的影响。

而 POT 的假设也非常清晰：只有真正的案犯才知道那些不为外人所知的案件细节，并对此表现出特异的心理生理反应变化。如前所述，Keeler 还进一步指出，POT 测试法实际上有两种亚类型，一种是"扫描式紧张峰测试法（Searching Peak of Tension Test，SPOT）"或"探测式（Probing Peak of Tension Test，PPOT）"。另一种则是"已知答案的紧张峰测试法（Known – Solution Peak of Tension Test，KSPOT）"，也就是目前多导测谎领域中最主流的两大提问技术之一——犯罪知识测试法（Guilty Knowledge Test，GKT）的前身。而对于 SPOT（或 PPOT）而言，测试人员往往并不知道真正的 key 是哪一选项，但是应根据案情或常识将最有可能与案情相符的选项放在中间位置。

对照问题测试法

正如前面我们提到的，对照问题在历史上还曾被称为"情绪准绳（emotional standard）"、"准绳问题（standard question）"、"控制问题（control question）"、对照反应问题（comparative response question），等等，其中"控制问题"一词曾在很长时间内占据主流地位。但从 20 世纪 60 年代开始，美国测谎学术界逐渐以 Back-ster（1962）提出的"对照问题（comparison question）"代替了"控制问题（control question）"这一称谓。因此相应地，人们也以"对照问题测试法（Comparison Question Technique，CQT）"替代了传统的"控制问题测试法（Control Question Test，CQT）"说法。但我国目前无论是研究还是实务领域，仍在使用"控制问题"和"控制问题测试法"的称谓。因此，本书需要特别说明的是，我们主张使用"对照问题"和"对照问题测试法"，而 CQT 在一般情况下指代"Comparison Question Technique"。

另外，从以上的内容我们还可以得出以下结论：CQT 并非特指某一个 Polygraph 测谎提问技术，而是一类提问技术的总称。也就是所有利用对照问题的提问技术都可以称为 CQT。在 Polygraph 测谎技术最发达的北美地区，实务中使用的提问技术几乎只有 CQT，所以其具体技术种类繁多，包括 Reid 技术、区域对照技术（Zone Comparison Technique）、MGQT、Utah 技术、Arthur 技术、四轨道技术（Qaudri - Track Technique）、间谍测试（Test for Espionage and Sabotage），等等。我们将对其中比较常见的 CQT 进行介绍。

一、Reid 技术（Reid Technique）

Reid 于 1953 年提出了 Reid 技术，提出他称之为"对照反应（comparative response）"的问题，也就是现在的对照问题，并将其引入了提问技术中。Reid 主张以对照问题代替 RIT 中的不相关问题，并与相关问题进行比较来测谎，以有效弥补 RIT 技术的不足。并在其后进行了进一步的完善。其典型测试格式（format）如下（Reid & Inbau，1966）：

Q1. Irrelevant：你是叫 Scottie 吗？

Q2. Irrelevant：你已经 21 岁了吗？

Q3. Relevant：上周五晚是你偷了 John Doe 的手表吗？

Q4. Irrelevant：你现在是住在水牛城吗？

Q5. Relevant：上周五晚是你射杀了 John Doe 吗？

Q6. Comparison：除了你已经说过的东西外，你还曾偷过其他东西吗？

Q7. Irrelevant：你曾上过学吗？

Q8. Relevant（证据相关）：John Doe 尸体旁的足迹是你的吗？

Q9. Relevant（犯罪知识）：你知道是谁射杀了 John Doe 吗？

Q10. Comparison：你曾在你工作的地方偷过东西吗？

Reid 技术使用的是整体评分（global scoring）方法，即要求除了心理生理指标数据以外，被试对有关事实的陈述、其在测试中的行为表现以及侦查（或调查）得到的信息都被纳入评估中，综合起来作出最后的诊断。除此之外，Reid 技术还要求测试人员在实施测谎测试之前与被试就所有问题进行讨论，以免测试时出现意外。但这一技术并不要求测试人员进行测后谈话或审讯。

二、Arther 技术（Arther technique）

Arther 技术是 Richard O. Arther 提出并逐渐完善的。Arther 是 Reid 的学生，所以他的这一提问技术主要是建立 Reid 技术的基础上，其基本测试格式如下：

Q1. Irrelevant

Q2. Known Truth

Q3. Knowledge

Q4. Relevant

Q5. Comparison（probable – lie comparison question）

Q6. Relevant

Q7. Known Truth

Q8. Relevant

Q9. Comparison（probable – lie comparison question）

Q10. Irrelevant

可见，Arther 提问技术中最为特别之处在于使用了"已知事实（Known truth）"的问题类型。在这里，"已知事实"问题是指那些与被调查案件有关的事实，而且是为众人所知的。例如，在调查一起枪击案的测谎测试中，大家（包括测试人员和所有被试）已经知道一名叫 John Doe 的男子于上周五晚被人用枪杀害。那么，问题"John Doe 是在上周五晚被人杀死的吗?"就是"已知事实"。这样的"已知事实"问题实际上是不相关问题，但是由于它和被调查案件有关，因此看起来像相关问题。Arther 将其称为"已知事实伪相关问题（known truth pseudo – relevant question）"（Arther,

1996）。

另外，和 Reid 技术一样，Arther 技术所使用的评分方法是整体评分，即要求除了心理生理指标数据以外，被试对有关事实的陈述、其在测试中的行为表现以及侦查（或调查）得到的信息都被纳入评估中，综合起来作出最后的诊断。

三、区域对照技术（Zone Comparison Technique，ZCT）

区域对照技术是由 Backster（1961）发展出来的。它是第一个完整使用数量化评分（numerical scoring）的 Polygraph 测谎技术，也是目前北美测谎实务中使用最广泛的技术。

1967 年，美国陆军测谎学校（the U. S. Army Polygraph School）的时任校长 Ronald E. Decker 到芝加哥拜访了 Reid，希望在 Reid 技术的基础上做一些改进：①每次测谎只针对一个问题进行；②使用独立的 Backster 对照问题（即控制问题）；③使用 Backster 的点分析方法（Backster's Spot Analysis）；④使用数量化评分系统（numerical scoring sysytem）。但是 Reid 认为这些建议对他的技术改动过大，要求不要将这一新技术以"Reid"命名。因此，在 Reid 的同意下，Decker 将这一新的测试方法命名为修正一般问题测试法（Modified General Question Test，MGQT），并随后将 MGQT 在美国陆军测谎学校大力推广（Decker，1995）。

而在这一过程中虽没露面但地位举足轻重的一位人物就是 Cleve Backster。Backster 在测谎领域的盛名也许是来自其发明的"Backster 区域对照法"以及其一手创建的测谎培训学校——Backster 测谎学校。然而对于世人而言，Backster 最著名的事迹乃是其对办公室的牛舌兰树所做的实验以及玄乎其玄的研究发现[1]。随着 Reid 技术在美国逐渐成为主流，其主张结合被试的行为表现进行测谎显然不符合科学心理学所倡导的标准化、客观化、数量化的主流范式要求。Backster 针对 Reid 技术进行了一系列改进，发展出了区域对照法（Zone of Comparison，ZOC）、点分析方法（Backster's Spot Analysis）以及数量化评分系统（numerical scoring sysytem），等等（Backster，1962，1995）。

根据 McCloud 在 1980 年所做的调查发现，大约有 64.9% 的测试人员会以 ZCT 作为测谎时第一考虑采用的技术，而 Weaver（1992）调查发现，在美国目前的所有测谎学校中，ZCT 都被作为必修的技术课程。

所谓的区域（zone）是指在测谎实测阶段，每个问题提问结束后大约 20 ~ 35 秒内多导测谎仪（Polygraph）所获得的心理生理图谱区域。Backster 还对不同的问题类型所引发的图谱区域进行了颜色编码（color – coding），使得这一技术更为直观。在 Backster 的 ZCT 中有三种不同的颜色区域，分别为红色（red），绿色（green）和黑色

----

〔1〕 1966 年的一天，Backster 突发奇想，把一台测谎仪的皮电（GSR）传感器接到办公室的一株牛舌兰树（龙血树）的叶子上，在他往牛舌兰的根部浇水后，他惊奇地发现测谎仪的记录笔画出了激剧上升的曲线。Backster 根据以往的经验，人如果出现此类曲线是因为他（或她）感觉到威胁。他也想让这株植物感受到威胁，于是他想到用火烧一烧叶子。刚想到这儿，还没等他去拿火柴，纸上急速出现一条上扬的曲线，等他拿火柴回来，他看到曲线上又出现一个高峰，可能是植物看到他下决心要动手，又被吓了一跳。Backster 认为这表明这株植物能思考，并随后做了一系列的类似实验来验证。他还将对植物的研究带入其擅长的侦查领域，特别设计了一个实验，让 6 名学生蒙上眼睛抽签，中签者要在不为人知的情况下，把实验室里两株植物中的其中一株拔出来，放在地上践踏、弄毁。然后 Backster 再将幸免于难的另一株植物接上测谎仪。Backster 声称，植物只对凶手有反应，而对其他人则没有。Backter 将这一实验及其发现正式发表在了 1968 年《国际超心理学杂志》上，标题为"植物生活中的主要感知的证据"（Cleve Backster，"Evidence of a Primary Perception in Plant Life"，*International Journal of Parapsychology*，No. 4，vol. 10，1968，pp. 329 ~ 348. ）。Backster 的后半生则致力于这一超心理学领域的研究，并于 2003 年将其 40 多年的研究心得汇聚成书：《本能感知：植物、有生命食物和人类细胞的生物沟通（*Primary perception：biocommunication with plants，living foods，and human cells*)》（White Rose Millennium Press，2003）。

（black），因此，区域对照技术又被称为三区域对照测试法（Trizone Comparison Test）。其中，红色区域（red zone）对应的是相关问题（relevant question）提问结束后大约 20～35 秒内多导测谎仪（Polygraph）所获得的心理生理图谱区域，绿色区域（green zone）对应的是对照问题的（comparison question），而黑色区域（black zone）则对应的是症候问题的（symptomatic question）（Matte，1996）。

其中症候问题是指在实测阶段向被试问及其是否担心会被问到在测前未曾讨论过的问题，也就是与本次测谎主题无关的外部问题（out issue），例如：

你会担心我会问你我们没有讨论过的问题吗？

如果被试在这一问题上心理生理反应强烈，则说明其对测试人员是不信任的，而这种不信任可能会降低被试在其他问题上的心理生理反应水平。因此，症候问题的主要目的在于减少因外在因素而引起的没有结论的测谎诊断结果（Backster，1964），一些实证研究也已证明症候问题的此种效应（Capps，Knill & Evans，1993）[1]。但是近年来，越来越多的学者却认为，症候问题在 Polygraph 测谎测试中的意义并不大，虽然它在实务中被广泛应用（Backster，2001a；Honts，Amato & Gordon，2000；Krapohl & Ryan，2001；Matte，2001）。

至此，ZCT 中就包括了不相关问题、相关问题、对照问题（ZCT 使用的是早期生活对照问题、牺牲相关问题和症候问题，其典型测试格式如下（以上述杀人案为例）：

---

[1] Capps, M. H., Hnill, B. L. & Evans, R. K., "Effectiveness of the symptomatic questions", *Polygraph*, 1993, 22 (4), pp. 285～298.

表 10 - 2 高大龙案测谎测试部分题目

题　目	题目类型
Q1. 你是叫高大龙吗？	不相关问题（I）
Q2. 在今天的测试过程中，你是否在某个问题上曾想过要说谎？	牺牲相关问题（Sr）
Q3. 你会担心我会问你我们没有讨论过的问题吗？	症候问题（S）
Q4. 在你 23 岁之前，你是否伤害过别人？	对照问题（C）
Q5. 赵小英是被你杀死的吗？	相关问题（R）
Q6. 在你 23 岁之前，你是否做过让别人伤心的事？	对照问题（C）
Q7. 杀死赵小英的人是你吗？	相关问题（R）
Q8. 你今年是 25 岁吗？	不相关问题（I）
Q9. 在 2006 年之前，你是否伤害过别人？	对照问题（C）
Q10. 是你杀死的赵小英吗？	相关问题（R）

Backster 还进一步对以上具体测试格式进行了规定和标准化。

第一，三个相关问题只能针对所调查的案件的某一具体方面进行提问，也就是只能针对前面所提到的犯罪的四条腿（即"是不是你做的？是不是你协助他人做的？你知道是谁做的吗？你是否从中获益？"）中的"一条腿"进行测试。此例就是只针对"是不是你做的"进行了测试，所有的相关问题都是围绕着这一主题编制的。这体现了 ZCT 的一个重要特点——单一主题（single issue）。

第二，Backster 为测谎技术引入了心理定势（psychological set）的概念，并作为 ZCT 的核心概念。在 Backster 看来，对于不同的被试（无辜或有罪的），某类的问题会较其他类型的问题具有威胁性（threat），因而被试会对这类问题特别注意。对于那些想在相关问题上说谎的被试，他们会认为相关问题比其他类型问题（如对照问题、不相关问题或症候问题，等等）对自己的威胁更大，因为对其更为注意，也具有更高的心理唤醒（physiological arousal）水平。同样，对于无辜者而言，他们会认为早期生活对照问题更具威胁，因此更多关注的是对照问题而非相关问题。另外，Backster 还注意到，对于一些被试，可能有其他更为严重的违法犯罪行为，并担心可能在此次测试中被识破，因而注意的问题既不是相关问题，也非对照问题，而是症候问题。由此，我们就可以理解 Backster 使用颜色编码划分三大区域的良苦用心了。红色区域，对应的是相关问题引发的心理生理反应区域，如果反应强烈则指示此被试可能为有罪者；绿色区域对应的是对照问题，如果反应强烈则指示此被试可能为无辜者；黑色区域对应的是症候问题，如果反应强烈则指示此被试此时最为担心的是测试人员会问其他事前没有被讨论过的事项。对于 Backster 的"心理定势"概念及其理论假设虽然至今仍未能得到测谎学界的一致认同，但不可否认的是，它是测谎文献，尤其是 CQT 技术相关的文献中最常被引用的概念和理论（参见 Krapohl，2001；Matte & Grove，2001）。

四、"是不是你"测试法（You Phase）

此测试法实际上是 Backster 将 ZCT 中一种特定的测试任务单独拿出来进行细化和标准化的结果。在上述对 ZCT 的详尽解释中，我们使用的例子就是这一特定的任务——确定被试是不是真正的作案者。也就是将这类 ZCT 测试中的关于"是不是你做的？"这一部分内容发展成了一个专门的提问技术。而可以想见，无论是作为 ZCT 的一部分还是作为一项独立的技术，都应该是最常被使用的，因为"是不是你做的？"可能是测试人员在面对被试时最想甄别的焦点。当然，我们还可以想见，测试法同时也是一个单一主题（single issue）测试，这样的针对性也保证了其有效性。

典型的测试格式包括两或三道相关问题，其考察的主题都是"是不是你做的？"，但是在具体的文字表达上会有轻微的差异，举例如下：

牺牲相关（sacrifice relevant）问题："不管是不是你射杀了 Henry Jones，你都会诚实回答关于这件事的每个问题吗？（Regarding whether or not you shot Henry Jones, do you intend to answer truthfully each question about that?）"

相关问题 Q1："是你射杀了 Henry Jones 吗？（Did you shoot Henry Jones?）"

相关问题 Q2："是你开枪打死了 Henry Jones 吗？（Did you fire the shot that caused the death of Henry Jones?）"

相关问题 Q3："上周五晚，是你射杀了 Henry Jones 吗？（Last Friday night, did you shoot Henry Jones?）"

以上相关问题和其他不相关问题、对照问题进行编排，就是一套完整的 You Phase 测试。

五、S－K－Y 技术（S－K－Y technique）

S－K－Y 技术也是 Backster 发展出来的一项提问技术，一般将其看成是 ZCT 的变式之一（Backster, 1994）[1]，或者被看作是在 You Phase 技术上进一步的扩展。所谓 S、K、Y 分别是 Suspicion、Knowledge、You 的缩写，这也是此项技术最大的特点所在。前面我们已经提到，典型 ZCT 是一项单一主题的测试，Backster 也强调针对一名被试的一次完整的 ZCT 测试只能针对案件的某一具体方面进行提问。如 You Phase 技术只是重点甄别被试"是不是真正的作案者"。而 S－K－Y 技术则是将 ZCT 中的三个相关问题分别替换为固定的三个主题的相关问题：

S：关于这个案件，你怀疑（suspect）是谁做的吗？

K：关于这个案件，你知道（know）是谁做的吗？

Y：关于这个案件，是你（did you）做的吗？

---

〔1〕 Backster, C., "37th Polygraph Examiner Work Conference", *The Backster School of Lie Detection*, San Diego, CA. 1994, 12, pp. 5~9.

　　Backster 认为，通过比较这三个问题所引发的心理生理反应水平，可以很好地甄别犯罪嫌疑人：如果在 Y 上反应最强烈，则被试可能为作案者；如果在 K 上反应最为强烈，则被试可能为同案犯或者知情人；如果在 S 上反应最为强烈，则被试可能为无辜者或一般知情人。

　　随后，Matte（1996）进一步改进了 S－K－Y 技术，他将这项新技术称为"Matte S－K－G 技术（Matte Suspicion－Knowledge－Guilt Test）"。S－K－G 与 S－K－Y 最大不同在于：S－K－G 不再直接询问被试"是不是你干的"，而是通过探测被试是否具有"犯罪知识（guilt knowledge）"而判断其是否为作案者。可见，S－K－G 实际上是 S－K－Y 与 GKT 技术的结合。

六、修正一般问题测试法

　　据前所述，我们已经知道 MGQT（Modified General Question Test，MGQT）是美国陆军测谎学校在 Reid 技术的基础上结合当时 Backster 的一些新的方法和理论所发展出来的改进技术。其当初的主要设想为：①每次测谎只针对一个问题进行；②使用独立的 Backster 对照问题；③使用 Backster 的点分析方法；④使用数量化评分系统。从以上几点可以看出，实际上 MGQT 更接近的是 ZCT 技术而非当初所想依靠的 Reid 技术。也许正是因为认清了这点，Reid 当初拒绝了其要以"Reid"命名的要求。典型的 MGQT 格式如下：

　　Q1. Irrelevant

　　Q2. Irrelevant

　　Q3. Relevant：Secondary involvement

　　Q4. Irrelevant

　　Q5. Relevant：Primary involvement

　　Q6. Comparison

　　Q7. Irrelevant

　　Q8. Relevant：Guilty knowledge

Q9. Relevant：Evidence connecting

Q10. Comparison

其中，和其他的标准化提问技术一样，MGQT 所有的问题类型的位置都不能改动，并且相关问题与不相关问题之间，相关问题与对照问题之间的比较必须是相邻的问题之间的，也就是要符合 Backster 的点分析原则。另外，MGQT 采用的评分方法是数量化评分系统，现在则改进为计算机化的专家评分系统（computerised scoring algorithms）。这些都与 ZCT 比较一致。而与 ZCT 不同的地方主要在于，它没有使用牺牲相关问题和症候问题。而且，MGQT 是多重主题（multiple – issue）测试技术，因为其相关问题的测试主题是固定的，也就是犯罪的四条腿，即直接卷入（Primary Involvement）类型的问题、间接卷入（Secondary Involvement）类型的问题、犯罪知识（Guilty Knowledge）类型的问题和证据相关（Evidence Connecting）类型的问题。

七、Utah 技术（Utah technique）

Utah 技术是在 ZCT 基础上发展而来的，因此它更为准确的称谓是 Utah 区域对照技术（Utah Zone Comparison Technique）。顾名思义，这项技术是由 Utah 大学的心理学家们提出并不断完善的。其最早由 Raskin 和 Kircher 在他们利用对照问题进行测谎学术研究中发展出来，随后又被后继者改进。因此，总的来说，Utah 技术并不常用在测谎实务工作中，它更多的是被用于实验室模拟犯罪研究（mock crime analog study）。另外，Uath 技术实际上包括若干个不同的具体版本，其中 Bartlett 版（Bartlett，1995）和 Honts 版（Honts，1996）是比较具有代表性的。这两种 Uath 技术的具体测试格式如下：

表 10-3　两种 Uath 技术的题目格式

Bartlett 版	Honts 版
Q1. Irrelevant	Q1. Irrelevant
Q2. Sacrifice Relevant	Q2. Sacrifice Relevant
Q3. Symptomatic	Q3. Irrelevant
Q4. 可能性说谎对照问题（probable lie comparison question，PLC）（非涵盖对照问题）	Q4. 指导性说谎对照问题（directed lie comparison question，DLC）（非涵盖对照问题）
Q5. Relevant	Q5. Relevant
Q6. 可能性说谎对照问题（非涵盖对照问题）	Q6. Irrelevant
Q7. Relevant	Q7. 指导性说谎对照问题（非涵盖对照问题）
Q8. Irrelevant	Q8. Relevant
Q9. 可能性说谎对照问题（非涵盖对照问题）	Q9. Irrelevant
Q10. Relevant	Q10. 指导性说谎对照问题（非涵盖对照问题）
	Q11. Relevant

　　这两个版本非常直观地展现了当前 Polygraph 测谎技术的发展趋势。首先，Honts 用自己和同事提出的指导性说谎对照问题替代了可能性说谎对照问题（Raskin & Honts，2002）。因此在一些文献中（如 NRC，2003），将 Utah 技术分别以 Utah 可能性说谎测试与 Utah 指导性说谎测试进行介绍。其次，Honts 版本相较于 Bartlett 版的另一区别就是取消了症候问题，这也反映了我们在前面已经提及的：越来越多的研究者发现症候问题的实际作用并不大。

　　所有类型的 Utah 技术，不同类型问题的位置也是不能随便变动的，而且相关问题都必须与相邻的对照问题进行比较。

　　另外，Utah 技术一般都为单一主题测试，但 Honts（1996）曾经使用自己的 Utah 技术进行过多重主题测试。结果发现，使用多重主题测试的准确率要低于单一主题测试，尤其是误报的可能性较大。

八、四轨道区域对照技术

四轨道区域对照技术（Quadri – Track Zone Comparison Technique）是由 James Matte 于 1996 年在 ZCT 的基础上发展而来的（Matte，1996），又被简称为四区域技术（Quadri – zone Technique）。这一技术所涉及的概念"轨道（track）"类似于 Backster 所提出的"点（spot）"的概念，"四轨道"分别包含的具体问题类型情况如下：

第一轨道（primary track）：包括 1 道相关问题以及 1 道对应的早期生活对照问题。

第二轨道（secondary track）：包括 1 道相关问题以及 1 道对应的早期生活对照问题。

内部轨道（inside track）：包括 2 道问题，其中 1 题是探测被试（一般是真正的无辜者）是否担心自己会被错误认定为有罪者，而另 1 题则是探测被试（一般是真正的有罪者）是否希望自己被错误认定为无辜者。

外部轨道（outside track）：包括两道症候问题。

此外，四区域对照技术一般也是单一主题（single – issue）的。

隐蔽信息测试法

一、CIT 与 GKT

首先需要指出的是，这一提问技术在很长时间内被称为"Guilty Knowledge Test（GKT）"，我国测谎学界先行者王补将其译为"犯罪情境测试法"，国内目前也最常使用这一译法。但我们认为这样的译法并不准确，而倾向采用比较忠实原文的译法——"犯罪知识测试法"。

近几年，国际测谎学界也渐渐使用一个新的称谓来替代 GKT，这就是隐蔽信息测试法（Concealed Information Test，CIT）。之所以发生这样的转变，是因为 GKT 在国外实务中并不常被使用，而多见于研究领域。正如 Verfaellie 等人（1991）[1] 指出的，之所以采用"Concealed Information Test"这一术语，是因为这一测试范式（paradigm）[2] 在司法实践领域之外也获得了极大的应用，例如在医学领域用其来识别病人是否患上失忆症（amnesia）。因此，笼统地使用"犯罪知识"一词显然不够准确。另外，在目前最前沿的测谎研究领域，大部分学者使用的也是隐蔽信息测试法（CIT）这一称谓（如 Rosenfeld，Shue & Singer，2005b[3]）。正鉴于此，本书也倾向使用隐蔽信息测试法（CIT）这一术语，并替代国内更为人所知的 GKT。

二、Lykken 与 CIT

Backster 所倡导的完全客观化的评分方法受到了大多数学者的支持，其中包括来自明尼苏达大学医学院（the University of Minnesota Medical School）的心理学教授 David T. Lykken[4] 博士。但是，Lykken 对 Reid 和 Backster 的 CQT 提出了强烈的质疑，并于 1958 年提出了一种新的测试方法——犯罪知识测试法（Guilty Knowledge Test，GKT）。可以说，CQT 和 GKT（包括 POT）是 Polygraph 测谎提问技术的基本范式，其后也发展出了其他多种多样的提问方式，

---

〔1〕 Verfaellie, M., Bauer, R. M. & Bowers, D., "Autonomic and behavioral evidence of 'implicit' memory in amnesia", *Brain and Cognition*, 1991, 15, pp. 10~25.

〔2〕 在讨论 CIT 时，我们用"范式（paradigm）"替代前面讨论提问技术，尤其是 CQT 时的"格式（format）"一词，因为 CIT 更多地出现在研究而非实务领域，更接近实验范式的本质。

〔3〕 Rosenfeld, J. P., Shue, E. & Singer, E., "Single versus multiple probe blocks of P300 – based concealed information tests for autobiographical versus incidentally obtained information", *International Journal of Psychophysiology*, 2005b.

〔4〕 Lykken 曾任美国心理生理研究协会主席，同时还在临床心理学、行为遗传学等领域颇有建树，他的双生子研究曾广受关注，其代表作有《血液的颤动：测谎仪的使用与滥用》、《反社会人格》、《幸福心理学》等，曾先后获美国心理学会和心理生理学协会颁发的"杰出贡献奖"。

但都是这两大技术的变体或细化。值得一提的，Lykken 后来成了一名反对滥用测谎仪的斗士，于 1981 年出版了其代表性的著作《血液的颤动：测谎仪的使用与滥用（*A Tremor in the Blood*：*Uses and Abuses of the Lie Detector*）》。

虽然一般公认的是，CIT（或 GKT）的提出者是 Lykken。但事实上，早在 1904 年，Wertheimer 和 Klein 就描述过类似的测试范式。另外，在前面我们也曾提到，Münsterberg 也曾在其 1908 年的名著《在证人席上（*On the Witness Stand*）》中提到了这一方法。而且，根据以色列学者 Gershon Ben – Shakhar 博士的说法，20 世纪 30 年代发展的已知答案的紧张峰测试法和探测式紧张峰测试法实际上是 CIT 的特例（Ben – Shakhar，1992）"。Lykken 正是在 POT 的基础上进行了改进和标准化，提出了 CIT 测试技术。

正因为 CIT 与 POT 之间的密切关系，我们仍用 Keeler（1939）[1] 的抢劫案为例说明 CIT 的具体技术以及它与 POT 的区别。在这个案件中，劫匪闯入银行抢走了 20 000 美元的现钞。根据 POT 技术，测试人员会向被试，即此案的犯罪嫌疑人，提一组包括 5 个选项的问题：

<blockquote>

从银行弄到的钱数是 5000 美元吗？

是 10000 美元吗？

是 15000 美元吗？

是 20000 美元吗？（关键项，critical item）

是 25000 美元吗？

</blockquote>

POT 技术认为，通过这一组问题就可以识别出真正的犯罪者，因为只有真正的案犯才知道那些不为外人所知的案件细节，并对此表现出特异的心理生理反应变化。但是 Lykken（1959）却认为，

---

〔1〕 Keeler, L. , "Problems in the use of the 'lie detector'", *Police Year Book* 1938 ~ 1939, Washington, D. C. : International Association of Chiefs of Police, pp. 136 ~ 142.

仅仅一组题，或者测试人员不知道确切相关信息，则存在着较大误判的可能性。例如，一名无辜者可能因为自己前几日曾从他人那里借钱，而正好也是 20 000 美元。那么他很有可能在测试中对关键项出现特异的心理生理反应。又如，如果测试人员并不知道案中被劫的具体现金数量，只是推论可能是 15 000 美元或 20 000 美元中一种。那么当无辜者因为其他原因在 15 000 美元上出现特异反应时，测试人员很有可能将其诊断为有罪。针对此，Lykken 提出三个主要改进方法。

第一，根据案件的具体情节编制多组问题，例如上例中，除了对现金数量进行探测之外，还可以针对当事人的名字、作案工具等编制若干组问题。因为虽然无辜者因为偶然因素对 1 组问题的关键项出现特异反应的可能性比较大，但是其对几组问题的所有关键项出现特异反应的可能性会大为降低，并且随着问题组数的增加，这种可能性也逐渐降低。Lykken 还给出了每套 CIT 测试所含问题组数与理论上的准确率之间的关系，具体见下表：

表 10 – 4　犯罪情景测试法的准确率

问题组数	无罪者		有罪者	
	真阴性	假阳性	真阳性	假阴性
5	0.944	0.006	0.872	0.128
6	0.985	0.017	0.901	0.099
10	0.944	0.006	0.968	0.032
12	0.996	0.004	0.981	0.019
16	0.999	0.001	0.993	0.007

由表 10 ~ 3 可知，如果问题组数达到 6 组，则其错误率就基本能满足小概率水平（小于 5%）；而如达到 10 组及其以上，就完全满足小概率水平，为不可能事件。因此，Lykken 建议每套 CIT 测

试应包括 8～10 组问题，每组问题针对一个具体的案件情节提供 5 个选项，其中 1 个选项为关键项，其他则为中性项或无关项。

第二，为了尽量排除未知因素的影响，Lykken 建议 GKT 应该选择测试人员知道确切答案的问题，也就是类似已知答案的紧张峰测试法中的问题。但这一要求并非绝对，在 8～10 组问题中可以有目的地选择一、两组探测式的问题，例如为了获得有利的物证而扫描一组赃物可能去向的问题。

第三，Lykken 还指出，在 POT 中将关键项放在中间位置的方法虽然用心良苦，但是当 8～10 组问题中，所有的关键项都被放置中间，这种规律性如果和其他因素（如一些被试偏好选择中间项）发生交互作用则显然会影响测试。这实际上就是传统实验心理学中的位置效应。为了避免这一问题，Lykken 也使用了传统心理学中常用的解决方法——随机平衡法。即要求每组问题中的关键项的位置不再必须放在中间，而是进行随机平衡。但是，Lykken 也承认首题效应必须排除，因此要求所有的关键项或可能的关键项（如果使用了探测式的问题）都不能放在第一选项（first item）。每组题的第一选项都应是无关项（irrelevant item），作为缓冲器（buffer），也不参与评分。

一般认为 CIT 建立在个体的认知加工过程（cognitive processes），尤其是记忆的基础上。只有知道案情具体情节的有罪者才会对所有问题组的关键项出现有别于无关项的心理生理反应。而那些情绪紧张的无辜者虽然有可能反应水平很高，但不会具有指向性。因此，Lykken（1959）认为，只要具有足够的案件情节可用于编制问题，并且这些情节没有通过侦查人员或媒体泄露给被试，则 CIT 要优于传统的 CQT，应被广泛应用于实践。但是后来的学者通过研究发现，CIT 具有一个严重的弱点：出现漏报的可能性较高，即较容易漏过真正的有罪者（MacLaren，2001；Podlesny，1993）。

其他提问技术

以上四种提问技术是目前心理生理测试领域中最为主流的测试方法，当然，更为确切的说法是四大类别的提问技术，因为它们都有着一些变式。但除了上述提问技术以外，在以往的测谎实务和研究中，也出现了一些其他的技术。这些技术往往是针对测试中的某个或某几个问题发展出来的，虽然并不被广泛应用，但是它们会有助于我们对 Polygraph 测谎测试中的具体实施细节和相关问题有所了解。

一、单一主题（single‑issue）提问技术与多重主题（multiple‑issue）提问技术

从以上对各种提问技术进行整理的基础上，我们可以看到，大部分的测试方法都是针对单一主题进行的。例如 ZCT 就特别强调只针对犯罪四条腿中的一条腿进行测试，其优点不难想见，它能使得测谎测试工作的任务相对简单明确。另外，某些案件可能只适合使用单一主题的测试，如在人事筛选中知道被试是否有过盗窃行为。另外，Utah 技术也强调了要使用单一主题测试，并且 Honts（1996）通过研究证实，使用多重主题测试的准确率要低于单一主题测试，尤其是误报的可能性较大。

不过，主张单一主题的提问技术主要是 CQT，而 CIT 则是很典型的多重主题测试方法，其理由 Lykken 已经说明：使用多重主题可以排除偶然性因素对测试准确性的影响。另外，当已经确定被试是犯罪人后，多重主题测试可以作进一步调查之用，针对测试人员想了解或验证的具体细节进行探测（Barland，Honts & Barger，1989）。

二、回答方式不同的各类技术

和其他的心理测试相比，测谎测试最大的特点在于它对被试回答内容的依赖。如果被试的回答内容与事实相符，则他是诚实回答；如果不符，则在说谎。而说谎与否是否会影响被试的心理生理指标目前仍无定论。一些学者认为说谎会增加认知负担，从而会影

响心理生理指标；而另一些学者则认为，测谎测试只是检测记忆，简单的口头回答（"是"或"否"）对心理生理指标并不会有太大影响。日本学者 Ohkawa（1963）[1] 曾经比较了在 POT 中采用"是"、"否"以及缄默这三种不同回答方式下的测谎准确率，结果发现，谎答（"No"）的准确率最高，其次是缄默，而诚实回答的准确率最低。

而另一方面，我们也知道，被试的动作本身会影响测谎心理生理指标，特别是回答问题时的气息变化会明显影响呼吸曲谱。

正是因为以上的问题与争议，学者们发展出了各种回答方式不同的提问技术，具体如下：

（一）缄默测试法（silent answer test，SAT）

这一测试方法主要特点在于被试在接受测谎测试时不必对被问及的问题作出"是"或"否"等口头回答。对于测试人员而言，这样做的好处在于可以避免因被试回答问题干扰呼吸生理指标的收集和图谱，同时也能识别一些被试利用回答问题之机实施反测谎的行为。而从被试的角度看，则有利于保障被试在刑事司法背景下保持沉默的权利。

同时，缄默测试法也存在着两个明显的缺陷：一是被试可能因为不需要对问题作出反应选择"无视"问题而导致测试无效；另一个则是由于不用作出回答，这可能减轻了被试，尤其是有罪者的负担，有可能其心理生理反应水平比要求作出回答的情况下低。

为了弥补以上不足，研究者发展出来了"缄默点头测试（SAT Nod）"技术。加上"点头（Nod）"一词表示这一改进技术是在 SAT 技术的基础上要求被试虽不用作出口头回答，但需要通过点头或摇头来"回答"问题（参见 Horvath，1972）。

（二）Yes 测试法（Yes Test）

这也是 Reid（Reid & Inbau，1977）发展出来的一项提问技

〔1〕　Hisatsugi Ohkawa, "Comparison of Physiological Response of 'Yes', 'No', and 'Mute' Conditions in Peak of Tension Test", *Reports of the National Institute of Police Science*, 1963.

术。它起源于 Reid 在测谎实务中发现，如果不对被试的回答作出要求，一些真正的有罪者会采用不配合的方式来进行反测试。例如被试对某些或所有问题都不作出口头回答，这样他就可以忽视问题而使得测试失效。为了克服这一问题，Reid 发展出了 Yes 测试法。即将测试问题中的所有对照问题剔除，而将剩下的问题一一呈现给被试，并要求被试对所有问题回答"是（yes）"。学者们认为这一方法能很好地识别出那些试图反测试的有罪者。当然，这一具有明显针对性的测试技术的应用前提是比较严格的，即要具有确切的证据或理由让测试人员相信此被试正试图反测试（Reid & Inbau，1977；Abrams，1989）。

（三）"是 – 否技术（Yes – No Technique）"或正向控制技术（Positive Control Technique）

"是 – 否技术"则要求被试在测试中分别对同一问题作出"Yes"或"No"两种截然不同的回答。最早提出这一方法的是 Richard Golden，他在 1969 年将其称为"是 – 否技术（Yes – No Technique）"。但在目前实务中使用的"是 – 否技术"并不是 Golden 所发展的，而是其变式——Reali（1978）所提出的正向控制技术（Positive Control Technique）。可见，正向控制技术是"是 – 否技术"中的一种（Howland，1981）。这一技术与其他提问技术最大的不同在于：其他提问技术一般都是将每套问题提问三遍，而正向控制技术则提问两遍，并且严格要求被试回答的内容。它要求被试第一次对问题的回答的内容与第二次回答的正好相反。也就是，如果被试对某问题第一次回答"是"，第二次回答时则必须说"否"。因此，每个问题都是自己的对照问题。所以在这一测试中 Reali 放弃了 CQT 中常用的早期生活对照问题。

（四）闭眼技术（closed – eyes technique）

顾名思义，所谓闭眼技术（closed – eyes technique）指的就是要求被试在接受整个正式的测谎测试中都闭着眼睛。之所以这样要求被试，主要出于两个考量。第一就是研究者发现，测试人员在测试中的表情或动作变化可能会影响被试；第二则是一些被试会利用眨眼动作来进行反测试。为了消除以上两种影响，让被试闭上眼睛也许是一个好的办法。但目前这一技术在实务中只是极少测试人员使用，而且也没有研究专门去探讨闭眼或不闭眼这两种条件对 Polygraph 测谎的影响作用。

三、整合区域对照技术（Integrated Zone Comparison Technique）

随着技术的成熟和多样化，技术之间相互的借鉴与整合日趋明显，整合区域对照技术就是这样的一种技术。虽然这一技术并不主流，但是它反映了我们上述所讨论的各种技术之间的整合趋势。整合区域对照技术是由 Gordon 等人（Gordon, Fleisher, Morsie, Habib & Salah, 2000）于 1987 年在 ZCT 基础上发展而来的。Gordon 等人明确指出，这一技术改进的基础就是已有的对 Polygraph 测谎的提问技术，尤其是 ZCT。例如，整合区域对照技术要求测试人员根据实际情况灵活使用单一主题或多重主题，而不再像 ZCT 所要求的必须为单一主题。另外，这一技术对回答方式和问题编排也进行了较为多样的安排。在第一遍测试时要求被试保持沉默，即进行的是缄默测试；而第二、三遍测试时被试可以按自己的想法作出口头回答。但第二遍测试时的对照问题与相关问题的位置要与第三遍测试时的位置相反。即第二遍测试时三个点（spot）中都是一个对照问题后紧随着一个相关问题，而第三遍则变成相关问题在前，对照问题在后。

第十一章

评图技术

每当 Polygraph 测谎测试结束以后，测谎人员就会得到一份记录着被测者皮电反应、呼吸波、血压（或脉搏）、指脉等指标的曲线图谱，这就是 Polygraph 测谎图谱。测试人员根据一定的标准来判断被测者对每一提问的生理反应，并把它用数量化的分值表示出来（或整体评读），从而断定被测者是否有罪，或者是否与案件有所牵连，这就是 Polygraph 的评图技术。

经验性的评图技术

早期的 Polygraph 测谎的评图，往往是根据经验等质性的东西进行的。例如，早期记载的 Lombroso 用水压脉搏记录仪对罪犯进行"测谎"的实验。在这个实验中，Lombroso 用直接观察的方法记录嫌疑人在算数学题和回答与犯罪有关的问题时脉搏的变化（主要是观察记录脉搏变化的管子里的水位变化）。他发现嫌疑人在回答和犯罪有关的问题的时候脉搏变化明显要比算数学题时的脉搏变化剧烈。由此他认为能够用这种方法来进行"测谎"，在这个实验中，评图的过程是比较简单和粗糙的，我们不知道 Lombroso 认为两者的差异达到多少次就能够认为这种差异是有意义的？

随着 Polygraph 测谎技术的发展，新的测试仪器的出现，使得测试人员记录被测者的多种生理反应成为可能，并且更为精确。新的编题方式也开始出现，并且不断地更新。相关/不相关问题测试法、紧张峰测试法、CQT 和 CIT 等，这些方法逐步排除了被测者的个体差异带来的影响因素，使得 Polygraph 测谎技术进一步向科学化、标准化方向发展。但是，在 Polygraph 测谎技术中，还存在着另一个普遍的问题，即人们对测谎图谱的评判往往依赖经验，而不是按照一定的标准，远远达不到标准化或数量化的要求。也就是说，这种经验性的评图方式存在着很大的问题。

第一，如果评图依赖经验，这意味着 Polygraph 测谎技术更可能是一门技艺（Art）而非技术。因为同一份图谱结果，经验丰富的测谎人员与新手评分的结果可能大不相同。同样，因为这种评图方式依靠 Polygraph 测谎人员对各类具体的图谱的大量操作经验，需要足够了解并练习测试的各类图谱。否则，一旦遇到自己不熟悉的图谱就有可能出现失误。有时一名有着多年刑事案件测谎经验的测谎人员也会对某些民事案件的测谎图谱束手无策，无法评读。

第二，这种评图方式容易受到测谎人员的主观因素的影响，产生偏差的可能性增大。人们对任何事物进行评价的时候，往往会带有主观性的因素，这些主观性的因素包括了个体的认知状况、情绪情感状况、意志水平以及个体的个性心理特征。心理学测量之所以要求标准化，主要原因之一就是为了克服主观因素的影响。我国曾经有一个真实案例：在某重大杀人案件中，侦查人员使用了血型鉴定、足迹鉴定和警犬鉴定等多种手段，其中也使用了 Polygraph 测谎技术。使用 Polygraph 测谎技术的测试人员因为也是办案人员之一，所以测试之前就了解到上述鉴定结果都同时指向同一个犯罪嫌疑人。然后测试人员才进行 Polygraph 测谎，进行编题、实测、评图，最后认定这名犯罪嫌疑人没有通过测谎。但是实际的结果却是：所有的鉴定结论，包括 Polygraph 测谎技术都出现了错误。值得一提的是，在这个案件中，对于同一份图谱，在发现错误之前和发现错误之后，竟然有着完全不同的评价。发现错误之后，由其他测谎专家在寻找 Polygraph 测谎技术出错的原因时，重新对这名犯罪嫌疑人的图谱进行了评分。结果发现，从图谱来看，他并没有作案的时间（图谱反应当时他在家里而非作案现场）。所以应该可以得出与事前评图完全不同的结论。但是，如果有着足够标准化的程序，即使测试人员事先知道上述案件情况，还是可以依据图谱本身进行评分，而减少自己的主观因素的影响。

量化的评图技术

量化的评图技术常被称为"数量化评分（numerical scoring）"，因为所谓量化主要是要求测试人员给所有有意义的图谱打出相应数值（评分），最后再根据划分标准做出是否有罪或者无结论等测谎结论的过程。

一、不同的评分技术主张

在现代测谎技术的文献中，"数量化评分"一词与"区域对照法（Zone of Comparison，ZOC）"一词一样，几乎与"Backster"始终相伴相随，这反映了 Backster 对这两项技术的巨大贡献。但数量化评分技术并非 Backster 首创，最早有文献可佐的先驱可能是Winter（1936），但在当时并没有引起足够的重视。随着 Reid 技术成为美国测谎实务界的主流技术之后，其所倡导的整体评分（global scoring）方法几乎成为当时的唯一标准。

Reid 在创立 CQT 的同时，还发展出了整体评分法，即要求测试人员对测谎测试中所有能得到的信息进行评估，并综合起来做出最后的判断。因此，除了心理生理指标数据以外，被试对有关事实的陈述、其在测试中的行为表现以及侦查（或调查）得到的信息都被纳入了评估之中。这样的评分思路和方法显然与 Reid 本人的知识结构有关，Reid 也是美国著名的侦查审讯专家。

这种整体评分法也许由 Reid 本人使用效果非常好，但显然不符合科学心理学所倡导的标准化和客观化的要求，不利于其他测试人员掌握和操作。因此，Backster 主张在测谎评分中采用标准化、客观化和数量化的方法，提出了数量化评分系统（numerical scoring sysytem）（Backster，1962）。倡导在做出测谎结论的过程中，完全排除其他因素，只以采集的心理生理指标数据为基础，采用标准化的评分程序进行。

二、Backster 的数量化评分系统

Backster 首先提出了点评分规则（Spot Score Rule）。所谓的点，指的是只包含一个相关问题以及与之相比较的对照问题的一个问题组合。所谓的点评分规则就是将相关问题与同点内的对照问题相比较并采用数量化评分系统评分，以作为诊断被试说谎与否的标准。比较时需要遵守的基本规则是：用来进行比较的相关和对照问题的位置必须固定，也就是某一点内的相关问题只能与该点内的对照问题相比较，不可与其他点的对照问题相比较。这反映了 Backster 的一项重要主张：考虑到被试在测试过程中心理生理指标并不总是平稳的，同时为了尽量克服习惯化的影响，在提问顺序中，每个相关问题都紧挨着一个对照问题，并在比较相邻的相关问题和对照问题的基础上做出判断。

在点评分规则基础上，Backster 开发出了测谎技术第一个系统的标准化评分体系——数量化评分系统（numerical scoring system）。数量化评分技术最早可追溯到 20 世纪 30 年代的 Winter（1936），虽并非 Backster 首创，但的确是他进行了系统性的规范。在对照问题测试法 ZCT 中，每套完整的问题清单中有 3 个点。每个点中包含 1 个对照问题和 1 个相关问题，如果被试在对照问题上的心理生理反应比相关问题的强烈，则赋值"＋1"分；如果是比较强烈，则赋值"＋2"分；特别强烈的，则赋值"＋3"分。相反，如果被试在相关问题上的心理生理反应比对照问题的强烈，则随着程度由弱变强，分别赋值"－1"分、"－2"分或"－3"分。如果在两类问题上的反应差别不大，则赋值"0"分。可见，Backster 采用的是 7 点评分系统（7 - position scoring system）。但他并没有采用平均分的方法，而是采用了总分形式，并给出了诊断被试是否说谎的判断标准——分界点（cut - off point）。由于每套题包括 3 个点，而每个完整的测谎测试对每套题提问三遍，因此理论

上测试最后的总分为"－54"分至"＋54"分之间。

Backster 规定，总分大于（包括等于）"＋7"时，将被试诊断为"诚实（No Deception Indicated，NDI）"；小于（包括等于）"－13"时，将被试诊断为"说谎（Deception Indicated，DI）"，而总分在"＋6"至"－12"之间时，则诊断为"无结论（No Opinion，NO）"。但值得指出的是，目前在 Polygraph 测谎实务中，一些测试人员会将 Backster 的 7 点评分系统简化，而改用 3 点评分系统（3－position scoring system，"＋1"至"－1"）（参见，Capps & Ansley，1992；Shull & Crowe，1993；Weinstein & Morris，1990）。

三、四轨道区域对照技术的评分系统

Matt 建议在实施四道区域对照技术测谎后应将测谎图谱拿出测试室，通过四道反应评分指南（Quadri － track Reaction Guide）进行点分析，然后把被测者在每个测验上得到的总分与四道区域比较测试正误率预测表（Predictive Table of accuracy and error rates for Quadri － track Zone Comparison Technique）进行比较，至于是无辜还是有罪取决于得分前的正负号（"＋"代表倾向无辜，"－"代表倾向有罪）。预测表是根据 1989 Matte － Reuss 现场研究得出的，它给出了无辜者、有罪者达到一个得分或更高得分（更低）的概率；无辜者、有罪者达到这个值或低于这个值（更强的得分）的概率；基于这种可能性出现错误的潜在概率，也就是出现反例的概率。

下面是测谎得分与无辜者/有罪者得分分布之间的关系。在将该分布关系应用于具体案例的时候，我们可以用测试总分除以相应测谎图表的数目得到一个平均分然后注明平均分在分布中的位置——是偏向无辜还是更偏向有罪。

无辜者————————————有罪者
临界值 ＋3   临界值 －5
平均值 ＋6.0017   平均值 －9.1484
标准差 3.099   标准差 2.8433

四、DODPI 评分标准

DODPI 在 Backster 区域对照技术（1961 年版）的基础上对其进行了微小的改动，即相关问题的设计没有遵循 Backster 所定义的单一主题原则，不过 DODPI 仍然把所有点的纵向总分相加得到一个总分并以此得出结论。要认定被测者是诚实还是撒谎至少需要对同样的测试问题进行三次测试。具体评分标准如下：

认定撒谎：在任何一点的得分都要小于"－3"或是总分为"－6"；

认定诚实：在任何一点上的得分必须为正而且总分要达到"＋6"或更高；

无结论：如果既无法判定是撒谎还是诚实，则结果就属于无结论范畴。

点 1	点 2	点 3	总分
+6	0	+6	+12 = 无结论
+4	−1	−2	+1 = 无结论
−1	+6	+6	+11 = 无结论
+2	+2	+2	+6 = 诚实
−2	−2	−2	−6 = 撒谎
+3	+1	+2	+6 = 诚实
+3	+2	−3	+2 = 撒谎
0	0	−3	−3 = 撒谎
+1	+1	+1	+3 = 无结论

五、Uath 区域比较测试技术

在 Uath 区域比较测试技术当中，在单一主题下，总分按下列规则解释：（Honts 1996）

1. 总分达到"－6"或更低即被认定为撒谎；
2. 总分达到"＋6"或更高即被认定为诚实；

3. 总分处于"－6"与"＋6"之间则无法得出结论。

从以上这些具体评分标准来看，数量化评分技术最大的优点就是使用方便。但是还应该发现，虽然这些评分系统都能对被测者诚实与否做较客观的评估，但仍会受到一些主观因素的影响（Gordon & Cochetti, 1987；Honts & Driscoll, 1988）。因为具体到每一个点或者每一个问题上，评分其实是根据图谱主观给出的。也就是说，某个具体呼吸图谱具体是打 3 分、2 分还是 1 分，其实是测试人员在观察的基础上给出的。那么这就涉及，面对具体的生理指标图谱应该怎么评分。

六、三种生理指标的评图

一个测谎图谱通常至少要记录三种心理生物指标，它们是皮电、呼吸和脉搏（或血压），即三导测谎测试。显示在图谱中就是三道横向的波形图，一般图形如图 11 - 1 和图 11 - 2：

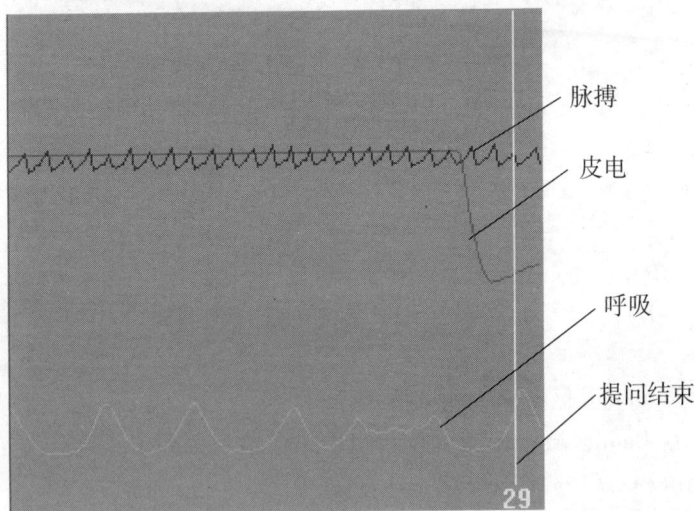

图 11 - 1　实际杀人案件测谎中一个相关问题的图谱

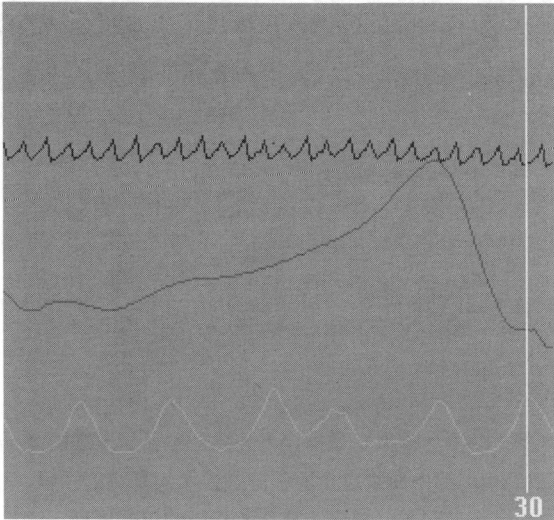

图 11 −2 实际杀人案件测谎中一个不相关问题的图谱

两图上方所记录的是脉搏曲线，中部是皮电曲线，下方是呼吸波。一个测验问题与下一个测验问题的间隔是 30 秒，即从回答问题开始到下一个问题开始的时间为 30 秒，这个间隔足以唤醒交感和副交感神经系统。

上两图是国内开发的 PGA 型测谎仪的测试图谱。而国际上通用的 Polygraph 测谎仪图谱则是来自前面提到的 Kircher 和 Raskin（1988）开发的计算机化测谎系统（Computerized Polygraph System, CPS）反馈的图谱，如下图 11 −3 所示。

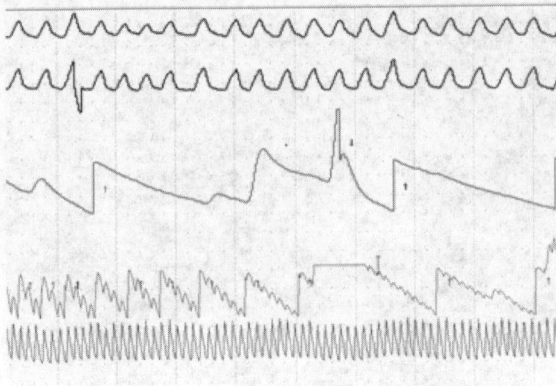

图 11 - 3   模拟犯罪情境下的多个题目的连续图谱
（CPS）图中曲线自上而下分别显示的是胸部呼吸、
腹部呼吸、皮电、血压和指脉的结果图谱

在 Polygraph 测谎的评图过程中，皮电是一个最重要的生理指标，它是三导测试仪中最敏感、最不易控制的心理生理指标（Charles R. Honts，1992）。对皮电指标进行评分主要是依据最大的皮电指标强度，即皮电曲线的峰值。

呼吸图谱是通过记录被测者在测试过程中胸腹部随着呼吸的扩张和收缩来得到的。当人吸气时，曲线就会均匀地上升；而人在呼气时，曲线就会回落到正常的基线。一次呼吸就是一个循环。一系列不间断的循环就构成了呼吸图谱。如果一个被测者在特定问题上没有立即产生恐惧情绪，那么他的呼吸循环就应当是等振幅的，这是因为心理上没有发生变化，而心理的变化将会抑制肋间隔膜肌群的活动。由于肋间隔膜肌群没有被抑制，被测者的呼吸将与正常时没有差别。而当被测者的心理发生变化时，将会激活被测者的交感神经系统，从而引起心理生理指标的变化，使得图谱上的呼吸波出现一系列的变化，常见的有以下几种：呼吸抑制、呼吸率减缓、阶梯波、呼吸率加快、呼吸曲线上升、屏息、深呼吸等。

虽然根据 Arther 的建议将呼吸指标进一步细化，分别记录胸部呼吸和腹部呼吸，但是目前的做法还是将两个呼吸指标放在一起评分。

对于脉搏波，测谎人员关心的是它所反映出来的心率和血压的变化。因此，测谎人员在对脉搏波进行评分的时候，往往是从两个方面进行：一个是心率的变化；另一个评价的指标就是血压的变化，主要是舒张压和收缩压的变化。

测谎技术的先锋们进行了很多的研究和实践，他们的理论和方法都不尽相同（Trovillo，1953；Marcuse，1953），但是他们都同意通过测量这三种生理指标来进行测谎，即呼吸（Respiration）、心血管活动（Cardiovascular Activity）和皮电反应（Electrodermal Response），并且对这些指标进行了许多的观察和研究，并对它们的评分标准给出了建议。

七、Keeler 测谎学校的建议

学员被要求注意以下的皮电的反应指标（可能是有罪的表征）：

> 伴随"谎言"的一个大的变化
> 一个反应后，不能回到基线
> 1~5 秒内的反应时间
> 不明的下降反应

对于呼吸，存在的反应指标有：

> 呼吸量的改变
> 基线改变
> 呼气抑制（下位抑制）
> 吸气抑制（上位抑制）
> 不规则呼吸
> 连续的深呼吸

八、Reid 的建议

Reid（1942 年）发现采用不同的测试方法，其评价的反应指标是不相同的。他分别列举了相关/不相关问题测试法（RIT）和紧张峰测试法（POT）的反应指标。对于 RIT，他认为最可靠的指标是即时的呼吸抑制和被测者回答问题后马上出现的血压的上升。具体的反应指标有：血压的升高、血压的降低、脉搏减缓、呼吸抑制以及深呼吸（呼吸缓解）。对于 POT，反应指标是血压曲线的最高点。

九、APA 的建议

美国测谎学会 APA 的学校列出了下列图谱评价规则（1991年）。

呼吸出现下列变化的个体可能会被认定为有罪：

规律性的改变

呼吸幅度和呼吸量的变化

呼吸比（吸气/呼气）的变化

呼吸尖波

基线变化

基线消失

深呼吸

呼吸抑制

呼吸调控

皮电出现下列变化的个体可能会被认定为有罪：

在相关点（呈现相关问题的时候）突然升高

双鞍波后长时间或大幅度反应

在相关点皮电波突然上升

脉搏（血压）出现下列变化的个体可能会被认定为有罪：

同时出现血压上升和下降

只有血压上升

只有血压下降

脉搏率增加

脉搏率减少

血压幅度上升

血压幅度下降

十、Backster 的建议

Backster 在他所发明的区域对照测试技术中给出了以下主要反应指标的评图规则。

呼吸方面：

呼吸抑制

基线上升

窒息

呼吸频率减慢

皮电方面：

唤起

脉搏（血压）方面：

血压上升

幅度减小

频率减少

深呼吸、脉搏增加和脉搏频率增多都可能是有罪被测者的一种缓解反应。

十一、其他研究

Robbins 和 Penly（1974，1975）研究了 76 名有罪者的图谱（1974）和 140 名无罪者的图谱（1975）。所有的 140 名无罪者的结果都得到了证实，而 76 名有罪者中只有 50 名得到证实。在他们的研究中，发现以下结论中有三种指标最有影响，他们是血压（脉搏）、皮电、呼吸，其中呼吸中有几个特殊的波形：

呼吸抑制，然后是解除反应
窒息
基线变化
呼吸比（吸气/呼气）的变化

在 1931 年以前，研究者只是考虑到皮电反应的指标。近年来的研究表明，只要测试符合条件，呼吸指标的作用与皮电指标一样。

此外，Ben–Shakhar 和 Dolev（1996 年）在他们的研究中比较了呼吸曲线长度（respiration line length，RLL）和皮电反应的相关度。所谓 RLL 指的是当提问开始后 15 秒内呼吸曲线轨迹的长度。研究结果表明，RLL 越短越能说明被测者有罪。Travis L. Seymour，Colleen M. Seifert，Michael G. Shafto 和 Andrea L. Mosmann（2000 年）也指出，仅仅通过评价反应时间（Reaction Time，RT）就能够有效地把有罪者和无辜者区分开来。

整体评图

许多人一提到评图就想到了给每个图谱分别打分，然后再总和或者均分。但是实际上，实务中的测谎人员在评图的时候，也特别注意对图谱的整体进行评价。这样的思想最早来自于 Reid 的整体评分（global scoring）概念。

一般来说，Polygraph 测谎的提问过程要重复三遍。但是就如前面提到的习惯化问题或者因为疲劳效应等，提问过程之间是存在着差异的。即第一遍测试时，由于问题第一次被提出，比较新鲜，对被测者来说比较强烈，引起的情绪或者觉醒程度较大，所以生理反应一般较为强烈。随后第二遍，特别是第三遍，由于习惯化和疲劳，生理数值趋于平伏。当生理数值过于平伏时，各类问题之间的生理数值可能无法显示出差异。即使用区域对照法，对每遍之间的相邻的问题进行比较，因为第三遍所有的问题的生理数值都不高，即使比较相邻问题也不会看出差异。为了解决这一问题，测谎人员开发出了多种解决方法，其中之一就是使用"增益（Gain）"。所谓增益是指通过处理收集到的生理信号人为增强信号。这样可以使问题之间原本不明显的差异在图谱上明显地表现出来。第二种方法则是建议测谎人员以第二遍的数值为主要的评图依据。

不过，这种生理反应数值趋于平伏的现象其实并不是坏事，因为它可以作为另外一种评图的依据。从整体上讲，将三遍测试的数值进行相互比较，如果一遍比一遍紧张，可以作为判定被测者有罪的依据之一。这是因为，对于一般的有罪者来说，经过这么多的敏感问题的提问，心理压力应该是越来越大，但是也不排除有罪者由于疲劳或者由于习惯化而出现数值逐渐下降的情形。所以说，如果一遍比一遍放松，不能简单地认为是无辜者的反应。但是一遍比一遍紧张的话，那就需要特别加以注意。

整体评图的另一个方面就是注意一些前后相关的题目之间的呼应。有的时候被测者由于种种测谎人员不知道的原因而出现阵发性的紧张反应，这表现在图谱上就是一组题目中只有一个或者两个题目出现较高的反应，而其他的题目则没有明显的反应。在这种情况下，如果测试人员不注意整体评图，就很可能造成错误。实际上，作为一名合格的测试人员不仅要学会在编制问题的时候注意有些题目的前后呼应，更要学会在评图中注意这些题目的相关性。例如，在一组 Polygraph 测谎题目中有这样两组题目：

这个案件，你知道是谁干的吗？
这个案件，你怀疑是谁干的吗？
这个案件，你看见是谁干的吗？
这个案件，是你干的吗？

这个案件，是一个人干的吗？
这个案件，是两个人干的吗？
这个案件，是三个人干的吗？
这个案件，是四个人干的吗？
这个案件，是五个人干的吗？

前一组的第二遍测试的评分结果如下：

问题	皮电	呼吸	脉搏	总分
这个案件，你知道是谁干的吗？	5	2	0	7
这个案件，你怀疑是谁干的吗？	0	0	0	0
这个案件，你看见是谁干的吗？	5	3	0	8
这个案件，是你干的吗？	4	1	0	5
这个案件，是一个人干的吗？	2	0	0	2
这个案件，是两个人干的吗？	1	0	0	1
这个案件，是三个人干的吗？	5	2	0	7
这个案件，是四个人干的吗？	1	0	0	1
这个案件，是五个人干的吗？	0	0	0	0

从上面的结果可以看出，被测者在回答"这个案件，你知道是谁干的吗？"和"这个案件，你看见是谁干的吗？"时出现了很高的反应，但是在关键问题上"这个案件，是你干的吗？"的生理

反应并不是很高。这就给解释这种图谱带来了一些困难。但是如果我们注意整体评图，把这组题目和后面的这组题目结合起来，就可以得到合理的解释。后一组题目表明此案的参与人不是一个人，而是三个人，与前面一组的测试结果结合起来，说明被测者是此案的作案人之一，很有可能只是从犯。由此可见，从整体上来对图谱进行评价，注意前后题目之间的相互对应，可以更准确地评判、解释图谱，从而减少失误的可能性。

对测谎评图的建议

尽管 Polygraph 测谎技术一直在做着标准化的工作，但是我们还是要承认，目前标准化程度其实是不够的。这就意味着 Polygraph 的评图技术不能只是一个完全按标准或者流程进行的工作，还需要经验的积累。此外，该领域的一些规律或者标准是在实验室或者模拟犯罪研究中获得的，存在着生态效度不足的问题。所以我们需要了解测谎人员在实务工作中的一些做法和经验，作为本书给出的一些建议将其介绍给大家。

一、同步评图与测后评图

几乎所有的测谎教程都会建议测谎人员使用测后评图，因为测后评图的好处非常明显：能够保证评图的客观性。把评图放在测谎测试之后，测谎人员可以比较集中、少受外部因素干扰，根据评图标准一步一步地进行。在必要的情况下，可以将编题人员、实测操作人员和评图人员分开，以保证评图人员不带任何偏见进行客观的评图。

但是，在实务中，不少测谎人员，特别是非常有经验的测谎人员其实更多地在使用同步拼图。即在测谎测试进行的过程中，同步的图谱呈现在计算机显示器上时，测谎人员已经开始进行评图。在实际的案件的侦办过程中也发现同步评图比测后评图有着更多的优势。主要表现在以下两个方面：

第一，在实际的测试中，被测者往往会出现各种意外的情况，例如咳嗽、调整坐姿、无意识动作等，这些都会影响测试的图谱。目前的 Polygraph 测谎系统还不能有效排除这些干扰的因素，有的软件只能简单地将这些因素识别出来，并将同时记录的图谱排除在评分的范围外，这样就会造成一些有用的信息的丢失。同步评图可以弥补这个缺点。因为我们可以根据被测者动作的幅度的大小来评估当时的皮电、呼吸、脉搏（或血压）的真实水平，这样就会保存一部分有用信息，不会造成信息的完全浪费。

第二，同步评图可以缩短 Polygraph 测谎的时间，为后面的测后审讯争取时间。实际的情况是，如果在 Polygraph 测谎结束以后马上对认定的犯罪嫌疑人进行审讯，往往会达到很好的效果。这是因为，大多数的有罪的被测者对测试的结果十分关注，在测试中接受连续几轮的提问，这些问题对他来说十分有威胁，往往会使他面临巨大的心理压力，其心理防线处于崩溃的边缘。如果侦查人员的审讯工作能够马上跟上，稍加压力，有罪者的心理防线就会完全崩溃，然后开始供认自己的罪行。我们在使用同步评图以后，能够在提问结束的同时，对被测者下一个明确的结论：其是作案人、涉案知情人还是无辜者。如果使用测后评图，可能就不能实现这样的效果。

当然，同步评图存在着一些比较大的问题，就是要求测试人员同时进行多项任务——实施测试和评图，如果注意力不够会漏掉一些信息或者出现较大的失误。另外同步评图可能会带有测试人员的主观性评价。

建议：对于有经验的测试人员或者测试由两名人员完成的情况，可以选用结合手写记录的同步评图；但是对于初学者来说，采用测后评图可能更合适。

二、结合非言语行为分析

Reid 强烈建议在 Polygraph 测谎中结合自然观察法来分析非言语行为。虽然多数研究者并不以为然，认为这会极大损害 Polygraph 测谎的标准化。不过近年来，人们开始比较一致地认为，Polygraph 测谎技术应该和其他的非仪器的测谎技术结合起来，以达到互补的目的，完全否认非言语行为的观察分析是毫无道理的。观察行为还是识别反测试的主要方法。另外，测谎人员在从事实务测谎工作时都能感受到，行为分析并不仅仅用于反测试的过程中，它对于整个测试过程都有很大的价值。不过我们在进行 Polygraph 测谎的时候一定要记住：自然观察法只提供有罪或者无罪的表面现象，只有 Polygraph 测谎本身才能提供有罪或者无罪的实质。自然观察法是 Polygraph 测谎技术不可缺少的辅助手段。

根据 Reid 的建议，如果发现以下几种情况需要加以注意：

第一，被测者的视线不能直视测试人员。被测者因为心虚而不能直视 Polygraph 测谎人员，他的目光会逃避 Polygraph 测谎人员的注视，不敢和测试人员对视。

第二，出汗过多。在室温下，人是不至于会出汗的。进行 Polygraph 测谎时，一般要求在室温条件下进行。如果被测者身体的若干部位出汗过多，这就是被测者有罪的极好的标志之一。最应该注意的部位是双眼之间或者上嘴唇。汗珠会最早在这些部位出现，并且逐渐变得清晰可见；前额的汗珠则先在发际线下出现，然后扩散到整个脸部，手掌出汗的速度也比较快，此外腋窝也是出汗较多的部位。

第三，脸部和颈部皮肤过分苍白或者变红。情绪的激动也会造成被测者的头部、脸部、颈部等一些容易被看到的血管的明显的跳动，血流量明显的增加，从而导致脸部和颈部的皮肤变红。

第四，出现吞咽、舔嘴唇等动作。我们已经知道，这些迹象产生与自卫本能有关。当人受到威胁时，抗利尿激素过度分泌，从而导致体内水分流失。当嘴、舌、唇部干燥的时候，人们会出现吞咽、舔嘴唇等动作。

第五，不自主的动作。在进行测谎的时候，被测者会出现不自主的动作，这也是有罪的表现之一。因为，在正常的情况下，人具有控制自己活动的能力。动作的不由自主是由暂时或部分丧失控制自觉活动能力导致的。不自主的动作包括：手、脸、腿、手臂和脚连续的抽搐和颤动。常见的情况就是，被测者的脸部表情不自然、古怪，说话结巴，手脚抖动，坐姿别扭等。

建议：使用以上评断依据时一定要慎重。因为就如前面我们讨论过的，人与人之间有着很大的差异，并不存在着某种行为模式一定是说谎的指标。当一个被测者出现上述的一种表现或者是几种表现，可能存在着好几种不同的解释，有罪只是其中的一个可能性。因此，一定要和 Polygraph 测谎图谱结合起来解释，否则很可能出现失误。

第十二章

测谎结论的证据可采性

　　我们已经有了至少四大测谎技术，分别分析对象的非言语行为指标、言语行为线索、陈述内容分析，以及仪器测谎。从目前的情况来看，陈述内容分析和仪器测谎（包括 Polygraph 和 ERP）有时被作为法庭证据使用。而对于另外两类——非言语行为指标和言语行为线索的分析将永不可能出现在法庭案例中，因为它们更缺乏可靠的模式，对它们的解释会十分复杂。

行为分析和 SVA 的法律问题

一、Fulminante 规则

　　非言语行为指标和言语行为线索的分析的准确性对测试人员的要求极高，说它们是一种专家的"技艺（Art）"而非"科学技术"可能更恰当。不过这并不妨碍我们使用它们。在日常生活之中，几乎每个人都会有意无意地使用他们自己的行为和言语观察分析方法，并很少在意是否用对了。此外，很多的司法人员，特别是警察在工作中几乎一直在使用这些技术。在美国，因为 Reid 卓有成效的工作，以言语行为线索为主的这两类分析技术已经被写入警察手册，作为美国警察职业必备技能之一。"Reid 技术"以及"Reid 九步审讯法"不仅在美国，在"世界范围内"的刑事审讯界都享有盛名。我们不妨看看"Reid 九步审讯法"的基本思路。

第一步，直接正面告知被讯问人，他已被视为本案犯罪嫌疑人，并注意观察对方的反应；

第二步，审讯人员说出自己对犯罪原因的推测，并给犯罪嫌疑人提供一个可以在道义上为自己开脱的理由；

第三步，打断犯罪嫌疑人对自己无罪的说明，并注意观察其反应；

第四步，驳倒犯罪嫌疑人关于第二步中提出的道义借口的说明；

第五步，以认真诚恳的态度获得并保持犯罪嫌疑人的注意力；

第六步，通过加强目光接触来消除犯罪嫌疑人的消极情绪；

第七步，提出一组选择问题，建议犯罪嫌疑人在"可以接受"和"不能接受"两个方面进行选择；

第八步，让犯罪嫌疑人口头讲述犯罪的各个细节；

第九步，把口头供述转为书面供述。

可见，虽然这些技术本身因为可靠性不够难以直接出现在法庭证据之中，但是它们对法庭的影响其实是无法被忽视的。因为在讯问或调查中对被测者的行为系统的、详细的观察可能对确定某些事情是否发生有用，从而会导致进一步的调查。如侦查人员在调查一名凶杀案的犯罪嫌疑人，发现他在谈到可能是凶杀案发生的确切时间段时就试图转移话题。而很多情况下我们是不能完全确定凶杀案发生的准确时间的，哪怕是侦查人员或法医也不可以。虽然我们知道这样的行为线索并不能说明他一定在说谎或者他一定是凶手，但是可以说明他知道的关于这起案件的情况可能比侦查人员还多。这可能导致侦查人员形成一种设想——把重点放在这个人身上是对的。接下来警方极有可能加大审讯的力度，并积极地寻找外围证据，例如找出这名嫌疑人案发时的活动轨迹并从中搜寻证据。这种"九步审讯法"，有时候仅仅只是使得审讯人员的自信心增强或者被测者发现自己在应对警方审讯过程中犯了极大的错误，都有可能打破嫌疑人的心理防线，而获得认罪供述。

但是这样的过程就会带来法庭审查上的问题，也就是会面临着侵犯"保持沉默权"、逼供、诱供的质疑。因此，美国司法实践中有一条法律与之大有相关，即 Fulminante 规则（Fulminante Rule）。此规则主张：

> 如果在前面审判时错误地采纳了强迫性供述，那么一定会翻案；
>
> 如果供述是一步一步得到的，或者有其他证据，那么前面的错误采纳只是"无害过错（harmless error）"，不影响案件的判决。

二、SVA 的证据可采性

而在陈述内容分析方面，其中的 SVA 具有比较好的证据可采性。事实上，SVA 本身可以说就是为了成为可能的法庭证据而出现的。1954 年，当时的西德最高法院召集了一个小型的专家听证会。最高法院想评价心理学家在认定儿童证人证言可信度方面有多大的帮助（尤其在性侵犯案件的审判中）。心理学家 Udo Undeutsch 报告了他研究的一个案例，声称：

> 被强奸的被害人只有 14 岁。最高法院的五名法官："对这个案例印象深刻，并且深信在评估儿童或青少年证人的证言方面，进行法庭外检查的心理学专家比那些在法庭审判的正式气氛下的事实发现者有另外的、更好的资源。"（Undeutsch, 1989，p. 104）

结果在 1955 年西德最高法院做出了一个规定，在所有有争议的儿童性虐待案中都要求使用心理访谈和可信度评价。这导致在许多案件中传唤心理学家作为专家。Arntzen（1982）估计，在1982年以前有40 000多起案件使用了专家证言。在西德和瑞典这也导致出现了各种评价性虐待被害人证言可信度的标准。在瑞典和德国专家研究的基础上，Steller和Köhnken（1989）汇编了一系列这样的内容标准，并且描述了一种评价陈述真实性的程序。这就是我们现在所知的陈述有效性评价（Statement Validity Assessment），也就是SVA。

SVA在德国法庭上得到了很好的确立。尽管原告和被告也都被允许质疑或者不信任SVA证据——例如，通过发现专家证人推理中的弱点，通过法庭上的专家交互检查，或者通过聘请另一位专家就专家意见的性质提供建议，但他们以及他们的律师都很少质疑这种评价的有效性（Köhnken，1997）。同时，德国心理与法律学会也开始提供一项官方的培训计划，让心理学家成为SVA专家。

目前，SVA在其他的欧洲法庭也被作为证据使用，例如荷兰（Vrij & Akehurst，1998）。但是，SVA评价在英国法庭是不被承认的（Vrij & Akehurst，1998）。北美（美国和加拿大）对在法庭上使用SVA的观点是有分歧的。一些学者（例如，Honts，1994；Raskin & Esplin，1991b；Yuille，1988b）支持在法庭上使用SVA的结论，而其他的人（Boychuk，1991；Lamb，1998；Ruby & Brigham，1997；Well & Loftus，1991）则持怀疑的态度。SVA的结论也曾在北美的一些法庭上以专家证言的形式作为证据使用（Ruby & Brigham，1997，1998），但比德国要少见得多。SVA在北美的主要价值是用来指导警察的调查和起诉裁量（prosecutorial discretion）（Raskin & Esplin，1991b），这点类似前面的非言语行为和言语行为线索分析两个技术。

总之，目前的状况是，世界各国对SVA的意见是不一致的，在欧洲的某些国家，如德国和荷兰较常将其作为证据使用，而在其他的国家则存在争议。在我国大陆现阶段的司法实践中，则基本处于空白状态。

Polygraph 经典判例

当我们说到测谎的法律问题时，人们首先想到的往往是仪器测谎，也就是 Polygraph 测谎，而基本忘记了还有其他三类测谎技术。事实上，学术界的情况也一样，人们围绕着 Polygraph 的可靠性、证据可采性等问题吵得不可开交，此主题的论文随便一检索就可以找到成百上千篇。也许对于现代人而言，既渴望依赖技术，又畏惧有朝一日被技术替代。这样的心态可能是现代人普遍的悲哀。我们用了两三千年的时间去探索，终于造出了测谎仪。然后，我们又几乎与此同时开始制定规则以限制它的使用。

一、Frye 案

就在 1923 年，也就是在 Polygraph 测谎仪问世（以 Larson1921 年发明测谎仪为标志）后的仅仅两年，人们对它在刑事司法中的法律地位问题就提出了质疑。

19 岁的男子 James Alphonzo Frye 被控二级谋杀，在案件初审之前，他曾接受了一次测谎。主持这次测谎的测试人员就是时任哈佛大学教授的 Marston。如前所述，Marston 是心血压测谎测试法（systolic blood pressure deception test）的发明者。因此，事实上此案涉及的测谎测试并不同于当今通用的 Polygraph 技术（目前采集的是 3 项生理指标，即皮电、呼吸和血压，而 Marston 当时只使用了心血压一个指标），而是此技术的雏形。根据 Marston 当时在法庭上的陈述，Frye 在最初否认自己犯罪后没有多久又承认了罪行，并且向警方提供了准确的犯罪细节。但是几天后 Frye 撤回了自己的认罪状，并声称他是无辜的，而之前之所以认罪是因为他曾得到许诺——如果他承认是自己做的就会减轻自己的刑罚。正是在这个阶段，Marston 介入案件对 Frye 进行了测谎，并且诊断 Frye 为"诚实"（*Frye V. United States*，1923)[1]。

---

[1] *Frye v. United States*, 293 F. 1013, 1014 (D. C. Cir. 1923).

当此案进入审判程序时，因为缺乏其他有效的证据，辩方律师则提出将此前所获得的测谎测试结论作为证据引入法庭。这时不能回避的问题是，作为一种新兴的"科学技术"的应用结果——测谎结论，是否能作为法庭证据使用呢？辩方律师主张："专家或具有特殊技术的人的意见，在某些案件当中可以作为证据；而未受过训练或没有经验的人，不太可能作出正确的判断。因此，……对于所争议的问题不属于普通知识或经验判断范围时，此学科专门领域的人的意见，应具有证据能力"（*Frye V. United States*，1923）。辩方律师据此要求让此领域的权威科学家作为专家证人对该测谎结论给出意见，并将此意见作为证据纳入法庭。

此主张遭到检方的强力反对，而法院也支持检方观点，裁决否定了测谎结论在该案中的使用。辩方律师稍后提议由专家证人在法庭上进行这项测谎测试，也遭法官拒绝。此案上诉到哥伦比亚地区巡回法院，法官 Van Orsdel 针对这个首次试图将测谎结论引入法庭程序的尝试，给出了以下裁定意见：

> 法庭在接受专家证言时要经过一个比较长的过程，而这些证言必须是从公认的原理和发现推论出来的，并且这些推论出来的东西在它所属的特定领域内得到认可。我们认为心血压测谎技术还未得到生理学和心理学权威的科学认可，因此不能作为从发现、发明和实验中推论出的专家证言在法庭上使用。[*Frye V. United States*，293F，1013（D. C. CIR. 1923）]

这就是著名的 Frye 规则（Frye Test），"它规定，只有在作为专家意见基础的科学技术在相关科学共同体（科学界）中获得'普遍接受'时，该专家意见才具有可采性（the rule that expert opinion based on a scientific technique is inadmissible unless the technique is 'generally accepted' as reliable in the relevant scientific community）"（*Frye V. United States*，1923）。由此可见，是否接受测谎测试结论的标准是唯一的，即"普遍接受（general acceptance）"。

而要确定是否符合"普遍接受"这一标准需要通过以下两个步骤进行:

第一步:确定科学原理或发现所属的特定领域和相关的科学共同体(identifying the particular field(s)into which the scientific principle or discovery falls and the relevant scientific community);

第二步:再确定那一相关的科学共同体是否接受这一技术、原理或发现,产生结果的基础理论和程序都必须为其相关领域中的科学家所普遍接受(determining whether that community accepts the technology, principle, or discovery. Both the underlying theory and the procedures used to produce results must be generally accepted by scientists in the relevant fields)。

Frye 判例以及 Frye 规则的建立,直接导致了 Polygraph 技术在近 70 年的时间内几乎都被排除在法庭之外。这种情况一直延续至 1993 年的 *Daubert v. Merrell Dow Pharmaceutical Inc.* 案。

二、Daubert 案

Daubert 案涉及 2 名患有先天身体缺陷(肢体残疾)的婴儿(Jason Daubert 和 Eric Schuler),因其父母认为此缺陷是由于其母亲在怀孕期间服用被告公司——Merrell Dow Pharmaceutical Inc. 所销售的药物 Bendectin 所致,故其提起民事诉讼。

Bendectin 是一种治疗孕妇呕吐或眩晕的特效药,曾在世界范围内广泛销售。据估计,到 1983 年全世界有超过 3300 万妇女使用过此药(Lasagna & Shulman,1993[1])。后有多名患儿母亲回忆怀孕期间曾服用此药,因而渐有此类患儿的监护人对 Bendectin 销

---

〔1〕 Lasagna, Louis & Shulman, Sheila R. , "Bendectin and the Language of Causation", in Foster, Kenneth R. & Bernstein, David E. & Huber, Peter W. (eds.), *Phantom Risk: Scientific Inference and the Law*, Cambridge, Mass: MIT Press 101, 1993.

售商提起民事诉讼。因此，实际上在 Daubert 案之前，针对 Bendectin 的诉讼案件已经是风起云涌。

此案在加州地方法院审理时，因涉及药物科学此类专业问题，法院允许原被告双方自行聘请专家证人作证。被告沿用了以前相关诉讼的专家鉴定，认为 Bendectin 并不会造成婴儿肢体残疾。原告则提出了阵容可观的 8 名专家，认为通过动物活体试验、药物化学结构分析和对现有流行病学资料的再分析证明，此药物确实可导致婴儿畸形。地方法院在审理后认为动物活体试验和药物化学结构分析不能证明 Bendectin 能直接导致婴儿畸形，而在现有流行病学资料基础上进行再分析虽然得出了 Bendectin 与婴儿出现畸形在统计上具有显著性，但这一结论没有经过同侪审查[1]，也没有给出相对风险（relative risk）及其置信区间（confidence interval，CI），因而不具证明力。

所谓相对风险是流行病学研究中的常用指标，用来表示疾病与可能病因间的相关性强度。具体的计算方法是比较暴露于病因环境下的实验组和没有暴露病因环境下的控制组患病的比例高低。如本案，如果曾服用过 Bendectin 的 100 名孕妇（实验组）中有 30 名生下的婴儿出现畸形，患病比例为 30/100；而没有服用过此药的另 100 名孕妇（控制组）中只有 10 名生下的婴儿出现畸形，患病比例为 10/100。则相对风险 =（30/100）/（10/100）= 3.0。可见，相对风险为 1.0 时，病因与患病没有相关关系；大于 1.0 时为正相关，且数字越大，相关程度越高。而通过一次实验得到的上述相对风险实际上是抽样统计分析的结果，由于测量误差或其他干扰因素无法被完全排除，所以并非真值。统计上我们可以用置信区间这一指标来表示我们所获得的某次测量结果（相对风险值）的可靠性。一般情况下，如果置信区间水平 α 大于 95% 或 99%，说明此次得到的相对风险值不可靠的可能性小于 5% 或 1%，基本是不可能的，

---

[1] 所谓同侪审查（peer review），是指研究论文在学术性期刊上公开发表，因为在发表过程中论文都会被要求接受专家（即同侪）审阅。

也就表示此相对风险值可靠。但此案原告并没有报告具体的相对风险数据及其置信区间。因此，地区法院最后准予了被告的即决判决（summary judgement）的请求［*Daubert v. Merrell Dow Pharmaceuticals, Inc.*, 727 F. Supp. 570（S. D. Cal. 1989）］。

此案上诉到联邦第九巡回法院，法官援引 Frye 规则维持了原判［*Daubert v. Merrell Dow Pharmaceuticals, Inc.*, 951 F. 2d 1128（9th Cir. 1991）］。随后，原告以《联邦证据规则（*Federal Rules of Evidence*)》中的第 702 条为依据上诉到联邦最高法院。1975 年，美国联邦参议院与众议院制定并开始实施《联邦证据规则》，作为联邦法院审判程序的证据法则，其中第 702 条规定：

> 如果科学、技术或者其他专门知识能够帮助事实的审问者了解证据或者判定争议中的事实，那么满足作为专家要求的知识、技能、经验、训练或者教育的证人就可以专家意见或者其他形式作证（If scientific, technical, or other specialized knowledge will assist the trier of fact to understand the evidence or to determine a fact in issue, a witness qualified as an expert by knowledge, skill, experience, training, or education, may testify thereto in the form of an opinion or otherwise）。

最高法院围绕此条规则进行了详尽的论述，提出了判断科学证据可采性的"综合观察（general observation）"标准，即一项科学技术或方法能否作为证据被法庭接受，需要满足以下四个标准之一［*Daubert v. Merrell Dow Pharmaceuticals, Inc.*, 113 S. Ct. 2786, 2795 – 96（1993）］：

> 是否具有可验证性（whether the theory or technique can be or has been tested）；
> 理论或技术是否经过同侪审查（whether the theory or technique has been subjected to peer review）；

其错误率是否已经知晓，并且是否具有规范的程序或操作标准（whether the error rate is known and standards exist controlling the operation of the technique）；

是否为相关科学共同体所普遍接受（whether the theory or technique has gained general acceptance）。

这就是所谓的 Daubert 规则。这一规则的确立，代替了 1923 年 Frye 案所确立的"普遍接受"规则。相比较而言，Daubert 规则更为宽容，但是对实证性的要求则更强，因为它实际上是对科学证据的"可靠性（reliability）"作出了规定。另外根据《联邦证据规则》第 104 条 A 项的规定，还要求联邦法官必须具备相关科学领域中的一些专门知识，担任好科学证据"看门人（gatekeeper）"的角色，过滤掉那些缺少科学可靠性的证据。这实际上就是对科学技术或者专家证人的资格（qualification）做出了保障。而第 401 条（"有关关联性证据指具有下述盖然性的证据：任何一项对诉讼裁判结案有影响的事实的存在，若有此证据将比缺乏此证据是更为可能或更无可能"）和第 402 条（"除美国宪法、国会立法、本证据规则或者最高法院根据成文法授权制定的其他规则另有规定外，所有关联的证据均可采纳，无关联的证据不可采纳"）则进一步对科学证据的关联性（relevance）作出了规定。至此，我们可知，由此建立起来的具有可采性的科学证据或专家证言应该是资格（qualification）、关联性（relevance）和可靠性（reliability）同时具备的。

虽然 Daubert 案最终以原告的败诉而结束，但是其影响在我们看来并不仅限于法律界，对科学界，乃至哲学界都产生了重大影响。因为，从此案例的相关法律意见书中，我们看到了法律与传统自然科学研究的相互融合。大量的科学或者统计术语频繁地出现在法律文书中。而从 Frye 规则到 Daubert 规则的转变，实际上反映了人们判断真实的认识水平和观念的转变。

三、Scheffer 案[1]

与 Frye 案不同，Daubert 案并不是直接针对 Polygraph 测谎技术的，因此并没有明确规定测谎结论是否具有证据可采性。这种情况直到 1998 年的 *United States v. Scheffer* 案后才有所改观。而在此之前，甚至是在 Daubert 规则建立后的很长时间，由于 Frye 案的影响，美国法庭（包括军事法庭）对待 Polygrahp 测谎结论普遍采用一种"本身排除原则（per se rule of exclusion）"，即无论处于何种情形下，都将测谎结论排除在法庭证据之外。

Scheffer 案被告，空军飞行员 Edward Scheffer 在例行的尿液检查（urine test）中发现其中有毒品成分［安非他明（amphetamines）］，因此被控吸毒诉至美国军事法庭。但 Scheffer 本人一再否认自己曾有吸毒行为，并同意接受测谎测试以证自身清白。后来进行的测谎测试的诊断结果为 Scheffer 是"诚实的"，即其辩词是可信的。但是军事法庭根据《军事证据规则（Military Rule of Evidence）》707 条（此条将 Polygraph 测谎结论排除在军事审判程序的证据之外），没有将此测谎结论采纳为证据，而采信了尿检结果并判被告 Scheffer 有罪。

此案上诉至军事上诉法庭（the Court of Appeals for the Armed Forces），上诉法庭认为对于测谎这一科学技术是否具有证据可采性，应由审判者加以斟酌，而前军事法庭将有利于被告的测谎结论直接排除，有违宪法第六修正案，损害了宪法赋予被告的防御权（the constitutional right "to prepare a defense"）。美国司法部不同意此意见而向联邦最高法院提起上诉。

最高法院的 9 名大法官对是否采信测谎结论观点各异。其中 4 名法官（Thomas，Rehnquist，Scalia，Souter）形成多数意见（ma-

---

[1] *United States v. Scheffer*, 523 U. S. 303, 118 S. Ct. 1261, 140 L. Ed. 2d 413 (1998).

jority opinion)[1]，此意见赞同"本身排除原则"，认为目前在科学界对于 Polygraph 测谎技术的可靠性（reliability）并未形成一致意见，因此此原则可以有效地防止那些不可靠的证据进入法庭。"迄今为止，科学界对 Polygraph 测谎技术的可靠性仍持两极化观点。(To this day, the scientific community remains extremely polarized about the reliability of polygraph techniques.)"（*U. S. v. Scheffer*, 1998）另外，这 4 名法官还注意到，陪审团会深受测谎结论证据的影响，并倾向赋予其更强的证明力。同时，即使只将测谎结论作为间接证据使用，但实际的效果往往是它的出现会分散陪审团对主要证据的注意力。因此，他们认为将不可靠的测谎结论排除在证据之外并不违宪。另外有 4 名法官（Kennedy，O'Connor，Ginsburg，Breyer）形成协同意见（concurrence or concurring opinion），也认为由于对于 Polygraph 测谎技术的可靠性在专家之间和法庭上都没有达成一致意见，因此《军事证据规则》第 707 条并不违宪。但是这 4 名法官都认为"本身排除原则"是不公正的，因为他们主张："是否采纳 Polygraph 测谎结论证据，每个审判程序可以根据具体情况作出不同的判决。"9 名法官中有 1 名法官形成了不同意见（dissenting opinion），他认为"本身排除原则"违宪，并且指出，如在此案中指出 Polygraph 测谎技术不够准确这样的判断，这显然与政府广泛使用此项技术进行人事筛选的现实相矛盾。

由此可见，此案的多数意见认为，对测谎结论采取"本身排除原则"，并不违宪（9 名法官中有 8 名持此意见）但也不公正（9 名法官中有 5 名持此意见），法官可根据个案情况来确定是否采纳其为证据使用。

---

〔1〕 美国法院以法官投票表决判决结果，而法官均可个别提出意见书。也就是说，多数意见（majority opinion）会由一个法官主笔，判决结论与多数意见相同；同意判决结论但在具体理由上不同者，可发表协同意见（concurrence, concurring opinion）；结论不同者，则发表不同意见（dissenting opinion）。并且，法官可重复签署其所赞同的意见书。

四、Mallory 案和 Piccinonna 案

在法律方面，Polygraph 测谎技术面对的质疑还包括它可以妨害当事人的自由陈述、不自证其罪或保持沉默等权利。而对此等问题作出解决尝试的则是 1957 年的 *Mallory v. United States* 案和 1989 年的 *United States v. Piccinonna* 案。

Mallory 因涉嫌强奸被警方拘留，并被要求接受测谎测试。但测谎时仅有被告与测试人员（同时也是此案侦查人员）在场，且房门紧闭。当时也没有告知 Mallory，其有权保持缄默、有权委任律师，其所做出的不利陈述将作为法庭证据使用等话语［即米兰达警告（Miranda Warning)］。最后在测谎结论诊断其"有罪"，且将会判处其死刑的情况下，Mallory 与警方达成了答辩协商，做出认罪供述。后在法庭审判中，陪审团作出了判处死刑的结论。此案上诉至联邦最高法院，法院认为：本案被告被迫接受测谎，且测谎前未被告知其具有保持沉默、委任律师的权利，也未被告知其所为不利陈述将作为呈堂证据，因此被告的供述不能被采纳为证据使用。此案所建立的规则就是：对被告进行测谎测试之前，应告知其相关权利（宣布米兰达警告），此后所获得的被告陈述才能被采纳为证据[1]。

而在 1989 年的 *United States v. Piccinonna* 案中，美国第 11 巡回法院指出，近年来在测谎技术方面取得意义重大的进步……，以至于其检测结果作为法庭证据已被科学界所认可。……此次测谎结论可被法庭采信，但必须满足下面两个条件之一：要么诉讼双方同意采信测谎结论，要么由法官根据第 11 巡回法庭建立的标准决定采信测谎结论[2]。因此可见，Polygraph 测谎结论是否具有证据可采性，诉讼双方同意与否也是重要的前提之一。

———————

〔1〕 *Mallory v. United States*, 354 U. S. 449, 450, 451 (1957).

〔2〕 *United States v. Piccinonna*, 885 F. 2d 1529 (1989).

Polygraph 的证据可采性

Polygraph 测谎现在被用于世界各地的犯罪侦查中,包括美国、加拿大、以色列、日本、韩国、墨西哥、巴基斯坦、菲律宾、泰国,以及我国台湾地区(Lykken,1998)。其中在很多国家或地区,Polygraph 可以说是警察局的标准配备,在案件调查中被作为常规技术使用。这一点现在基本不会引起很大的质疑和争论,甚至有时候当这些国家或地区出现一些比较有影响力的案件时,社会大众会纷纷支招"用测谎仪测一测"。如 2006 年,台湾陈水扁家人陷入贪腐嫌疑被台检方调查之时,台湾媒体以及不少民众都表示,"有没有贪用测谎仪测测看啊",随后检方对其女婿赵建铭进行了测谎。测谎结论是"未通过测试"。

但是,当 Polygraph 测谎结论想要在法庭上被作为证据使用时,质疑的声音却是此起彼伏。哪怕是在美国,这个使用 Polygraph 最广泛的国家(Barland,1988)。其实,在回顾以上那些经典判例时,虽然可以感受到法庭对 Polygraph 测谎技术的接受度在逐渐提升,但始终还是能感受到明显的谨慎或不信任。

在美国,Polygraph 一般被用在犯罪和法庭调查以及国家安全检查中(Gale,1988)。1988 年美国颁布了《雇员测谎保护条例(*The Employee Polygraph Protection Act*,EPPA)》(Public Law 100 ~ 347),已经限制了 Polygraph 在民间人事筛选中的使用。到 2003 年,美国 50 个州有 19 个,12 个联邦巡回法院中有 9 个已经明确表示,在符合一定条件下(如一方或双方同意),接受测谎结论作为证据使用(Daniels,2002[1])。可见,在美国很多法院,Polygraph 测谎结论证据仍然是不被承认的。不过研究也发现,法官之所以排斥测谎结论并不一定是因为觉得它不准确,而是它特有的

---

[1] Daniels, C. W. , "Legal Aspects of Polygraph Admissibility in the United States", in M. Kleiner (ed.), *Handbook of Polygraph Testing*, San Diego: Academic Press, 2002.

"神秘色彩"可能会对陪审团有着无法控制的影响作用（Honts，1994）。Myers 和 Arbuthnot（1997）对这一可能性进行了对比研究。他们要求模拟的陪审团成员（美国俄亥俄大学的学生）在四种证据的基础上给出裁定：

　　1. 法庭证据（在被害人公寓发现的毛发样本和指纹与嫌疑犯相符）；

　　2. 医学证据（现场发现的精液与嫌疑犯相符）；

　　3. 证人证言（一位目击者作证说他看见嫌疑犯离开了受害人所在的那栋建筑，并且嫌疑犯似乎在他的夹克下面藏着东西）；

　　4. Polygraph 测谎证据（表明嫌疑犯有罪的 Polygraph 测谎测试）。

　　研究的结果一点都不令人意外，陪审团成员总体上认为最后一项证据，即 Polygraph 最不令人信服。

　　与美国情况比较相似，在常规地使用 Polygraph 测谎仪的国家或地区，如加拿大、以色列、日本、韩国、墨西哥、巴基斯坦、菲律宾、泰国，以及我国台湾地区等，接受测谎结论作为证据还是有一些限制或前提要求。而在欧洲，几乎所有的国家对 Polygraph 测谎结论抱怀疑态度。比如在英国和荷兰，Polygraph 测谎测试是不能使用的。在美国曝出那起著名的双重间谍 Aldrich Ames 的案件后，英国政府宣布计划对 Polygraph 的效力进行试验性研究（pilot study）。此研究汇集了英国多位著名的心理学家组成工作小组，并由 Tony Gale 教授主持。他们的目标是提供关于 Polygraph 的情况报告。他们的结论是摧毁性的。英国的心理学家们认为 Polygraph 测谎结果是值得怀疑的，因为测谎测试程序的标准化程度没有达到心理测量学的要求。同时他们也认为很难检查个体测谎人员的专业资质和所实施测谎的程序。最后，他们考察了 Polygraph 测谎法律相关的问题，包括在测试过程中欺骗被测者（如激励测试），违反了大不列颠基本法律（强迫自证其罪）。最后的结论是：Polygraph 的结果不可能被英国法庭承认（《英国心理学会关于 Polygraph 测谎仪使用的工作小组报告》，英国心理学会，1986，p. 92）。随后，英国政府放弃了准备引进 Polygraph 的计划。

总的来说，无论是在那些常规使用 Polygraph 的国家还是反对使用 Polygraph 的国家，一旦涉及法律相关问题或者测谎结论证据可采性的问题，都是存在着争论的。即使在美国，测谎仪已经在警方、政府特殊部门人事筛选中被常规性使用，但是支持者和反对者在媒体上、专业期刊和著作中的相互攻讦从未停止过。从世界范围上看，关于测谎仪的争论一直很活跃。除了在支持者和反对者之间的争论以外，在测试技术业内也存在着不统一的意见。有两名最著名的 Polygraph 测谎技术专家（前面均有介绍）：David Raskin 和 David Lykken，就各种 Polygraph 方法的效度和信度进行了很长时间的争论。他们作为学者在科学研究中相互反对，作为专家证人在法庭上相互反对，在法律诉讼程序中也是对手。近年来，其他的人例如 Furedy、Iacono（Lykken 阵营的）和 Honts（Raskin 阵营的）接替了 Lykken‒Raskin 之争（Furedy，1993，1996a，b；Honts，Kircher & Raskin，1996；Iacono & Lykken，1997）。目前来看，还未分出胜负。

Polygraph 在中国的应用

一、历史的回顾

常青山和苏剑君（2004）[1]、陈庆伟（2003）[2] 等都曾对 Polygraph 测谎技术在我国的发展历程进行了回顾综述，其基本事件都比较一致。我国于 1943 年曾与美国合作开展测谎工作，1945

---

[1] 常青山、苏剑君："我国犯罪心理测试技术的历史沿革与发展综述"，载《铁道警官高等专科学校学报》2004 年第 1 期。

[2] 陈庆伟："测谎技术的演变发展及地位"，载《山东公安专科学校学报》2003 年第 2 期。

年将有关测谎的课程正式列入警察教育。1963 年，毛泽东曾指示胡乔木同志具体组织落实测谎研究会工作，由中科院心理所和航天工业部 507 所等单位负责研究。研究一年后样机基本成型，"文革"期间课题组解散，研究中断。1980 年 10 月，公安部时任公安部刑侦局长的刘文同志带领刑侦技术考察组赴日本考察这一技术后，撰写了一份《关于考察日本刑事技术情况的报告》。报告指出："测谎仪是有科学依据的，过去持全盘否定态度是错误的。" 1981 年 9 月，公安部引进了美国制造的 MARK－Ⅱ型声音分析（测谎）仪一台，在北京市公安局试用，随机有 FELDMAN 等人所编著的《测谎手册》。北京市公安局预审处的王补，对《测谎手册》进行了编译，作为短期培训的教材。而我国刑事测谎技术广泛应用，是于 20 世纪 90 年代初开始的。1991 年初公安部正式立项，由公安部科技情报所、中科院自动化所等单位的技术人员组成了课题组。同年 5 月，由张祖丰、王补、杨承勋等人为主研制的我国第一台自己研制的测谎仪——PG－Ⅰ型多道心理测试仪诞生；6 月通过了公安部科技司主持的专家审定。1992 年 5 月，应山东省公安厅的请求，张祖丰、徐文海使用国产 PG－Ⅰ型测谎仪，参加了调查某乡党委书记被杀案件。经测试，排除一号嫌疑人，认定了孙鹏程的作案嫌疑。经突审孙鹏程，孙鹏程供述了犯罪过程。这是中国"测谎"第一起成功的实战案例，这一案例当时曾轰动全国，标志着中国心理测试技术运用于实战真正的开端……此后，测谎技术逐渐在很多省市推广应用。1996 年，"司法心理测试（俗称测谎）技术、设备及其应用研究"专题被列入国家"九五"科技攻关项目，由公安部科学技术信息研究所负责，并下设 6 个子专题，分别由中自技术集团、北京大学心理系、山东大学信息控制工程学院、中科院声学研究所、山东省公安厅、广州公安管理干部学院、北京师范大学心理系、沈阳市中级人民法院、公安部科技信息研究所等 9 个单位相继承担了子专题研究任务。我国测谎技术应用研究进入了一个崭新阶段。1998 年，国务院学位委员会正式批准中国人民公安大学设立了以武伯欣为导师组组长的"犯罪心理测试技术"硕士点。这些都极大地促进了此项技术在我国研究与应用的发展。

二、中国的"心理测试技术"

从历史回顾中，我们能比较容易发现，其中交叉使用的是两个术语：测谎技术和心理测试技术。这突显了我国测谎技术最大的特点之一，即越来越多学术或官方机构都用"心理测试技术"来替代原本的"测谎技术"或"Polygraph 技术"。

最初是国内测谎学界先行者——王补，在其著作《犯罪情景测试（GKT）——一种适合中国国情的心理测试方法》中，对这一技术的正式称谓为"心理测试"。[1]他认为"'测谎'并不是检测谎言本身，而是要检测个人想隐瞒的心理反应所引起的生理指标的变化。因此，科学地说，'测谎'其实就是一种'心理测试'，而传统的多导测谎技术，就是通过对多种生理自主反应指标的测量（通常为皮肤电反应、血压、心率、呼吸节律），来推断被测者说谎与否的心理测验技术。"[2]

另外一位我国测谎学界的领军人物武伯欣也一直反对将这项技术直接称为"测谎"，也不太赞成将其仪器简单地直译为"多道生理心理描记器"、"多道心理生物测试仪"、"心理生物测试仪"或"心理测试仪"，而主张将其称为"犯罪心理测试技术"[3][4]。并为"犯罪心理测试技术"给出了一个较为复杂的定义：

> "犯罪心理测试技术，这种主要用于人员调查和协助侦查、审理案件的心理实验技术，是依据普通心理学、实验心理学、犯罪心理学三大学科基础和神经心理学、生物电子学、计

〔1〕 王补编译：《犯罪情景测试（GKT）——一种适合中国国情的心理测试方法》，中国人民公安大学出版社 1997 版，前言。

〔2〕 王补："测谎技术在我国的应用"，载《法制心理研究》1993 年第 4 期。

〔3〕 武伯欣、田新华："测谎技术的原理与应用"，载《公安研究》1994 年第 2 期。

〔4〕 武伯欣："中国犯罪心理测试技术理论论纲"，载《中国人民公安大学学报》2003 年第 2 期。

算机应用、侦查学、物证技术学等学科知识，通过专用心理测试仪硬件和计算机软件操作系统，实时同步记录被测者对主试言语问题的多项心理生物反应变化，进而评判心理痕迹对应相关度的犯罪心理鉴定技术。"[1]

　　武伯欣之所以坚持这样的称谓，主要基于以下考虑：一是目前这项技术主要用于刑事案件侦查，所以冠以"犯罪"之名。二是测谎技术首先是一项心理测试（psychological test）技术，它符合一般心理测试的特色，这样的称谓更显本质性。三是公安部从1991 年正式通过审定我国自己研制的 polygraph 专用仪器，官方文件一直称此类设备为心理测试仪，从来没有叫过"测谎仪"。而国务院学位委员会 1998 年批准在公安部属的中国人民公安大学设立全国第一个"犯罪心理测试技术"研究生点，开始正规化培养这方面的合格高级人才。1999 年 2 月，中国刑事科学技术协会理事长刘文同志亲笔为此项技术题写"心理测试技术"称谓[2][3][4]。四是"polygraph 这一类仪器仅是犯罪心理测试技术人—机系统中的组成部分之一"[5]。五是"从技术原理上阐释，犯罪心理测试技术绝非像某些人所言'测度被测者主观口供是否说谎'，而是客观地检验被测者有无经历违法犯罪特殊事件的真实的心理痕

　　〔1〕　武伯欣："中国犯罪心理测试技术理论论纲"，载《中国人民公安大学学报》2003 年第 2 期。

　　〔2〕　武伯欣："中国犯罪心理测试技术理论论纲"，载《中国人民公安大学学报》2003 年第 2 期。

　　〔3〕　武伯欣："中国犯罪心理学测试技术应用理论"，载《中国公共安全》2005 年第 1 期。

　　〔4〕　武伯欣："中国犯罪心理测试技术研究应用现状与展望"，载《江西公安专科学校学报》2006 年第 4 期。

　　〔5〕　武伯欣："中国犯罪心理测试技术理论论纲"，载《中国人民公安大学学报》2003 年第 2 期。

迹"[1]。

正是在这些学科先锋的倡议下，随着测谎技术在我国应用范围的扩张，某些行业，尤其是警检方的行业规范和活动为此项技术的称谓界定赋予了"官方认定"的色彩。2004 年 7 月中国刑事科学技术协会下设了"心理测试专业委员会"。由公安部颁布，自 2006 年 3 月 1 日起施行的《公安机关鉴定机构登记管理办法》中第 12 条和 13 条规定："公安机关的鉴定机构可以申报登记开展下列检验鉴定项目"，其中包括"心理测试，利用仪器设备对人个体进行心理分析"一项。由最高人民检察院制定、颁布，并于 2007 年 1 月 1 日起正式实施的《人民检察院鉴定机构登记管理办法》将"心理测试技术"与其他鉴定业务门类一并纳入规范管理范围，按第 11 条第 1 款规定："鉴定机构可以申请登记下列鉴定业务：①法医类鉴定；②物证类鉴定；③声像资料鉴定；④司法会计鉴定；⑤心理测试。"

实际上，无论是在国内还是在国外，给"测谎或测谎仪"冠以种种"专业术语"，深植其中的一个无法明言的故意在于：其倡导者或鼓吹者要赋予现代测谎技术以科学的氛围或光环。在美国，在极力想让测谎结论进入法庭或作为证据使用时，主张者会将测谎技术称为"心理生理测谎（psychophysiological detection of deception）"、"司法心理生理学（forensic psychophysiology）"诸如此类的"科学"术语。并且这种做法在某种程度上已经达到了目的——使得测谎结论被美国某些法院接受作为证据使用[2]。而我国测谎先锋者们之所以倡导使用"心理测试"一词来代替"测谎"，其深意也恐在于此。

但在目前阶段，无论是在北美地区还是在我国，广泛用于司法实务并可被纳入科学证据或鉴定项目的是"Polygraph"，它其实只

---

〔1〕 武伯欣："中国犯罪心理测试技术理论论纲"，载《中国人民公安大学学报》2003 年第 2 期。

〔2〕 参见 *United States v. Alexander*, 526 F. 2d 161（8th Cir. 1975）.

是众多形式的测谎仪中的一种，特指通过记录、收集被测者的血压、呼吸、皮电为主的生理指标数据，结合所提问题来判别真伪的测谎仪。因此，我国目前应用司法实务并为警检机关所规范的"测谎技术"以及所使用的仪器是特指的"Polygraph"，而非其他形式的测谎技术。此外，"Polygraph"一词也常出现在生理学领域中，更多地被译为"多导记录仪"而非"多道记录仪"，指那些同时收集多项生理指标的仪器。

正是基于以上认识，本书选择将"Polygraph"称为"多导测谎技术"或"多导测谎仪"，或者直接采用"Polygraph"，但在某些涉及历史与他人研究时，也会使用"测谎"或"心理测试"这一称谓。

三、我国的早期研究

在我国测谎技术研究的早期阶段，王补所做的工作尤为突出。1998 年，他在《人民公安》上发表了题为《测谎知识问答》一连三篇的文章，向专业人士以及一般大众介绍并推介这一技术。在《测谎知识问答（一）》中，王补介绍了[1]：

一、测谎技术的由来。
二、什么是测谎？
三、测谎技术所依据的原理是什么？
四、说谎者具有什么样的生理症候？
五、测谎仪是怎样工作的？目前测谎仪共有几种类型？
六、测谎技术的准确率和可信率有多高？

在《测谎知识问答（二）》中，王补重点介绍了测谎技术在刑事侦查工作中的作用，认为"在下列方面，测谎技术能助侦查人员一臂之力"[2]

---

[1] 王补："测谎知识问答（一）"，载《人民公安》1998 年第 19 期。
[2] 王补："测谎知识问答（二）"，载《人民公安》1998 年第 21 期。

（1）使用测谎仪本身就给被测者心理上造成一定的压力，结合政策教育和使用证据等办法，可促使对方的意志动摇瓦解，交代问题；对于无辜者，则促使他认真对待，说明事实真相。

（2）在使用证据时，可以测定被测者的心理状态，比传统的讯问方式可以提供更多的使用证据的办法。

（3）可以帮助侦查人员分析、解决口供与证据、口供与口供之间的矛盾。

（4）可以帮助侦查人员确定侦查方向。

（5）可以统一办案人员的思想，加强侦察力度。

（6）可以支援和验证其他鉴定工作。

并且王补还在其中介绍了他 1984 年在北京密云、1995 年在广东茂名利用测谎技术参与两起刑事案件侦查，并侦破案件或使案件有所突破的案例。

在《测谎知识问答（三）》中，王补的介绍要较前两期的文章更为专业一点，他以"电子警犬"作比较，较为深入地介绍了测谎仪器的各个组成部件以及作用，以及测谎程序中的注意事项[1]。

此外，王补还在 1997 年出版了专著——《犯罪情景测试（GKT）——一种适合中国国情的心理测试方法》[2]书中主要是对美国 GKT 测试法的提出者——Lykken 教授的经典著作 *A Tremor in the Blood*[3]的主要内容和思想进行了整理，并加入我国（主要是王补本人）在这一领域的改进研究与应用情况。

也许从现在发展的角度看来，《测谎知识问答》的系列文章以

---

〔1〕 王补编译："测谎知识问答（三）"，载《人民公安》1998 年第 23 期。

〔2〕 王补编译：《犯罪情景测试（GKT）——一种适合中国国情的心理测试方法》，中国人民公安大学出版社 1997 版。

〔3〕 David T. Lykken, *A tremor in the blood: uses and abuses of lie detector*, New York: Plenum Trade, 1998.

及《犯罪情景测试法（GKT）——一种适合中国国情的心理测试方法》一书都略显单薄，但是其在我国测谎学界的奠基作用是无可否认的。正是在这些工作中，王补为我国测谎学界建立了最初的研究平台，例如一些专业术语〔犯罪情景测试法（GKT）、假阳性（False Positive）、假阴性（False Negative）……〕的确立、基础理论的探讨、测试方法的程序化和操作化，等等。

需要特别说明的是，因为这项技术美国对华是禁运的（目前仍是），王补的许多工作并没有完全公开。例如他在美国教材和资料的基础上先后编译了《测谎手册》、《测谎的心理生理基础知识》等资料。这些资料的内容至今辗转于各类测谎领域的文章中，有时候这些文章的作者都不知道其真正出处而引用或直接使用。可见，王补的工作对于我国测谎技术研究的拓荒意义不言而喻。

四、效度（准确性）研究

在我国，对于 Polygraph 测谎技术效度的实证研究非常少，大部分都是以思辨的方式进行论述，或者在个人或团队测谎实践经验基础上以简单的描述统计数据进行说明。例如，王补就曾对自己利用测谎技术在侦查实践中的作用进行过思辨式的总结。[1]

作为国家"九五"重点科技攻关项目"司法心理测试（俗称测谎）技术、设备及其应用研究"课题参与单位之一的广东公安司法管理干部学院在这方面的工作也许是最细致的。根据其课题负责人沈廷湜的报告（2003），"课题组成立以来，受理了各政法单位委托测试的重大、疑难案件，测试各类嫌疑人 238 名，认定 42 人，使 37 宗重大疑难案件获侦破和定案，排除无辜 188 人，避免了大量冤假错案件的发生。使一批汪洋大盗、杀人恶魔等严重罪犯被绳之以法，而一大批被怀疑的无辜者得以还其清白。我院还组织了150 名学生，作区分作案者、知情者、无辜者的模拟办案测试，获

---

〔1〕　王补："测谎知识问答（二）"，载《人民公安》1998 年第 21 期。

得了大量可靠的数据资料"[1] 课题组成员陈兴乐等则报告了模拟办案测试（实验室研究，并区分了 GKT 和 CQT）具体的实验方法和数据分析，结论如下：[2][3]

（1）反测谎作案者的 GKT 平均对应率、GKT 平均对应强度、CQT 平均分值均低于不反测谎作案者，即反测谎可以在一定程度上控制生理反应，干扰测谎。

（2）反测谎作案者与无辜者在 GKT 测试中情节对应率仍有显著差别。在 CQT 测试中也有较大差别。因此，反测谎对测谎干扰的有效性是有限的。

（3）采用 GKT 和 CQT 相结合，并结合行为观察综合判断，反测谎是可以识别并加以对抗的。

但让人觉得遗憾的是，这一实验室研究的数据统计方法部分并没有报告最基本的差异显著性检验的结果数据。

贺晓彬也曾对本机构（法院）内从事的真实案件的测谎效果进行了数据统计工作（现场研究），虽然统计方法较为简单（只是描述统计），但在我国的 Polygraph 测谎研究领域已属难得。她报告说："笔者自 1994 年 8 月至 1996 年 2 月共进行测谎案例 55 件 82 人。其中刑事案件 38 件 53 人，民事案件 17 件 29 人；被测对象中男性 58 人，女性 24 人；被测对象的年龄最小者 19 岁，最大者 71 岁，平均年龄 36 岁；被测对象的文化水平，文盲 1 人，小学 26 人，中学以上学历 51 人，大学以上学历 4 人；被测对象的职业，

〔1〕 沈廷滉："论司法心理测试技术在侦查中的作用"，载《政法学刊》2003 年第 1 期。

〔2〕 陈兴乐、陈世革："反测谎及其对策的实验研究"，载《公安大学学报（自然科学版）》2002 年第 5 期。

〔3〕 广东省公安司法管理干部学院司法心理测试技术应用研究课题组（执笔 陈兴乐）："测谎技术用于区分犯罪实施者、知情者和无辜者的实验研究"，载《警察技术》2001 年第 2 期。

工人 15 人，农民 13 人，个体业者 9 人，经理 5 人，一般干部 13 人，领导干部 4 人，军、警 3 人，犯人 4 人，无业 16 人。综上被测案件中，总准确率为 87.8%，不可确定率为 12.2%，其中刑事案件准确率为 92.5%，民事案件准确率 83%。"并且将这一数据与美国的相关数据进行了对比，"据美国测谎协会的文献资料报道，在 80 年代对 6 个国家的测谎调查共 3030 个案件，测谎准确率达 90%，日本的有关资料报告测谎完全准确的占被测总数的 82%，不能确定的占 17%，不正确的只占 1%。根据以上数据综合统计，笔者所完成的测谎鉴定准确率为 87.8%，超过日本的报道，但距欧美发达国家的统计率还有一定差距"。除此之外，她还对其中一些有代表性的案例进行较为详细的个案报告。[1]

另外张钦廷等人的《多道心理生理测谎的心理测量学要素》一文从心理测量学的角度介绍了此项技术信度、效度的情况，并介绍了影响其信效度的因素：先有相关知识和反测谎措施。[2] 但主要是介绍国外的研究成果。

五、我国测谎结论的证据可采性

在我国，Polygraph 测谎在应用之初就面临一个非常尖锐的问题：测谎结论是否具有证据价值？是否能作为证据使用？对于这一问题的研究不仅仅局限于 Polygraph 测谎学界，还吸引了刑事诉讼法学界以及实践部门[3]的争论。其中，何家弘在 1984 年发表了文章——《美国测谎业一瞥》，对美国测谎技术的原理、仪器、方法、具体应用领域以及经典案例进行了颇为专业的介绍。[4] 又于 2002 年在《中国法学》上发表学术论文《测谎结论与证据的"有

---

〔1〕 贺晓彬："测谎仪在中国司法实践中的应用及研究"，载《第五次全国法医学术交流会论文集》，中国法医学会 1996 年。

〔2〕 张钦廷、黄富银、洪武、方明成："多道心理生理测谎的心理测量学要素"，载《中国司法鉴定》2005 年第 6 期。

〔3〕 例如，周智良："从测谎技术的应用谈'心身证据'"，载《人民检察》1999 年第 1 期。作者单位为湖南省岳阳市人民检察院。

〔4〕 何家弘："美国测谎业一瞥"，载《法学杂志》1984 年第 3 期。

限采用规则"》，更是成为本领域非常有参考价值的文章。在文章中，他从"谎言"本身以及测谎技术的产生谈起，随后综述了测谎技术的科学原理以及准确性分析的研究。文章后半部分则详细介绍了测谎结论在美国的证据资格情况，最后提出，在我国"应该给测谎结论以正确定位：它是一种普普通通的证据，而且是'有限采用'证据"。[1]

当然，何家弘也注意到了我国与美国司法体系的差异问题，在文章的最后他补充道："根据我国《刑事诉讼法》的规定，测谎结论应属于鉴定结论的范畴。"[2]

就结合我国司法体系和现状而言，对测谎证据进行分析较为深入的文章应该来自于宋英辉，他认为"在刑事诉讼法学领域，关于测谎检查及其结果，需要讨论的问题是，该手段及其结果能否运用于刑事司法，如果能够使用，则其使用应当具备什么样的条件，遵循哪些规则"。"关于测谎检查及其结果能否在刑事司法领域使用，实际上涉及两个问题：其一，是该项技术及其结果的可靠程度（或说准确率）。""其二，是一个国家的价值观对该项技术的接受程度。"在他看来，"在我国，根据《中华人民共和国国家安全法》和《中华人民共和国警察法》的规定，国家安全机关、公安机关因侦查犯罪的需要，可以采取技术侦查措施。从条文本身看，技术侦查措施可以理解为包括测谎检查。在诉讼实务中，也已在使用测谎检查和测谎证据"。"无论是对其准确性和可信度，还是对它的价值选择，诉讼实务界均给予了充分的肯定。"因此，"总体说来，我国关于刑事诉讼中测谎证据使用的关键问题，不是价值判断的问题，而是如何对其进行规范、如何保证其准确性的问题"。在我国已有的司法体制下，"测谎结果作为测试人员运用其知识和技能分析并通过仪器记录的被测验人的生理反应所

---

〔1〕 何家弘："测谎结论与证据的'有限采用规则'"，载《中国法学》2002年第2期。

〔2〕 何家弘："测谎结论与证据的'有限采用规则'"，载《中国法学》2002年第2期。

作出的判断结论，应认为其具有证据能力。在证据种类中，应属鉴定结论"[1][2]

1999 年，我国最高人民检察院在给四川省人民检察院的关于 CPS 多道心理测试鉴定结论能否作为诉讼证据使用问题的批复中指出：

> 你院川检发研〔1999〕20 号《关于 CPS 多道心理测试鉴定结论能否作为诉讼证据使用的请示》收悉。经研究，批复如下：CPS 多道心理测试（俗称测谎）鉴定结论与刑事诉讼法规定的鉴定结论不同，不属于刑事诉讼法规定的证据种类。人民检察院办理案件，可以使用 CPS 多道心理测试鉴定结论帮助审查、判断证据，但不能将 CPS 多道心理测试鉴定结论作为证据使用。

其中的 CPS 多道心理测试就是计算机化的 Polygraph 测谎系统，其中 CPS 指计算机化测谎系统（Computerized Polygraph System, CPS），即 Kircher 和 Raskin（1988）开发的测谎软件系统。这一软件系统目前是世界各国 Polygraph 测谎仪的标准软件界面。正因为当时缺乏明确法律法规及司法解释，使得实践部门深感困扰。

不过这种情况并没有持续太久，公安部颁布自 2006 年 3 月 1 日起施行的《公安机关鉴定机构登记管理办法》。其中第 12 条和 13 条规定："公安机关的鉴定机构可以申报登记开展下列检验鉴定项目"，其中包括"心理测试，利用仪器设备对人个体进行心理分析"一项。

而最高人民检察院制定、颁布，并于 2007 年 1 月 1 日正式实施了《人民检察院鉴定机构登记管理办法》。其中将"心理测试技

---

〔1〕 宋英辉："关于测谎证据有关问题的探讨"，载《法商研究（中南政法学院学报）》1999 年第 5 期。

〔2〕 宋英辉："测谎检查的证据价值"，载《检察日报》2000 年 6 月 22 日，第 3 版。

术"与其他鉴定业务门类一并纳入规范管理范围，第 11 条第 1 款规定："鉴定机构可以申请登记下列鉴定业务：①法医类鉴定；②物证类鉴定；③声像资料鉴定；④司法会计鉴定；⑤心理测试。"

可见，根据我国目前已经颁布实施的《公安机关鉴定机构登记管理办法》和《人民检察院鉴定机构登记管理办法》，这一技术均已经作为"鉴定"一类，这很有可能是我国的测谎结论的证据价值未来发展的方向。

争议的背后

一、法律与心理学之间的紧张关系

实际上，我们首先要清楚地认识到，测谎技术在司法上所遭遇的种种困扰在一定程度上反映了最基本层面的心理学与法律之间的价值和目标（判断事物和作出决定的标准）的对立。

法律涉及道德、社会价值、社会控制以及将抽象的原则适用于具体案件的论证过程。在日常运行中，法律制度重视效率和适用性。而心理科学则涉及知识、真理和从具体事例中得出抽象原则（Carroll，1980[1]）。

对于如何获得"真实（truth）"，法律和心理学的基本观念迥异。对于法官而言，他们相信公正的审判程序会帮助查明"真实"，但法律的"真实"是一种法律构建（legal construct），并不必然地与现实相吻合。更为激进的观念则认为，审判不是在于查明发生的事实，而是一种劝说社会相信证据确凿足以证明作出的惩罚是公正的游戏规则。

而现代心理学是以"现象学"和"实证主义"为哲学基础的，相信通过观察和重复性验证可以发现"真实"。因此，从某种意义

---

〔1〕 Carroll, J. , "*Toward a Structural Psychology of Cinema*", New York：Mouton, 1980.

上说，心理学上的"真实"就是"统计上的显著性"，而当某一事件发生的概率小于 0. 05（更严格的情况下为 0. 01 或 0. 001）时就意味着是几乎不可能发生的，则为"虚假"，而这一事件的反面事件就是"真实"（参见 Wrightsman & Fulero，2005[1]）。

也许正因为这样的基本价值和目标的对立，引起了法律界对包括测谎技术在内的运行于法律领域的心理学的尖锐批评。这些批评包括：心理学研究缺乏生态效度，并不适合现实生活；许多理论和研究结果本身还不科学，没有达到法律审判的标准；干扰法律程序本身，操控法庭"话语权"甚至有替代"法官"角色之虞（参见 Wigmore，1909[2]；*Jenkins v. United States*，1962[3]；Gold，1987[4]）。

但是，在我们看来，无论是由于社会分工的细化，还是如福柯所说的"法官为摆脱自己的残忍形象而将技术人员推上前台"，法律与心理学之间的关系并不是越来越紧张，而是日渐融合。这点我们从上述的有关 Polygraph 测谎技术的审判变化，尤其是 Daubert 案意见书中大量的科学术语的出现，就可以明显看出。

同时，我们也要时刻记住的是，运行于司法背景下的测谎技术的研究和应用都始终要以服务法律为导向，为司法提供支持和建议，而不是替代法官"判案"。

二、测谎技术的准确率还未达到司法实践的要求

测谎技术在证据可采性上的被质疑在很大程度上也是因为它的准确性可能并不具备司法实践上对于证据的要求。而我们如果要在司法背景下检视 Polygraph 的准确性则需要借助 Daubert 规则的基本

---

〔1〕 Wrightsman, L. S. & Fulero, S. M. , *Forensic Psychology*, 2nd edn. , Belmont, CA, Wadsworth, 2005.

〔2〕 Wigmore, J. H. , "Professor Münsterberg and the Psychology of Testimony: Being a Report of the Case of Cokestone v. Münsterberg", *Illinois Law Review*, 1909, 3, pp. 399～445.

〔3〕 *Jenkins v. United States*, 307 F. 2d 637 (U. S. App, D. C. , 1962).

〔4〕 Gold, J. Victor, "Psychological Manipulation in the Courtroom", *Nebraska Law Review*, 1987.

理念。因为一般认为，Daubert 规则可以很好地将"垃圾科学（junk science）"、"伪科学（pseudoscience）"排除法庭证据之外（Bernstein，1996[1]；Jonakait，1994[2]）。因为它有效地顾及了科学研究本身的"范式"特点，要求作为科学证据的技术或方法不仅是相关的（relevant）而且还是可靠的（reliable）。

不过，在这里的可靠性（reliablility）并不等同于心理学上的信度（reliablility），而是同时包括了信度（reliablility）和效度（validity）两个概念（参见 Sanders，1994[3]；简资修，2003[4]）。另一方面，我们看到的是大量见诸各种学术著作和期刊的关于 Polygraph 测谎准确率的研究报告来论证这一技术的可靠性。但我们要明确的一点则是：由于"测谎"这一事物本身的特点，其准确率（accuracy）就是效标效度（criterion validity），因为我们要考察的是测谎结论与效标——"真实"的符合程度，即测谎诊断结论的真实性如何。而在数量和质量足以符合统计学要求的样本基础上获得的准确率则可以保证一定的结果稳定性（即信度）。因此，以准确率来论证法律上所要求的"可靠性"虽不完美，但也许是目前可以找到的最理想方法。

实际上，随着研究经验的积累，特别是 Iacono 和 Patrick 在 1987 年对 Polygraph 测谎准确率研究方法本身的深入探讨，近二十年来关于 Polygraph 测谎准确率的研究水平大有提升。研究者也一直认同，笼统地给出测谎的准确率是不科学的，而应该在考虑测试方法、研究性质等因素的基础上细化准确率。因此，本章的后面列出了细化后的准确性研究结果（见表 12 - 1 至表 12 - 5）。

---

〔1〕 Bernstein, E. David, "Junk Science In The United States And The Commonwealth", *21 Yale Journal*, 1996, 123, p. 124.

〔2〕 Jonakait, N. Randolph, "Scientific Evidence After the Death of Frye Criminal Forensics and DNA Evidence: The Meaning of Daubert what that Means for Forensic Science", *15 Cardozo L. Rev*, 1994, 2103, p. 2103.

〔3〕 Sanders, Joseph, "Scientific Validity, Admissibility, and Mass Torts After Daubert", *78 Minn. L. Rev*, 1994, 1387, pp. 1388 ~ 1389.

〔4〕（台）简资修：《经济推理与法律》，北京大学出版社 2006 年版。

Masip 等人（2004）[1] 对以往的研究进行元分析后总结到：对于 CQT，所获得的认定有罪者的准确率介于 80%～90% 之间（参考的以往研究有：Ben‐Shakhar & Furedy，1990；Carroll，1988；Kircher，Horowitz，& Raskin，1988；Lykken，1988，1998；Masip，2002；Raskin，1988，1989；Vrij，2000）；而识别无辜者的准确率介于 53%（如 Carroll，1988；Lykken，1988）～93%（如 Raskin，1989）之间。而对于 CIT，所获得的认定有罪者的准确率大于 80%，识别无辜者的准确率则大于 90%（参考的以往研究有：Ben‐Shakhar & Furedy，1990；Lykken，1988，1998；Masip，2002；McLaren，2001；Raskin，1989；Vrij，2000）。

表 12‐1　实验室研究的结果回顾以及对控制问题 Polygraph
　　　　准确性检验的最新研究[2]

	有罪情景			无罪情景		
	有罪（%）	无罪（%）	没有结论（%）	有罪（%）	无罪（%）	没有结论（%）
Ekman（1992）（n=13）	58	10	22	15	55	30
Honts（1995）（n=8）	77	10	13	8	84	8
Kircher 等人（1988）（n=14）	74	8	18	12	66	22
Ben‐Shakhar & Furedy（1990）（n=9）	80	7	13	15	63	22
1995 年后发表的研究						

---

〔1〕 Masip, Jaume, Eugenio Garrido and Carmen Herrero, "The Nonverbal Approach to the Detection of Deception: Judgemental Accuracy", *Psychology in Spain*, 2004, 8（1），pp. 48～59.

〔2〕 ［英］Aldert Vrij：《说谎心理学》，郑红丽译，中国轻工业出版社 2005 年版，第 258 页。

续表

	有罪情景			无罪情景		
	有罪 (%)	无罪 (%)	没有 结论 (%)	有罪 (%)	无罪 (%)	没有 结论 (%)
Bradley 等人（1996）	60	10	30	10	80	10
Horowitz 等人（1997）	53	20	27	13	80	7

n = 回顾的研究数

表 12 - 2　实验室研究回顾的结果以及对有罪情景测试

准确性检验的最新研究[a][1]

	有罪情景		无罪情景	
	有罪 (%)	无罪 (%)	有罪 (%)	无罪 (%)
Ekman（1992）（n = 6）	78	22	5	95
Honts（1995）（n = 5）	86	14	1	99
Ben – Shakhar & Furedy（1990）（n = 10）	84	16	6	94
1995 年后发表的研究				
Elaad（1997）	76	24	0	100

[a]GKT 没有没有结论这项

n = 回顾的研究数

---

〔1〕 引自 ［英］ Aldert Vrij：《说谎心理学》，郑红丽译，中国轻工业出版社 2005
年版，第 258 页。

表 12 −3 现场研究回顾的结果以及对控制问题多导测试准确性
检验的最新研究：对 Polygraph 测谎图谱盲评分[1]

	有罪情景			无罪情景		
	有罪 （%）	无罪 （%）	没有 结论 （%）	有罪 （%）	无罪 （%）	没有 结论 （%）
Ekman（1992）（n＝10）	88	10	2	20	78	2
Ben – Shakhar & Furedy（1990） （n＝9）	84	13	3	23	72	5
没有包括在以前的回顾中的最新的个别现场研究						
Honts（1996）	91	5	4	9	55	36
Honts & Raskin（1988）	92	8	0	15	62	23
Patrick & Iacono（1991）	92	2	6	24	30	46

n ＝ 回顾的研究数

表 12 −4 有罪情景测试准确性检验的现场研究的结果[a][2]

	有罪情景		无罪情景	
	有罪 （%）	无罪 （%）	有罪 （%）	无罪 （%）
Elaad（1990）	42	58	2	98
Elaad 等人（1992）	76	24	6	94

[a]GKT 没有没有结论这项

〔1〕［英］Aldert Vrij：《说谎心理学》，郑红丽译，中国轻工业出版社 2005 年版，第 259 页。

〔2〕［英］Aldert Vrij：《说谎心理学》，郑红丽译，中国轻工业出版社 2005 年版，第 259 页。

表 12 −5　对控制问题测试准确性检验的现场研究的结果：
由原来的测试人员评分[1]

	有罪情景			无罪情景		
	有罪 （%）	无罪 （%）	没有 结论 （%）	有罪 （%）	无罪 （%）	没有 结论 （%）
Honts（1996）	71	5	24	0	82	18
Honts 等人（1988）	92	8	0	0	91	9
Patrick & Iacono（1991）	98	0	2	8	73	19

---

〔1〕〔英〕Aldert Vrij：《说谎心理学》，郑红丽译，中国轻工业出版社 2005 年版，第 259 页。

第十三章

认知神经科学测谎

1977 年 7 月 22 日，美国的一个停车场发生了一起谋杀案。被害人 Schweer 是一名退休警察，当时在此停车场做巡夜保安。有一名目击证人 Kevin Hughes 指认 Terry Harrington 和另一个人在偷车时杀害了 Schweer，Harrington 因此被定罪入狱。但在此后的 20 年间 Harrington 一直申诉自己是无辜的，自己当时不在犯罪现场，均未获得成功。直到他在狱中看到了媒体报道关于科学家 Farwell 以及他的"脑指纹（Brain Fingerprint）"[1] 测谎技术，他要求接受这一测谎测试来证明自己的清白。于是，在 2000 年 Farwell 对 Harrington 进行了"脑指纹测谎"测试。Farwell 向法庭提交的测试结果报告中说，经过测试认为 Harrington 本人头脑中并不具有关于此案犯罪现场的记忆。但他并没有直接给出 Harrington 是否"有罪"的诊

---

〔1〕　对于这项技术，Farwell 申请了美国专利，专利上称为记忆和编码相关多层面脑电图仪反应（memory and encoding related multifaceted electroencephalographic response），缩写 Mermer。有人认为其实利用的是 ERP 技术中的 P300 成分。Farwell 本人否认这一说法，声称 Mermer 利用的是 P300 以及其他的晚期成分。为了让他的技术易于被普通大众认识和理解，他给这项技术起了一个通俗的名字"脑指纹（Brain Fingerprint）"，意思是就像人们利用指纹破案一样，脑指纹也是一种利用大脑相关机制的破案技术。Farwell 在媒体上经常使用这一称谓来推广自己的技术。

断结论（Farwell，2000[1]）。后来结合其他证人证言，法庭宣判
Harrington 无罪释放。此案法官也明确承认将 Farwell 的"脑指纹测
谎"结果纳入法庭证据中，并说明其经过审查认为，此技术符合
Daubert 规则。这可能是人类第一次利用认知神经测谎技术服务司
法实务的尝试，其结论也被法庭采纳为证据使用。

面对这样的判例，当时一些学者，特别是法学家们认为，虽然
认知神经科学测谎技术还主要处于研究阶段，但是其出现在法庭上
的趋势渐现，这预示着认知神经科学技术介入司法领域的时代已经
到来，而由此所产生的社会（social）、法律（legal）和伦理（ethi-
cal）问题不容忽视（参见 Farah 2002[2]；Foster et al.，2003[3]；
Illes et al.，2004[4]；Wolpe，2002[5]，2004[6]；Ford，2006[7]）。
也许这样的担忧未免为时尚早，但不可否认的是，与认知神经科学
的结合是未来测谎领域发展的重要方向。

什么是认知神经科学?

认知神经科学是在传统的心理学、生物学、信息科学、计算机

〔1〕 Lawrence A. Farwell，"Supplement to Forensic Science Report: Brain Fingerprinting Test on Terry Harrington"，2000，Nov. 10，p. 32.

〔2〕 Farah，M. J.，"Emerging Ethical Issues in Neuroscience"，*Nature Neuroscience*，2002，pp. 1123~1129.

〔3〕 Foster，K. R.，Wolpe，P. R.，and Caplan，A.，"Bioethics and the Brain"，*IEEE Spectrum*，2003，6，pp. 34~39.

〔4〕 Illes，J.，Rosen，A. C.，Huang，L.，Goldstein，R. A.，et al.，"Ethical Consideration of Incidental Findings on Adult Brain MRI in Research"，*Neurology*，2004，62（6），pp. 888~890.

〔5〕 Wolpe，P. R.，"Treatment，Enhancement，and the Ethics of Neurotherapeutics"，*Brain and Cognition*，2002，50，pp. 387~395.

〔6〕 Wolpe，P. R.，"Neuroethics"，in S. G. Post（ed.），*Encyclopedia of Bioethics*，3rd edn.，New York: Macmillan Reference USA，2004.

〔7〕 Ford E. B.，"Lie Detection: Historical，Neuropsychiatric and Legal Dimensions"，*International Journal of Law and Psychiatry*，2006，29（3），pp. 159~177.

科学、生物医学工程，以及物理学、数学、哲学等学科交叉的层面上发展起来的一门新兴学科，旨在阐明自我意识、思维想象和语言等人类高级精神活动的神经机制，换句话说，它研究脑是如何创造精神的（罗跃嘉，2006[1]）。

"认知神经科学（Cognitive Neuroscience）"这一称谓是由美国心理学家 George Miller 在 20 世纪 70 年代提出来的。由这一学科的称谓可以看出，虽然众多学科都为认知神经科学的兴起与发展提供了帮助，但是其主要的支撑学科应是神经科学和认知科学。所以要正确地定义和理解"认知神经科学"这一范畴，需要先理解什么是神经科学和认知科学，以及它们分别在认知神经科学中所扮演的角色与发挥的作用。

一、神经科学（Neuroscience）的角色

神经科学又称脑科学（Brainscience）。人脑被认为是自然界中最复杂、最高级的智能系统，并且指导着人类几乎所有的行为。对脑科学，或者说对神经科学的探索，人类走过了漫长而富有文明成果的历史之路。在古代，心脏被认为是人类智慧的发源地，直到公元 2 世纪，希腊医学的集大成者 Galen（盖伦）[2]，用实验证实了人脑是心理的器官，确立了脑室中心论。

18 世纪德国医生 Gall 提出了大脑功能定位说（function locanizaion），将人的大脑分成 35 个区域，分别对应各种心智功能，如繁衍、记忆、推理、空间知觉、时间知觉，等等（Gazzaniga et

---

〔1〕　罗跃嘉主编：《认知神经科学教程》，北京大学出版社 2006 年版，第 3 页。

〔2〕　Galen（公元 129 年～公元 200 年）出生在希腊文化繁盛中心地之一——珀加蒙，曾云游四海，回到珀加蒙后作了斗兽人的医师。公元 161 年他去了罗马，成为当时罗马皇帝的私人医生，并继续从事解剖学研究，名声开始显赫起来。有了这些经验和经历，Galen 认识到并主张"要懂得医学，就得研究解剖学和生理学"，还要进行实验研究即证实。他对动物和一些人体进行了解剖，并且在解剖学、生理学、病理学及医疗学方面发现了许多新的事实。他根据羊的大脑和小脑的不同解剖特点，推断大脑和小脑具有不同的功能，并提出了脑室中心论。值得一提的是，他在治疗患者中发现，比较人的脉搏速率可以用于测谎。

al. , 2002[1] ）。

同时代的意大利学者 Flourens 却通过实验有力地反击了 Gall 的定位观点。Flourens 发现，摘除动物（鸡和鸽子）不同的脑区后，并不是脑的特定功能受到损害，而是所有功能都有所减弱。于是他认为人脑是均一的，没有专一功能区域。这导致了大脑功能整体论的出现（Glees, 1995[2] ）。

到了 19 世纪后叶，人们通过对脑损伤病人的临床观察相继发现了 Broca 区和 Wernicke 区，似乎进一步验证了大脑功能定位的观点。但同时仍活跃着一些学者坚持整体论的观点，纷纷通过动物实验来加以验证。1929 年，Lashley 更是将这一观点发扬光大，主张大脑的每一个区域对任何行为都具有同样的支配能力，提出了等势说（equipotentiality）（Gazzaniga et al. , 2002）。可见，从一开始，大脑功能的整体论观点与区域化观点的争论就从未停止过。但很显然，功能定位论者（localizationist）的观点似乎更能站得住脚，究其原因，是其在研究技术上更胜一筹。整体论者（holist）常使用的是动物实验，如 Flourens 采用的是鸡和鸽子。由动物实验得出的结果推论到人脑功能上，显然缺乏说服力。此外，其使用在动物上的测验也太过简单，所以测不出功能缺损（Gazzaniga et al. , 2002）。而 Broca 区和 Wernicke 区的发现则是来自对脑损伤病人的临床观察，因此更具有说服力。

不过临床观察却相当被动，必须有相关的病人出现才可能进行。另外，由于缺乏适当的技术或仪器来确定病人具体的损伤区域，所以必须等到病人去世后才能展开真正的研究。为了解决这些问题，在神经科学领域发展出了一系列技术方法，如染色、固定、切片等微观解剖技术，微电极、大电极技术，以及吸出、热烙、电损毁、药物损毁等脑损毁技术。但是这些方法还是具有或多或少的

---

〔1〕 Gazzaniga, M. S. , Ivry, R. B. & Mangun, G. R. , *Cognitive Neurosience: the Biology of the Brain*, 2nd edn. , New York: W. W. Norton & Company, Inc. , 2002.

〔2〕 Glees, P. , *The Human Brain*, Cambridge, England: Cambridge University Press, 1988.

损害特性，不能轻易使用在普通人身上。因此，一种可以直接应用在普通人身上，且更为主动的无创伤性研究技术是脑科学获得进一步发展的迫切需要。

二、认知科学（Cognitive Science）的角色

现代心理学（科学心理学）的研究在一定程度上解决了这一技术难题，它试图将人的心理现象分解成最基本的元素进行研究，采用精心编排的刺激引发普通人（被试）某一基本心理现象，并通过自我报告和内省的方法来获得被试的反应，从而推导出其间被试所发生的心理过程。这一研究思路在行为主义之后被引向了另一极端，致使在心理学领域几乎完全放弃了对观察心理过程的技术或方法的探索。

20世纪50年代出现的认知心理学采用信息加工观念，将人脑看成类似于计算机的信息加工系统，采用精细的实验设计，借助以反应时（反应潜伏期）为主的反应指标来研究人的感觉、知觉、记忆、注意、思维，甚至言语等心理过程。正是在认知心理学的带动下，催生出更多更细化的相关科学领域，如心理语言学、人工智能等，而它们最终在20世纪60年代构建出跨度更高的新学科——认知科学。

三、两大认知神经科学的研究技术

正是因为认知科学和心理学的影响，在神经科学以及相关科学领域掀起了一股试图了解大脑如何表征认知活动的研究热潮，探索人类在感觉、知觉、注意、情绪、记忆、言语以及其他高级心理活动上大脑的功能，即认知神经科学的兴起。而与此同时，和所有的科学领域一样，研究技术的创新，极大地促进了理论的突破和学科的发展。这些技术最大的特点就是其无损伤性或低损伤性。我们对其中与测谎关系比较紧密的两项技术进行说明。

四、脑电图（electroencephalogram，EEG）和事件相关电位（event - related potential，ERP）

脑电图（electroencephalogram，EEG）是借助电极（electrode）在个体头皮（scalp）上收集到的交流型生物电活动，这些电位活

动是自发的。而当某一特定刺激（即事件）之后收集相关的 EEG 信号，平均以后得到的诱发电位（evoked potential）则称为事件相关电位（event‑related potential，ERP）。

五、功能性磁共振成像（functional magnetic resonance imaging，fMRI）

这一技术利用了血氧水平依赖（blood oxygenation level dependent，BOLD）效应。在大脑血管的血液中，去氧血红蛋白（deoxygenated hemoglobin）是顺磁性物质，氧化血红蛋白（oxygenated hemoglobin）是逆磁性的。实验证明，大脑某区域活动增加时，此区域的血氧成分和血流量增高，静脉血中去氧血红蛋白数量亦增多。顺磁性的去氧血红蛋白可在血管周围引起局部磁场均匀性的变化。通过测量大脑区域磁场均匀性的变化来了解血流含氧量的变化，从而可知大脑各区域即时的活跃情况。功能性磁共振成像（fMRI）技术就是测量大脑区域磁场均匀性变化的。

六、fMRI 与 ERP 的比较

EEG 和 ERP 记录的是大脑内部神经活动的电信号在大脑外头皮上的反映，受颅骨和各种脑组织的形状和导电性影响较大。另外，目前 EEG 和 ERP 溯源分析的算法也不是唯一的，因此利用 EEG 和 ERP 来进行源定位并不太准确。而 fMRI 则是直接测量大脑内部的含氧量的变化，其源定位更为直接和精确。但是 fMRI 目前的技术每秒只可以扫描 4 次，并不能做到如 EEG（或 ERP）那样实时（on line）记录，因此，其时间分辨率没有 EEG（或 ERP）高。

七、认知神经科学技术应用于测谎

在认知科学出现之前，人类对心理过程，尤其是认知过程的了解方法是一种典型的黑箱操作。即给予个体（O）一个刺激（S），观察个体随后的反应（S），然后根据刺激的性质和反应的情况来推论个体大脑内部发生了怎样的认知过程。而认知神经科学的出现，使得我们能够为我们的推论提供直接的生理证据的支持或反证，得以一窥黑箱的内部，真正了解人类认知活动与大脑功能之间

的微妙关系。

认知神经科学的研究成果也陆续惠及说谎或测谎研究领域。到目前为止，从认知神经科学研究技术的角度来看，学者们主要是利用 fMRI 和 ERP 这两项技术进行测谎的研究做报告。一些 fMRI 的研究我们已经在前面的章节介绍过了，这里不再赘述。

从目前已有的 fMRI 测谎研究来看，绝大多数的研究都没有对 fMRI 测谎诊断的准确率进行分析，唯一一项进行了个体测谎诊断分析的研究（Langleben et al., 2005）所获得的准确性实际上并不理想：总体准确率仅为78%，ROC 准确性指标 A（AUC）为0.85。同时也说明，fMRI 测谎研究还处于非常基础的研究阶段，还谈不上对其准确率的探讨。

此外，使用 fMRI 测谎的优点在于其有着较高的空间分辨率，源定位比较准确。但缺点也比较明显，每秒钟最多只能扫描4次，其时间分辨率不够理想。而实际上，由于功能过高的 fMRI 对被试有着较大的副作用（如眩晕），一些研究使用的仪器实际上每秒只扫描2次，如 Langleben 团队的研究（2002，2005）[1]。因此，成本较低、时间分辨率较高的 EEG 和 ERP 则成为一个理想的替代技术。

ERP 技术

直接利用认知神经科学的新技术进行测谎研究，实际上最早是应用在事件相关电位（ERP）而非 fMRI 技术上。1987年美国西北大学教授 Peter Rosenfeld 及其同事（Rosenfeld et al., 1987[2]）报告说，他们在实验室内进行 ERP 测谎获得了成功，并宣称这是人

---

〔1〕 见前述第四章，"说谎时大脑发生了什么？"，其中 Langleben 及其同事2002年和2005年的研究。

〔2〕 Rosenfeld, J. P., Nasman, T. V., Whalen, R., et al., "Late Vertex Positivity as A Guilty Knowledge Indicator: A New Method of Lie Detection", *Int. J. Neurosc*, 1987, 34, pp. 125~129.

类首次利用 ERP 技术进行的测谎研究。但是，Farwell 和 Donchin 并不认同这一说法，根据他们自己的说明，早在 1986 年，他们就曾在某次学术会议上报告了利用 P300 测谎的有效性（Farwell & Donchin, 1991[1]）。随后 Rosenfeld 研究团队（Rosenfeld et al., 1988；Rosenfeld, Angell, Johnson & Qian, 1991[2]；Johnson & Rosenfeld, 1992[3]），John Allen 及其同事（Allen & Iacono, 1997[4]；Allen, Iacono & Danielson, 1992[5]）都报告了一系列利用 P300 技术进行测谎的研究，所报告的准确率都相当高。在他们看来，由于 P300 与人类记忆和再认等认知加工过程有着直接的联系，所以 ERP 测谎可能提供了一种更灵敏、更有效的测谎方法，而这一方法与传统 CIT 范式联系更为紧密，因为它反映的是对犯罪相关信息的记忆和再认。在前面我们已经对 CIT 范式的特点进行了详尽地了解，那么我们现在需要深入地了解 ERP 技术的相关知识和理论。

一、ERP 技术的基本原理

早在 1875 年，英国利物浦大学（University of Liverpool）的生理学教授 Richard Canton 就首次报告从兔子的大脑皮层表面记录到电位变化。1929 年，德国 Jena 大学学者 Hans Berger 发表了世界上首篇报告记录到人类脑部的电位活动的论文。通过贴于头皮上的电

〔1〕 Farwell, A. L. & Donchin, E., "The Truth Will Out: Interrogative Polygraphy（'Lie Detection'）With Event Related Potentials", *Psychophysiology*, 1991, 28, pp. 531 ~ 547.

〔2〕 Rosenfeld, J. P., Angell, A., Johnson, M. & Qian, J., "An ERP – based Control Question Lie Detector Analog: Algorithms for Discriminating Effects within Individual Waveforms", *Psychophysiology*, 1991, 28, pp. 320 ~ 336.

〔3〕 Johnson, M. M. & Rosenfeld, J. P., "A New ERP – based Deception Detector Analog II: Utilization of Non – selective Activation of Relevant Knowledge", *Int. J. Psychophysiology*, 1992, 12, pp. 289 ~ 306.

〔4〕 Allen, J. J. & Iacono, W. G., "A Comparison of Methods for the Analysis of Event – related Potentials in Deception Detection", *Psychophysiology*, 1997, 34, pp. 234 ~ 240.

〔5〕 Allen, J. J., Iacono, W. G. & Danielson, K. D., "The Development and Validation of An Event – related Potential Memory Assessment Procedure: A Methodology for Prediction in the Face of Individual Differences", *Psychophysiology*, 1992, 29, pp. 504 ~ 522.

极收集电信号，经过滤波（filtering）、放大（amplifying）等过程就可以得到波形图谱，Berger 将其命名为脑电图（electroencephalogram，EEG）。在 1939 年，Davis 首先注意到 EEG 与外在事件的相关性。他观察到，在某次听觉刺激出现后的 100 ~ 200ms（毫秒）后 EEG 出现了一个大的负向波。但对这一现象进行系统、深入分析的则是 Sutton 及其同事（1965）[1]，他们明确将其称为事件相关电位（event - related potential，ERP），指的是当对个体在给予刺激（如听觉刺激）或撤销刺激时，经过大脑对该刺激加工处理后，在大脑头皮相应部位可检出与刺激有锁时关系和特定位相的生物电反应。在这里，给予刺激或撤销刺激都可视为一种事件（event），而由事件引发的持续变化的电位则为诱发电位（evoked potential，EP）。

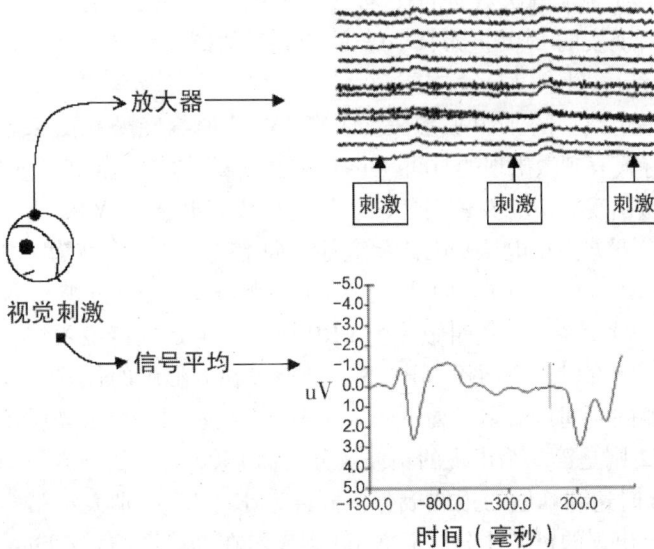

图 13 - 1 提取 ERP 的过程示意图

〔1〕 Sutton, S., Braren, M., Zubin, J. & John, E. R., "Evoked Potential Correlates of Stimulus Uncertainty", *Science*, 1965, 150, pp. 1187 ~ 1188.

这种诱发电位的波幅都很小，约为 1～10uV，而 EEG 的波幅通常介于 50～100uV 之间，所以在正常情况下 ERP 是被淹没在 EEG 中的，如上图 13－1 右上角波形所示。但是研究者利用 ERP 自身的两个重要特性将其从 EEG 中提取了出来，这两个特性就是 ERP 波形恒定和潜伏期恒定。也就是说，只要是同样的刺激作用于个体，那么每次刺激后所诱发的 ERP 在波形和潜伏期上都是一样的。而 EEG 则与刺激没有这样的对应关系。所以，当把同一刺激重复多次（一般为 20 次以上）的脑电信号叠加在一起时，EEG 信号会相互抵消，而 ERP 信号由于在波幅和时相上都是相同的，所以叠加之后总波幅会随相加次数成比例地增大，而基本波形保持不变。这样，ERP 就从 EEG 的背景中突显出来了。最后，再将此 ERP 按照叠加的次数进行平均（average）[1]，就得到了平均单次刺激所诱发的 ERP 波形图，表示随着时间的变化电位所发生的相应变化，见上图 13－1 右下角。

一个典型的 ERP 波形图如下图 13－2 所示。按一般传统习惯，横坐标代表刺激出现的时间（ms），图中表示的是刺激出现前 100ms 到刺激出现后 700ms 的时间段。纵坐标代表电压（uV），上方为负电压，下方为正电压。因此相应地，向上波动的一个波为一个负波（negative wave，N），向下波动的一个波为一个正波（positive wave，P）。一个波就叫做一个 ERP 成分。也是按传统习惯，每一成分一般都以正负两极（P、N）和该波在波形中的位置或该波达到峰值的时间点命名。如下图 13－2，Pl 表示第一个出现的正波成分，P2 则是第二个出现的正波成分，而 P300 表示从刺激呈现到约 300ms 时达到峰值的正波成分。同样，N1、N2 分别表示第一个和第二个出现的负波成分，而 N400 则表示在潜伏期约为 400ms 时达到峰值的负波成分。

―――――――――

〔1〕 这里取几何平均值。

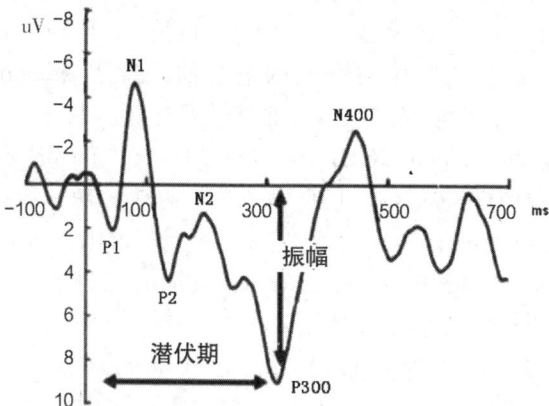

图 13-2 通过叠加平均后得到的视觉 ERP 波形图

二、ERP 成分

成分（component）是 ERP 研究中一个非常重要的概念，也是主要的 ERP 研究对象。经过近 50 年的研究积累[1]，研究者已经发现了一些经典的 ERP 成分，并掌握了引发这些成分的实验范式、相关的认知过程，以及在头皮上的分布和大脑中的源定位。根据潜伏期的不同，这些 ERP 成分可以被划分为：10ms 内出现的为早成分，10~50ms 内为中成分，50~500ms 为晚成分，500ms 以后则称为慢波（slow wave）成分。

而根据 Sutton 等人（1965）的划分，ERP 成分又被分为两大类，即外源性成分（exogenous component）和内源性成分（endogenous component）。ERP 波形的前段部分会受到刺激性质（听觉刺激、视觉刺激或躯体感觉刺激）、刺激强度以及环境的影响，一般只与大脑皮层主司感觉功能的神经元活动相关，而与注意、期待、辨别和记忆等大脑的高级认知活动和情绪反应无关，也就是与外界

---

〔1〕 从 Sutton 及其同事 1965 的研究开始。

刺激的物理属性本身以及外在环境有关，所以称为外源性 ERP。
而 ERP 波形的中、后段部分（约 50ms 以后），与诱发刺激的物理
属性无关，而与大脑中对刺激的信息加工过程（information pro-
cessing）有关，而信息加工过程必然涉及注意、期待、辨别、记忆
等认知能力（Picton & Hillyard, 1974[1]; Picton & Hillyard,
1988[2]），具有任务效应，因此被称为内源性 ERP。不同的刺激内
容和编制，可以产生各异的内源性成分，如 MMN（mismatch nega-
tivity）、CNV（contingent negative variation）、P300、N400，等等
（陶春丽、罗非，2004）[3]。

正因为这些内源性成分与认知活动的密切关系，Tueting
（1978）[4] 就明确指出，使用 ERP 可以帮助了解信息加工过程的
特征，因为 ERP 具有以下优点：

第一，是一种非侵入性（non - invasive）的神经活动测量
技术，主要是利用贴在头皮上的电极来收集头皮下的神经细胞
规律性变化的电流形态；

第二，具有锁时性，因此时间分辨率（temporal resolu-
tion）高，可以提供实时（ongoing）的信息；

第三，即使被试没有外在的行为反应，只要其注意到呈现
的特定刺激，就可以测量到特定的波形；

第四，ERP 虽然无法精确定位产生特定波形的大脑区域，

---

〔1〕 Picton, T. W. & Hillyard, S. W., "Human Auditory Evoked Potentials. II. Effects of
Attention", *Electroencephalogr Clin Neurophysiol*, 1974, 36, pp. 191 ~ 199.

〔2〕 Picton, T. W. & Hillyard, S. W., "Endogenous Event Related Potentials", in T.
W. Picton（ed.）, *Handbook of Electroencephalography and Clinical Neurophysiology*（*Vol. 3*）:
Human Event、Related Potentials, Amsterdam: Elsevier, 1988, pp. 361 ~ 426.

〔3〕 陶春丽、罗非："'新异刺激'模型和 P300", 载《生理科学进展》2004 年
第 3 期。

〔4〕 Tueting, P., "Event - related Potentials, Cognitive Events, and Information Process-
ing", in D. A. Otto（ed.）, *Multidisciplinary Perspectives in Event - Related Brain Potential Re-
search*, Washington, D. C.: U. S. Government Printing Office, 1978, pp. 159 ~ 169.

其空间分辨率（spatial resolution）不如其他认知神经科学技术（如 fMRI）更有效，但近年来使用多电极记录方式（multi-channel recordings），比较各个脑区信号间的差异，可大略知道哪一脑区激活程度更高，从而进行较为准确的溯源分析，以改正其空间分辨率低的缺点；

第五，相比较 fMRI 此类昂贵仪器，ERP 技术更为经济。

由此可见，由于 ERP 特别是内源性 ERP 的这些特点，使之便于与认知行为实验的反应时相结合进行认知过程研究，而对大脑机制的直接观察又使得我们不再受制于"黑箱效应"，因此 ERP 被誉为"观察脑功能的窗口"。

研究还发现，ERP 其实包括好几种不同的成分，如 MMN、CNV、P300、N400，等等。其中，可以用于进行测谎的成分并不仅仅为 P300，其他成分如 CNV，就有学者报告说也可以用以测谎（Fang Fang, Yitao Liu and Zheng Shen, 2003[1]）。前述的参与 Harrington 案的 Farwell 在他与 Smith 共同发表的一项研究报告（Farwell & Smith, 2001[2]）中声称，当向被试呈现其所熟悉的声音、物体或姓名大约 1 秒钟内，除了我们所熟知的 P300 成分以外，还有一些后期成分都会发生相应变化。他们将这些相关成分统称为 "Mermer"，即"记忆和编码相关多层面脑电图仪反应（memory and encoding related multifaceted electroencephalographic response）"的缩写。但遗憾的是，他们对那些除 P300 以外的可用于测谎的 ERP 成分并没有加以明确说明。据研究者称这是出于"专利权"的考虑，因为 Farwell 为自己的 ERP 测谎技术申请到了美国专利（U. S. Patent）保护。可见，事实上 Farwell 后来所主张的 ERP 测谎技术所利用的成分不仅为 P300，还有其他 ERP 后期成分。正鉴于

─────────

〔1〕 Fang Fang, Liu Yitao & Shen Zheng, "Lie Detection with Contingent Negative Variation", *International Journal of Psychophysiology*, 2003, 3（50）, pp. 247～255.

〔2〕 Farwell, L. A. & Smith, S. S., "Using Brain MERMER Testing to Detect Knowledge Despite Efforts to Conceal", *Journal of Forensic Sciences*, 2001, 46（1）, pp. 135～143.

此，我们更愿意将其称为 ERP 测谎而非 P300 测谎技术，并且特意将 ERP 相关的测谎研究单列出来在本章加以说明。

另外，值得一提的是，Farwell 他们报告说，使用这种复合 ERP 成分，测谎准确率相当高，可达 99.9%。虽然这一数据值得商榷，因为此研究所使用的探测信息是自传信息，而且每一种条件下的被试样本量较少，只有 3 名被试。但不管怎样，Farwell 的 ERP 测谎技术已经应用于一起实案（Harrington 案）的司法审判中（*United States v. Harrington*，410 F. 3d 598）。

P300 的基础研究

在已经发现的多种内源性成分中，P300 是到目前为止最被广泛认同与应用的一种（Donchin et al. , 1986[1]）。P300 与被试的认知能力有很高的相关性，这些认知能力包括信息传递、刺激评估、记忆、情绪、思维、计算、注意以及清醒程度，属于高级大脑皮层的活动能力（Courchesne, Hillyard & Galambos, 1975[2]；Kutas, McCarthy & Donchin, 1977[3]；Sutton, Tueting, Zubin & John, 1976[4]），也是目前 ERP 测谎所主要利用的成分（Farwell & Donchin, 1991；MacLaren & Taukulis, 2000[5]）。

---

〔1〕 Donchin E. , Karis D. , Bashore R. T. , et al. , "Cognitive psychophysiology: Systems, Processes, and Applications", in Coles, MGH, Donchin, E. , Porges, S. (eds.), *Psychophysiology: Systems, Processes, and Applications*, New York: The Guilford Press, 1986, pp. 244 ~ 267.

〔2〕 Courchesne, E. , Hillyard S. A. , Galambos, R. , "Stimulus Novelty, Task Relevance and the Visual Evoked Potential in Man", *Electroencephalogr Clin Neurophysiol*, 1975, 39, pp. 131 ~ 143.

〔3〕 Kutas, M. , McCarthy, G. & Donchin, E. , "Augmenting Mental Chronometry: The P300 as A Measure of Stimulus Evaluation Time", *Science*, 1977, 197, pp. 792 ~ 795.

〔4〕 Sutton, S. , Tueting, P. , Zubin, J. , John, E. R. , "Information Delivery and the Sensory Evoked Potential", *Science*, 1967, 155 (768), pp. 436 ~ 439.

〔5〕 MacLaren, V. V. & Taukulis, H. K. , "Forensic Identification Using Event – related Potentials", *Polygraph*, 2000, 29 (4), pp. 330 ~ 343.

一、诱发 P300 的实验范式

P300 是在 oddball 实验范式（oddball paradigm）下所诱发的于刺激后 300ms 左右出现的一个明显的正向波（positive wave）。因为此种诱发波出现在 300ms 左右，P300 由此得名，如上图 13－2 所示。但随着研究的深入，目前已经发现 P300 潜伏期范围的概念已经远远超过了 300ms，一般在 300~500ms 之间，有的长达 700ms 以上。所谓 oddball 范式，其最基本，也是最经典的形式（见下图 13－3 中的 A 范式）包括两种刺激，一种刺激出现概率较大（如 85％），另一种刺激出现的概率较小（如 15％），两种刺激以随机顺序出现。这样，对于被试来说，小概率刺激的出现具有偶然性，因为它很久才出现一次，感觉有点怪（odd），oddball 由此得名。实验任务却要求被试关注小概率刺激，只要小概率刺激一出现就尽快作出反应（一般为按键或心算此刺激出现的次数）。所以小概率刺激是靶刺激（target stimulus），另一种刺激则称为标准刺激（standard stimulus）。研究发现，当被试接受靶刺激时，都会有明显的 P300 波的出现，而对标准刺激则不会出现 P300。

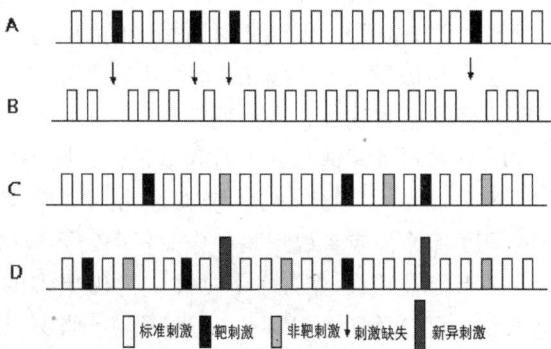

图 13－3　诱发 P300 的经典 oddball 范式及其亚范式

研究者进一步发现，除了这一经典的 oddball 范式之外，还有若干亚范式可以诱发出 P300：

如上图 13 - 3 中的 B 范式，有规律地呈现同一种刺激，偶然一次不出现这一刺激，即撤销刺激。如前所述，撤销刺激也是一种事件，因此，这一范式也包括两种刺激：标准刺激和小概率的缺失刺激。要求被试对缺失刺激作出反应，因此缺失刺激为靶刺激。

如上图 13 - 3 中的 C 范式，这一亚范式包括三种刺激，一种仍是标准刺激，出现概率为大概率（如 70%），另外两种则都是小概率刺激（如都为 15%）。要求被试对其中一种小概率刺激作出反应，则此种小概率刺激为靶刺激，另一种不作反应的则为非靶刺激（nontarget stimulus）。

如上图 13 - 3 中的 D 范式，则是在范式 C 的基础上增加了另外一种小概率的刺激，如新异刺激（novel stimulus），即与其他刺激差别较大的刺激，它可以引起更明显的 P300 成分。

二、P300 基础研究发现

P300 的测量指标——潜伏期和波幅。目前测量 P300 波形的常用指标还比较简单，主要为两种：潜伏期（peak latency，PL）（刺激出现至波形达到峰值时所用的时间）和波幅（amplitude，Amp）（波形顶点到基准线之间距离）（见上图 13 - 2）。其中，潜伏期反映了被试对刺激的评价时间，即被试对新呈现的刺激进行辨认与决策的过程，而这又与被试处理信息的速率以及任务本身的难度有关。被试处理信息的速率越快，潜伏期越短（Kutas et al.，1977）；任务越难，被试所需刺激评估和加工时间就越长，则潜伏期也会增加（McCarthy & Donchin，1981[1]）。波幅通常与大脑信息加工有效资源动员的程度有关，或者说反映了作业任务需要被试付出的认知资源的多少。当作业难度增加，需要被试付出更多的认知资源时，P300 的波幅会随之降低（Polich，1987[2]）。此外，有一些研

---

〔1〕 McCarthy, G., Donchin, E., "A Metric for Thought: A Comparison of P300 Latency and Reaction Time", *Science*, 1981, 211, pp. 77～80.

〔2〕 Polich, J., "Task Difficulty, Probability, and Inter - stimulus Interval as Determinants of P300 from Auditory Stimuli", *Electroencephalogr Clin Neurophysiol*, 1987, 68, pp. 311～320.

究会使用到第三种测量指标：波形的区域面积（area measurement），它与波幅的意义相似，反映了被试所需付出的认知资源的多少。

由以上指标的意义可见，P300 的变化确实反映了大脑的信息加工过程的变化，因此是探测认知过程的有效指标。

不同刺激类型之间的差异。靶刺激与标准刺激之间的差异越大，或者靶刺激出现的概率越小，则 P300 的波幅愈大（Picton & Hillyard，1988）。这点很容易理解，因为不同类型刺激之间差异越大，被试识别靶刺激就越容易，所需付出的认知资源越少。

不同感觉通道（modality）的刺激。无论是视觉、听觉或者躯体感觉中任何一种感觉通道的刺激，使用 oddball 范式都可以诱发出 P300，但波幅大小的分布则具有通道依赖性（modality‑dependent）（Snyder，Hillyard & Galambos，1980[1]）。

头皮分布特点。一般情况下，P300 的波幅由大脑皮层的 Fz、Cz 至 Pz 点［国际 10～20 系统（the international 10～20 system）］逐渐加强。

P300 的双峰现象。在对 P300 进行深入研究的过程中，人们发现一些被试的 P300 波形并非单峰，而是出现了"双峰"现象。这双峰分别被标记为 P3a 与 P3b。现在比较公认的看法是，P3a 的潜伏期较短，最大波幅比 P3b 靠前，大约在 Fz 点位置。P3a 一般由新异刺激引起，因此它是公认的朝向反应的主要标志，反映了人类的早期警觉过程；而 P3b 的潜伏期较长，其最大波幅在 Pz 点附近，一般认为它可能反映了记忆更新及注意力分配过程（Polich，1988[2]）。由此可见，P300 实际上是一个复合波，包含着不同的 ERP 成分。

---

〔1〕 Snyder, E. , Hillyard, S. A. & Galambos, R. , "Similarities and Differences among the P3 Waves to Detected Signals in Three Modalities", *Psychophysiology*, 1980, 17, pp. 112～122.

〔2〕 Polich, J. , "Bifurcated P300 Peaks: P3a and P3b Revisited", *Clin Neurophysiol*, 1988, 5, pp. 287～294.

正是因为 P300 的这些特性，使之能够被我们用于研究大脑的各种高级认知功能，包括被用来作为测谎的首选 ERP 成分。

P300 测谎研究

正如我们前面谈到的，Rosenfeld 与 Farewll 都宣称自己的研究是首次 ERP 测谎尝试（Rosenfeld et al.，1987；Farwell & Donchin，1991）。不过在我们看来，作为标志性的第一次 P300 测谎研究应是 Farwell 和 Donchin 在 1991 年发表在学术期刊上的那次研究。其理由很简单，由于 ERP 非常敏感，因此其研究对实验设计要求非常严格，而 Rosenfeld 等人在 1987 年的研究远不及 Farwell 和 Donchin 的研究的严谨性，这可能在很大程度上得益于 Donchin 作为 ERP，特别是 P300 研究大家的专业水准。不过 Rosenfeld 及其同事随后又做了一系列研究进行弥补和完善（Rosenfeld et al.，1988；Rosenfeld，Angell，Johnson & Qian，1991；Johnson & Rosenfeld，1992）。此外，John Allen 及其同事（Allen & Iacono，1997；Allen，Iacono & Danielson，1992）也报告了一系列利用 P300 进行测谎的研究。

一、Rosenfeld 等人早期的 P300 测谎研究

在 Rosenfeld 等人 1987 年的 P300 测谎研究中，他们借用了 Polygraph 测谎研究的 CIT 范式，以 10 名大学生为被试，要求他们先到一间无人的房间，从放着 9 件比较贵重物品的箱子里任选 1 件物品，如收音机、录像机、手表、钱包等。很显然，这是模拟犯罪情景实验室研究。然后让被试接受 ERP 测试，要求被试注视计算机屏幕上随机出现的 9 个不同的物品的"名称"。对于被试而言，9 个名称中有 1 个是他们曾经"选择的物品（chosen item）"，其他 8 个则是"新异物品（novel item）"。研究者要求被试尽量不对刺激作出任何反应，包括行为上或情绪上的反应，并鼓励他们"打败"此测谎测试。最后他们报告说，在 10 名被试中，有 9 名被试在"选择的物品"上出现了潜伏期在 400~700ms 之间的明显的正波，

而对那些"新异物品"则没有出现类似的正波。Rosenfeld 等人认为，这一正波成分正是 P300，据此宣称，利用 P300 测谎具有广阔的前景。另外，值得提出的是，Rosenfeld 等人也承认，他们的这一研究设想正是受 Donchin 和同事们的早期研究的启发。其研究（Fabiani, Karis & Donchin, 1986[1]）显示，如果一系列单词中，包括了以前学习过的单词和新异单词，并且学习过的单词为小概率刺激，那么，是学习过的单词而非新异单词会诱发 P300。

不过 Rosenfeld 等人对自己的这项研究描述并不详细，但在第二年，他们又发表了一个改进研究（Rosenfeld et al., 1988）。在这个研究中，他们对实验设计进行了较为详细的安排和描述。模拟犯罪情景同 1987 年的研究一样，也是让被试从 9 件物品中"选择"1 件物品，然后再接受 ERP 测试，同样也是用"名称"代表"实物"作为刺激。但不同的是，研究者这次要求被试心算（count）8个"新异物品"中的任意一个出现的次数，以保证被试对实验刺激的注意，但仍鼓励被试去反测试。结果发现，10 名被试中有 3 名因为伪迹（artifact，干扰）和不合作数据被剔出，剩下 7 名被试都只在要心算的那一新异刺激和"选择的物品"上出现了 P300。

二、Farwell 和 Donchin（1991）的 P300 测谎研究

而 Farwell 和 Donchin 所自认为的首次 P300 测谎研究于 1991 年被报告。在这一研究（Farwell & Donchin, 1991）中，所有 20 名被试首先被要求实施模拟犯罪。在这里，研究者采用了一个巧妙的实验设计，即采用了两个模拟犯罪场景（1 和 2）。让一半被试（10名）参加模拟犯罪场景 1，另一半被试（10 名）参加模拟犯罪场景 2，两组被试互为实验组和控制组。这样就很好地利用了被试，以最少的被试数量获得更稳定的实验结果。两个模拟犯罪基本一样，要求被试和一个陌生人见面，并通过密码"接头"，最后被试从陌生人那里获得一份涉及"特殊设计图"的机密文件。很显然，

---

[1] Karis, D., Fabiani, M. & Donchin, E., "P300 and Recall in An Incidental Memory Paradigm", *Psychophysiology*, 1986, 23, pp. 298~308.

这是模拟的"出卖机密情报"的间谍犯罪活动。每个模拟犯罪都涉及 6 个具体细节（details），作为后面 ERP 测试的探测刺激（probe stimuli）。但是这两个模拟犯罪情景在这些具体细节上并不一样。在参加完模拟犯罪后的第二天，被试接受 CIT 范式的测谎测试。测试包括两个，一个是 ERP 测谎测试，另一个则是利用多导记录仪（Polygraph）收集皮电指标来测谎。在 ERP 测试中，向被试呈现一系列词组（都为包括两个单音节单词的词组），每次呈现一个词组，呈现时间（duration）为 300ms，刺激之间的间隔时间（interstimulus interval）为 1550ms。然后随机指定某些词组为靶刺激，当靶刺激出现时要求被试按两个按键装置中的右键，其他词组出现时，则要求被试按左键。这样，从表面上看，所有的刺激被分为了两类：靶刺激和非靶刺激，但实际上，对于被试而言，所有的刺激是三类：靶刺激、探测刺激（藏在非靶刺激中）、非靶刺激（排除掉探测刺激）。也就是在非靶刺激中又分为两类，一部分刺激涉及模拟犯罪的 6 个细节，所以对被试有着特殊意义（meaningful），称为探测（probe）刺激，另外一部分是与模拟犯罪无关的刺激（irrelevant）。需要特别指出的是，之所以采用 6 个细节作为探测刺激，Farwell 和 Donchin 并非随意设定，而是根据 Lykken 所提出的观点，为保证测谎理论上的准确性达到排除偶然因素的目的，问题组数最好在 6 组以及 6 组以上。此研究的三类刺激的具体情况如下表 13 – 1 所示。

表 13 – 1　Farwell 和 Donchin（1991）研究中的各种刺激类型

刺激类型	概率	描述	指导反应	被试对刺激的评估	预期的 ERP
靶刺激 target	1/6	与任务有关 与犯罪无关	按右键	小概率，有关	诱发 P300
无关刺激 irrelevant	2/3	与任务无关 与犯罪无关	按左键	大概率，无关	无 P300

续表

刺激类型	概率	描述	指导反应	被试对刺激的评估	预期的ERP
探测刺激 probe	1/6	与任务有关 与犯罪有关	按左键	对于无辜者： 大概率，无关	无 P300
				对于有罪者： 小概率，有关	诱发 P300

初步 ERP 测试结果如下图 13－4 所示。对于所有 20 名被试，如果都作为有罪组（因为参加了两个模拟犯罪之一），在 Pz 点上，绝大部分被试都在探测刺激上出现了明显的 P300 成分；但如果都作为无辜者（因为没有参加两个模拟犯罪之一），在 Pz 点上，几乎所有被试都没有在探测刺激上出现明显的 P300 成分。当然，无论是作为有罪者还是作为无辜者，被试在靶刺激上都出现了 P300 成分，而对于无关刺激则基本没有。但是，我们还是看到，对于个别被试，P300 成分出现情况与大部分被试并不相同。在研究者看来，为了保持传统测谎技术中针对个体诊断的特点，ERP 测谎和一般的 ERP 研究最大的不同就在于，它主要是对单个被试的 ERP 数据进行分析，而一般 ERP 研究则是对多个被试的平均情况进行统计分析。因此，如要采用个体诊断策略，则每个被试的 ERP 数据是不够充分的。为了克服这一困难，Farwell 和 Donchin 使用了自助法（bootstrap method）[1]。所谓自助法是指，如果研究者因为各方面的条件限制，只获得了 100 个数据，但这 100 个数据又因为数量不大而不具有代表性。这时一个补救的方法就是从这 100 个样本中随机抽取 1 个样本，然后将此样本放回再抽取下 1 个（即放回抽

---

〔1〕 Bootstrap 原意为鞋带，在西方有一个典故，有人吹牛说自己掉进河里，于是用自己的鞋带绑着自己的头发，使自己的头与脚各自将对方拉出水面，因此"bootstrap"就有了"自救"、"自助"的意思。学者们使用此命名，正是基于该典故，因此笔者倾向将其译为"自助法"。

样，with replacement），这样就可以抽出研究者所需要的任何数量的样本，如包含 1000 个数据的样本，而此时的样本量显然就足够了。可见，自助法是一种不需要借助总体就能有效弥补样本数量不足的技术方法。

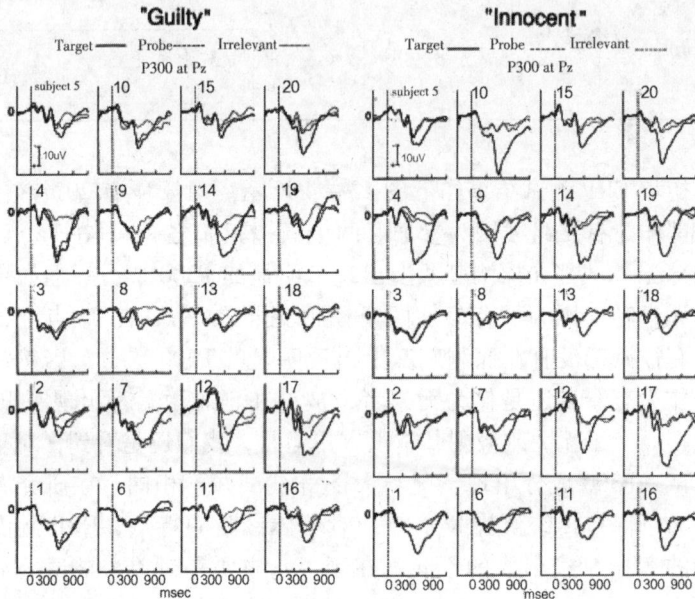

图 13-4　Farwell 和 Donchin（1991）在每名被试的 Pz 点上
记录的 ERP 波形图

　　Farwell 和 Donchin 利用自助法解决单一被试 ERP 数据不足的方法具体如下：每个被试在 ERP 测试中总共接受 72 个探测刺激（有 6 种不同的探测刺激，每种探测刺激在每个测试区块（block）中重复 4 次，一名被试共接受 3 个 block）。这样获得的这名被试在探测刺激上的 P300 波幅值样本量为 72，借助自助法他们产生了一个包含 100 个数据的样本。用同样的方法分别获得 100 个无关刺激的 P300 波幅值和 100 个靶刺激的 P300 波幅值。需要说明的是，无关刺激为大概率刺激，实际数量远远大于 72 个，为了和靶刺激以及探测刺激匹配，研究者从中随机选取了 72 个无关刺激。然后分别计算探测刺激与靶刺激 P300 波幅值的相关系数 r_{pt}，探测刺激与无关刺激的 P300 波幅值的相关系数 r_{pi}，并将 r_{pt} 和 r_{pi} 进行比较，也就是用 r_{pt} 减去 r_{pi}，这样就可以得到 100 个这两个相关系数的差异值。根据假设，对于有罪者而言，探测刺激与靶刺激的相关系数要大于探测刺激与无关刺激的相关系数；而对于无辜者，r_{pt} 要小于 r_{pi}。而这 100 个差异值可以形成一个正态样本分布，如果该分布的平均值在 0 以上 1.65 个标准差，则可以在 0.05 水平上判断被试有罪；如果该分布的平均值在 0 以上 2.33 个标准差，则可以在 0.01 水平上判断被试有罪。此研究采用了 0.01 水平建立判断被试是否有罪的标准。结果发现，根据此判断标准，40 名"被试"（当然实际上是 20 名）中有 18 名被判断为"有罪"，17 名被判断为"无辜"，还有 5 名的诊断结果为"无法判断（inconclusive）"。因此，如果排除"无法判断"的案例，此研究所得的 P300 测谎总体准确率为 100%，如果不排除"无法判断"的案例，则总体准确率为 87.5%。

三、改进研究

同样是在 1991 年，Rosenfeld 的研究团队也进行了一项较有价值的研究（Rosenfeld et al.，1991）。其最大的亮点在于，使用了 Rosenfeld 等人所称的 CQT 范式而非之前 P300 测谎研究（包括他们自己）都使用的 CIT 范式来实施研究。在研究前，他们就已经知道参加研究的大学生被试中大约有 50% 的人曾经"使用过假身份证（use false id）[1]"。在研究中，他们让所有的被试先看一组涉及反社会行为或违法行为的词组———一般由 2~3 个单词组成。在被试观看这些词组时，它们详细的含义就会通过录音带播放给被试听。例如，被试看到"使用过假身份证"这个词组时，录音带就会播放"'使用过假身份证'是指在过去的五年中，你曾经为了表明你自己达到了合法购买酒精类饮料的年龄而使用了假证件，但事

---

〔1〕 美国最常用的身份证件为本人驾照。

实上你还没有达到可以购买这些饮料的年龄，你所使用的证件是假的[1]"，而其他的行为则是在大学生中发生概率非常小但却是反社会或者违法的行为。然后大约一半的被试参加模拟犯罪，此犯罪涉及上述那些在大学生中发生概率很小的违法行为（如间谍活动），另外约一半的被试则没有参与这一模拟犯罪活动。通过这样的设计，对于已经熟知 PDD 测谎范式的我们来说，其目的显而易见。首先，涉及模拟犯罪的违法词组就是探测刺激（probe），它对应的是传统测谎的相关问题；"使用假身份证"则类似于传统测谎中的对照问题；而其他词组则为无关问题。判断"有罪"与否的标准也如 CQT 范式，如果被试在对照问题上的 P300 波幅低于探测刺激（相关问题），则诊断其为"有罪"；反之则诊断为"无辜"。研究结果非常有意思：当 ERP 测试在模拟犯罪活动进行的当天进行时，13 名有罪者中有 12 名根据上述判断标准被正确识别出来，同时 15 名无辜者中有 13 名被准确识别；研究中有部分被试是在上述模拟犯罪活动完成几天后再接受的 ERP 测试，虽然在 ERP 测试之前，被试又对"犯罪"事件进行了回顾，但是 8 名接受测试的被试中只有 3 名被正确识别出来。

四、P300 测谎研究的问题

当 2000 年 Farwell 将其 ERP 测谎技术应用于 Harrington 案时，一些学者认为这预示着认知神经科学技术介入司法领域的时代已经到来，而法官应做好应对的准备。但其实这样的担忧还太早。从以上颇具代表性的 P300 测谎研究，并参考我们已有的对传统测谎技术研究以及司法实践经验，我们会发现目前的 P300 测谎研究本身的几个关键问题并没有完全解决。

---

〔1〕 在美国商店购买酒水或酒精类饮料时，商家都会要求出示身份证件（一般为驾照），以确认不会将它们卖给未成年人。这一规定也适用于购买香烟和进入酒吧。此外，在某些情况下（例如在商店里休闲区域喝酒），即使是成年人也会受到限制（购买不能超过 2 瓶以上）。因此，美国青少年使用假身份证件的情况是相当普遍的，是测谎中最常使用的对照问题主题之一。

（一）两刺激与三刺激

第一个问题就是，使用 P300 测谎应该采用什么样的实验范式。我们已经多次提到，ERP 研究对实验设计的精细要求非常严格，否则很难诱发出我们所需要的 ERP 成分。在上述研究中，Resenfeld 团队的实验设计，尤其是最早的那次，并不详细。通过其后的相关文献可知，他们当时使用的应是包括两种刺激类型的实验范式，这两种刺激分别为探测刺激（probe）（与"犯罪"信息有关的刺激）与无关刺激（irrelevant）（与"犯罪"信息无关的刺激），我们将其称为"两刺激测谎范式"。而 Farwell 等人的研究则采用的是包括三种刺激类型的实验范式，一为探测刺激（probe），二为无关刺激（irrelevant），此外还增加了靶刺激（target），我们将其称为"三刺激测谎范式"。很显然，这两种不同的测谎实验范式分别对应的是诱发 P300 成分的经典实验范式 A 及其亚范式 C，具体见下图 13 - 5。

对于此两种 P300 测谎刺激编排范式的差异，Rosenfeld 团队进行了专门的比较研究（Rosenfeld et al., 2006[1]），结果发现，同样是在探测刺激上，两刺激实验范式（如下图 13 - 5 中 A）所获得的 P300 波幅值要显著小于三刺激实验范式（如下图 13 - 5 中 C）的。而一般的 P300 研究发现：当作业难度增加时，被试所需付出的认知资源更多，则 P300 的波幅会随之降低（Polich，1987）。简单来看，两刺激实验范式要比三刺激实验范式作业任务简单，因此从理论上说应该是两刺激实验范式所诱发的 P300 波幅值较大。但很显然，研究结论恰恰与此理论假设相反。对此矛盾之处，Rosenfeld 等人给出了两个可能的解释，第一个可能是因为三种实验范式中刺激种类的增加以及要求有按键操作任务，使得分配到每类刺激上的认知资源减少，从而使得其 P300 波幅较大；第二个可能则是

〔1〕 Rosenfeld, J. P., Biroschak, J. R., Furedy, J. J., "P300 - based Detection of Concealed Autobiographical versus Incidentally Acquired Information in Target and Non - target Paradigms", *International Journal of Psychophysiology*, 2006, 60, pp. 251~259.

两刺激范式实验中为了保证被试对刺激的注意，要求被试准备随时报告刚呈现的刺激内容，这反而增加了被试的认知负担从而导致其P300 波幅较小。但是在个体诊断方面，两刺激测谎范式与三刺激测谎范式在总体准确率上不存在统计上的显著性差异。

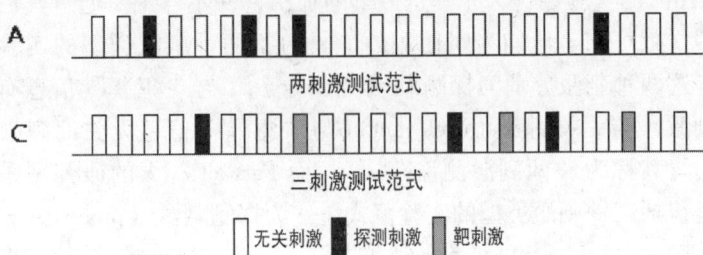

图 13 - 5　目前主流的两种 P300 测谎实验范式

（二）单一细节与多个细节

第二个关键问题也是 Rosenfeld 等人（Rosenfeld et al.，2004；Rosenfeld et al.，2007）专门进行过探讨的——P300 测谎测试是针对"犯罪"中的一个细节进行探测测谎结果比较理想，还是针对多个细节探测比较理想。因为我们可以看到，在 Farwell 等人的研究（Farwell & Donchin，1991；Farwell & Smith，2001）中使用的都是 6 个细节作为探测刺激（6 - probe），而 Rosenfeld 等人在 1987年和 1991 年的研究中都是采用单一细节（1 - probe）。在 Rosenfeld团队的此项研究（Rosenfeld et al.，2007）中，他们分别使用 6 个细节和 1 个细节作为探测刺激来进行 P300 测谎（6 - probe v. 1 - probe）。研究发现，因为 6 - probe 最终所获得的 P300 波幅值是 6个探测刺激的 P300 波幅值平均的结果，因此一般情况下 6 - probe的 P300 波幅值要小于 1 - probe 的。另外，在测谎准确率方面，研究者（Rosenfeld et al.，2004）报告的击中率（hit rate）分别为：6 - probe 为 82%；而对于 1 - probe，第一周接受 ERP 测试获得的为 92%，第二周为 50%，第三周则为 58%。

（三）判断的标准

还有一个问题则是究竟采用什么指标或方法来判断个体是否说谎或有罪。与一般领域的 P300 研究采用标准 ANOVA 组间分析（group analysis）的方法不同，P300 测谎最终需要对单个被试是否"说谎"或"有罪"作出诊断。因此，需要建立一个判断标准。而另一方面，由于 ERP 研究成本较高，每次研究的被试量一般都较小（每一条件下大约为 20 名被试），这又需要借助自助法。

在 Farwell 等人的研究（Farwell & Donchin，1991）中，我们已经了解到他们利用探测刺激和靶刺激的相关系数与探测刺激和无关刺激的相关系数的差异值进行个体诊断的方法，此方法被称为自助相关系数差异法（bootstrap correlation difference method，BCD）（参见 Abootalebi，2006[1]）。

除了 BCD 法外，Rosenfeld 等人还提出了另外一种诊断指标，它被称为自助波幅差异法（bootstrap amplitude difference method，BAD）（Rosenfeld et al.，2004）。BAD 与 BCD 的不同之处在于：它利用的是探测刺激与无关刺激的 P300 波幅的差异值。很显然，其所依赖的基本假设为：如果个体被试在探测刺激上的 P300 波幅值大于在无关刺激上的 P300 波幅值，则会被诊断为"有罪"；否则会被诊断为"无辜"。而现在需要建立的则是这一差异值达到显著水平的标准。借助自助法我们可以获得足够多的波幅差异值（如 100个），建立正态分布，从而获得探测刺激在 0.05 或 0.01 水平上显著大于无关刺激所对应的 P300 波幅差异值。与 Farwell 和 Donchin 的研究（Farwell & Donchin，1991）一样，此研究采用了 0.01 的显著水平标准。

而 Abootalebi 等人（Abootalebi et al.，2006）则在随后的研究中专门比较了两种方法的有效性，结果发现：就总体准确率而言，

---

〔1〕 Abootalebi, V., Moradi, M. H., Khalilzadeh, M. A., "A Comparison of Methods for ERP Assessment in A P300 - based GKT", *International Journal of Psychophysiology*, 2006, 62, pp. 309 ~ 320.

BCD 为 80%，BAD 为 74%，BCD 的效果较好。但是 Rosenfeld 团队则坚称自己的 BAD 更有效。因此，这一争论目前还未有定论，需要进一步的研究。

（四）P300 测谎的效度

最后就是关于 P300 测谎实验室研究的效度问题。从以上各类研究可以发现，目前几乎所有的 P300 测谎研究都采用的是实验室研究，即从模拟犯罪情景（mock crime scenario）中选取有价值的细节作为探测刺激。这一研究方法最大的弊端可能在于：模拟犯罪与真实犯罪（real crime）之间的实际效果，尤其是对被试的意义，差异巨大。这也可用来解释为什么我们已经获得的 P300 测谎准确率基本徘徊在 80% 左右的水平，低于传统的 PDD 技术的准确率。另一方面，一些研究（如 Rosenfeld et al.，1991；Rosenfeld et al.，2004）发现，当模拟犯罪后马上进行 ERP 测试所得准确率较高，而在模拟犯罪后过一段时间再进行 ERP 测试所得的准确率则大为降低，有的甚至降至偶然概率水平（50%，参见 Rosenfeld et al.，2004）。这进一步说明模拟犯罪的效果持续性也不理想。

一些研究者已经意识到了这一问题，也提出了一些解决问题的方法。例如，Rosenfeld 等人在 1991 年的研究中使用了日常生活中被试常会出现的反社会或违法行为，如"使用过假身份证（use false id）"。虽然研究者本人认为这利用了 PDD 的 CQT 技术，但是从另一角度看，这实际上是用日常生活中真实出现过的"违法"行为来作为探测刺激，不失为一种实现 P300 测谎现场研究的替代方法。

另外一种解决方法则是使用自传信息，即使用被试自己的某一信息（如被试的名字、出生日期）作为探测刺激（如 Rosenfeld，Angell，Johnson & Qian，1991；Miller，Rosenfeld，Soskins & Jhee，

2002[1]）。Ellwanger 等人（Ellwanger et al., 1996[2]）比较了被试在新习得单词（newly learned word）、被试生日（birth date，即自传信息）和主试姓名（experimenter name，被试接受此研究过程中多次被告知，即新习得人名）三类刺激上的 P300 波幅值，ANOVA 分析（three－way ANOVA）结果发现，主效应显著，但是研究者并没有进行进一步的事后检验（post hoc test）。因此，可以肯定的结论是：新习得单词与其他两类刺激差异显著，但是被试生日与主试姓名之间差异是否显著并不知道，只是在数值上前者的 P300 波幅值要高于后者。这一研究还存在的一个缺陷就是，这三类刺激在形式上并不一致，一个为日期，一个为姓名，本身的可比性令人质疑。Rosenfeld 等人在 2007 年的研究（Resenfeld et al., 2007）中则对此进行了改进，将其中的被试生日替换为被试姓名（subject name），结果如下图 13－6 所示。从图 13－6 中可以看出，无论是在两刺激测谎范式（NON－TARGET，即图 13－6 中虚线以上部分）还是在三刺激测谎范式（TARGET，即图 13－6 中虚线以下部分）中，被试在自己的名字上诱发的 P300 波要明显强于在主试名字上的 P300 波。进一步对个体诊断的准确率进行分析发现，在两刺激实验范式下，对被试名字的正确识别率为 81.8%，对主试名字（新习得人名）的正确识别率为 63.6%；而在三刺激实验范式下则分别为 90% 和 40%。

　　根据 Resenfeld 团队的综述（Resenfeld et al., 2007），总体上，在那些采用模拟犯罪情景的实验室研究中，除了早期所报告的 P300 测谎准确率较高以外，最近的研究则介于 27% ～82% 之间

　　〔1〕　Miller, A. R., Rosenfeld, J. P., Soskins, M. & Jhee, M., "P300 Amplitude and Topography Distinguish between Honest Performance and Feigned Amnesia in An Autobiographical Oddball Task", *J. Psychophysiology*, 2002, 16, pp. 1～11.

　　〔2〕　Ellwanger, J. W., Rosenfeld, J. P., Sweet, J., et al., "Detecting Simulated Amnesia for Autobiographical and Recently Learned Information Using the P300 Event－related Potential", *International Journal of Psychophysiology*, 1996, 23, pp. 9～23.

（Mertens, Allen, Culp & Crawford, 2003[1]；Rosenfeld, Soskins, Bosh & Ryan, 2004）。而另一方面，利用自传信息进行 P300 测谎的准确率则较高，并且也较稳定。但是，我们对自传信息用于测谎研究持保留态度，因为我们完全有理由质问：个体的自传信息，尤其是名字，与真实犯罪中的关键细节性质并不一样，因此它并非一个解决测谎研究生态效度的最佳策略。

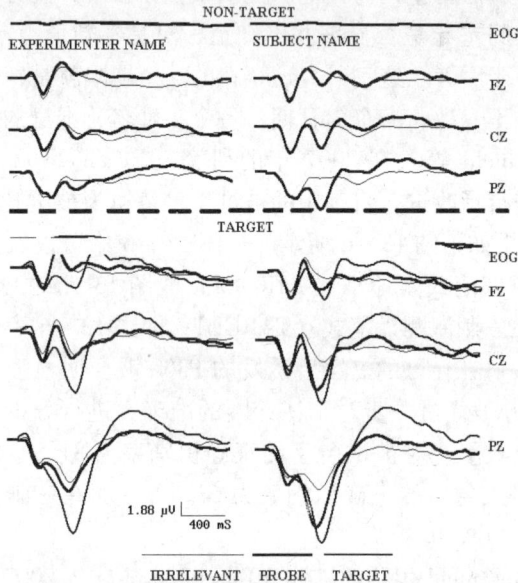

图 13 – 6　Resenfeld et al.（2007）研究所获得的 ERP 波形图

〔1〕 Mertens, R. , Allen, J. Culp, N. & Crawford, L. , "The Detection of Deception Using Event – related Potentials in A Highly Realistic Mock Crime Scenario", *Psychophysiology*, 2003, 40, p. 60.

附录：

世界测谎历史 [1][2]

一、世界古代测谎历史

（一）公元前 600 年热烙铁神裁法

波斯的历史学家相信拜火教的创始人 Zoroaster 把烧红的烙铁拿在手里而没有被烧伤，向不相信他的人证明他的宗教明示的事实。后来出现了其变体，即嫌疑人被迫用他们的舌头在烧红的烙铁上舔几下，以没有被烫伤来证明自己的清白。

（二）公元前 600 年天平神裁法

在印度，嫌疑人通过称体重来判断他们说的是不是实话。嫌疑人坐在大天平的一端，平衡锤放在另一端进行精细地调节，通过横梁上沟槽里流动的水来显示平衡的精确性。被告人先暂时离开，听取法官发表关于平衡的讲解，然后，被告再回到天平上来重新称量。如果发现他/她比原来轻了，那便宣告无罪（长时间的讯问后释放被告，现代新陈代谢研究表明正常情况下人的身体在两顿饭间重量衰减是一个定量）。

---

〔1〕 参见 Bellis, M., "Police Technology and Forensic Science：History of the Lie Detector or Polygraph Machine"，About. com Inventors.

〔2〕 参见 Alder, K., *The Lie Detectors*：*The History of an American Obsession*，Free Press, Simon and Schuster, Inc. ISBN 0 - 7432 - 5988 - 2, 2007.

（三）公元前 300 年脉搏测试

希腊医生 Erasistrautus（公元前 300 年～公元前 250 年）最先注意到用脉搏识别谎言。他为叙利亚王子 Atiochus 把脉，王子的父亲，国王 Nicator 刚刚娶了年轻漂亮的王后 Stratonice，王子变得消瘦而憔悴，Nicator 国王以为王子得了可怕的疾病。但有传言说是因为王子与新王后（王子的继母）坠入了爱河。这名希腊医生边与王子谈论可爱的王后，边为他把脉。后来，医生告诉了国王，王子没有生病，只是试图隐藏对王后的强烈感情。

（四）公元前 220 年稻米神裁法

关于古代中国判断嫌疑人诚实与否的方法有两种不同的说法。第一种方法是让嫌疑人吃用稻米作的米糕（rice cake），观察他咽下米糕的情况。如果嫌疑人被米糕噎住，那么就被认为说谎了。第二种说法是让嫌疑人咀嚼一把干米，过一段时间再吐出来。查看嚼过的米，如果吐出来的是热的且成团状，则判断嫌疑人说的是实话，如果吐出来的米成散状，则被认为是说谎了。

（五）拷打审讯

尽管拷打审讯可追溯到希腊和罗马帝国，但最著名的时期却是 1481 年扩展整个欧洲的西班牙审讯。现在这种拷打审讯在一些国家仍普遍使用。

（六）古印度的神驴

在印度，他们用神驴来判断是否说谎，宣称有罪的人拽住神驴的尾巴时，它就会嘶叫。所有犯罪嫌疑人都被带入神驴呆的黑暗帐篷里，并让他们轻轻地拉住神驴的尾巴。由于无辜者不害怕神驴会叫，于是进到里面就会拉住神驴的尾巴。有罪的人当然也将进到里面，但由于害怕，进去后他不会去碰驴的尾巴，待一会儿就出来了。事实上，神驴的尾巴上涂有乌黑的涂料，而嫌疑人并不知道。有罪的嫌疑人从帐篷出来后，双手会是干净的且上面没有一点黑颜料，从而判定他就是犯罪的人。

二、世界近代测谎发展历史

（一）公元 1530 年伽利略

伽利略是第一个制造记录并显示脉搏速率机械装置的科学家。他所制造的这个脉搏表实际上是一个显示脉搏速率的钟摆。

（二）公元 1610 年印度人的测谎

16 世纪初期，印度用装有烟草和胡椒粉的烟枪来决定嫌疑人是否犯有谋杀罪。如果这个被测者呼吸窒息，那么他就被认为有罪而被拉出去处死。

（三）公元 1733 年希尔

希尔把一根管子插入马的心脏的动脉系统来测量血压，发现血液在管子里上升到 8 英尺 3 英寸的高度，认为这可能是心脏左心室的血压水平。但他没有把这个上升的高度值进行单位量化。

（四）公元 1820 年沸水审讯

非洲一百多年来一直用同一种测谎方法。测谎人员让嫌疑人排成队，并让每个被测者把自己的胳膊放入一盆冷水中，紧接着立即再放入一盆沸水中，并要求他们把胳膊伸进水中直达肘部。2 小时后观察他们的胳膊，如果胳膊上有水泡，那么这个嫌疑人就被认为有罪。从非洲回来的旅游者曾目击过这些测试，并且证实了这一事实——仅有罪的嫌疑人才出现皮肤剥落或出现水泡的结果。

（五）公元 1870 年 Mosso "科学摇篮"

Mosso 在研究人的恐惧的影响因素时，研制出了平衡点非常灵敏的摇篮，如有人躺在上面，它会随着人的呼吸节奏而摇动。这一运动被记录在一个旋转的烟鼓上，放在脚上的胶管管头系在通向绷圈的一根管上，通过烟鼓形成一个记录。在情绪变化过程中，血液流到头部而传向摇篮使其失去平衡，根据这个记录和来自胶管管头的血压记录，他能够记录和比较嫌疑人由于情绪变化或恐惧而导致的身体血压的变化。

（六）公元 1895 年 Lombroso "水压式脉搏记录仪"

Lombroso 是最早应用科技发明进行犯罪侦查的人之一。水压式脉搏记录仪装满了水，被测者手里握住一根小棒，把胳膊浸入水中，用橡胶薄膜封住顶部的管子缠绕在胳膊上。由于紧握拳头后，心脏的跳动会引起胳膊上所缠的水管所受压力的变化，表现出来的就是管子里的水位明显而有节奏的升降。他能将这些水位的变化转变成等量的空气柱的变化，然后依次将这些记录的空气柱的变化传送到机械记录装置上。

（七）公元 1897 年 Sticker

Sticker 运用一种不成熟的电流计模型作为检测谎言的仪器。他对这一电流计的运用是法庭审判中最早的应用记录。Sticker 认为"皮电现象的变化受兴奋情绪的影响，而不受意识的影响"。

（八）公元 1904 年 Münsterberg

Münsterberg，19 世纪初期著名的司法心理学家，著有《在证人席上（On the Witness Stand）》一书。在本书中，他用了两章的篇幅讨论怎样运用血压和呼吸的变化进行测谎。1903 年 Münsterberg 强调了心理学实验室方法的实际应用，并提倡在法庭上应用心理学方法或技术来定罪。

（九）公元 1914 年 Benussi 呼吸比率

1914 年奥地利人 Vittorio Benussi 在德国发表了《呼吸变化在测谎中的影响》的研究报告。他将一根有弹性的管子绕在被测者胸部，这根管子一端是封死的，另一端附有一根橡皮软管记录、描绘被测者每次吸气与呼气的变化曲线。根据这些记录，他把他的吸气与呼气的比率原理发展应用到测谎技术中。他发现在一般情况下，吸气深度与呼气深度相比，如果前者比后者大则讲实话的可能性大，反之则说谎的可能性大。据说 Benussi 还用脉搏记录仪做了一些测试，但是没有报告测试结果。现在测谎仪上的呼吸记录仪所用的管子与过去 Benussi 运用的设计基本相同。

（十）公元 1915 年非连续的血压——Marston

这种非连续读取心脏收缩血压的方法主要是在测谎测试过程中通过压力袖套不时地反复加压获取读数。

（十一）公元 1921 年心脏与呼吸记录仪——Larson

1921 年 Larson 在伯利克（Berkly）警察局工作时，组装了一台可记录血压、脉搏波幅和呼吸模式相关变化的便携仪器。Larson 从 1921 年至 1925 年做了很多测谎测试。他的仪器现在被放在华盛顿特区的史密斯学会。

三、世界现代测谎发展历史

(一) 公元 1929 年金属绷圈——Keeler

Keeler 开发了金属绷圈代替了原来运用的大的金属或橡胶绷圈。这种新的小而轻的金属绷圈对呼吸系统有很高的灵敏度。

(二) 公元 1929 年图谱记录器——Keeler

1929 年，Keeler 开发了一种非常小的足以与呼吸和心脏记录绷圈放在同一个盒子里的墨记式图谱记录仪。

(三) 公元 1939 年便携式测谎仪——Keeler

运用新的图谱记录仪，Keeler 设计了他自己的测谎仪。他使用新的绷圈和装置，减小了测谎仪器的体积和重量，生产出了一种更完美的"便携式"测谎仪。

(四) 公元 1931 年电流检测计——Veraguth

Veraguth 设计了一种心理电流检测计来测量皮电，并与 Keeler 一起在犯罪调查中运用它。后来的研究表明皮电反应在实验室测谎案例中的准确率约为 95%。

(五) 公元 1932 年 Dorrow——图谱测谎

Larson 与 Dorrow 一起工作研究出一种不同于其他类型的测谎方法。C. H. Stoelting 公司在此基础上创造了 Dorrow 图谱测谎法，它测量皮电、血压、呼吸，声音反应也被作为对刺激的反应加以标记。这是第一台同时使用所有生理指标而闻名的"便携式"测谎仪，记录的图谱被制成幻灯影片，仪器有两个部分组成，放大器与控制器包含在第一部分中，记录的幻灯影片显示和打印在第二部分中。

(六) 公元 1939 年皮电增设到测谎技术中

皮电作为第三个通道被增设到 Keeler 式测谎仪中。这是第一台把呼吸、皮电和心血压三个指标都组合在一个测试图谱中的测谎仪。

（七）公元1945年动作记录椅——Reid

1945年Reid发明了第一把动作记录椅。在椅子的扶手和座位下面设有金属风箱，这个风箱与一套改进的呼吸通道连接在一起，被测者的任何动作和其他的反应一起被记录在图谱上。

（八）公元1948年第一所测谎学校——Keeler

Keeler开办了第一所测谎学校，发明了最著名的测试方法——相关/不相关测试法和紧张峰测试法。这些测试方法目前仍在使用。

（九）公元1958年两道呼吸记录仪——Arther

Arther运用两个呼吸记录仪进行实验，发现胸呼吸和腹呼吸之间有差异，大约每次相差33%。由于两个呼吸通道的运用，呼吸变化的最佳纪录会一直被记录下来。

（十）公元1961年指脉描记仪

Kircher采用了指脉描记仪作为一种连续记录心血管变化的方法。这种描记仪运用一个光源和一个光电管来测量手指不透明部分的血流量变化，这些血流量的变化被信号放大器放大后记录在图谱上。

（十一）公元1969年心脏活动监视器（湿式）

美国空军与一家生物公司一起开发了心脏活动监视器，作为长期监视心血管系统的一种方法。这套设备是由一个充满水的管子和传感器组成，戴在手腕上，一根电缆把它与信号放大器连在一起。脉搏的跳动通过延伸到充满水的管子底部的橡胶膜从手腕采集，脉搏传输给水的信号再通过传感器的张力计量器把脉搏跳动转换成放大的电信号，然后再记录在图谱上。

（十二）公元1972年心脏活动监视器（干式）——Stoelting公司

干式心脏活动监视器的出台迅速代替了湿式心脏活动监视器。高灵敏度的干式心脏活动允许使用者从拇指采集心脏活动情况进行长期监视，被测者没有任何不舒服的感觉。

（十三）公元 1973 年选择性增益（Gain）——Lafayette 公司

选择性增益被加入了电路。为了更好地观察状态变化，它允许应用者进一步放大收集到的生理指标的图谱记录轨迹。使用增益可以使得测试人员在所有生理指标水平较低的情况下，仍能看出基线的变化。

（十四）公元 1974 年记录笔式 Polygraph 测谎仪——Stoelting 公司

记录笔式 Polygraph 测谎仪是第一台固态的全电子测谎仪，于 1974 年 8 月正式出台。这是一台四道的测谎仪，具有多功能放大器，可以记录呼吸、心率或心脏活动。

（十五）公元 1979 年心率监视器——Stoelting 公司

Stoelting 公司的心率环允许使用者能够解释精确到每分钟的心率变化。这种自动装置能读取一分钟内的心率图谱，并且图谱可通过与其相连的多功能放大器清晰地显示在图谱记录纸上。

（十六）公元 1984 年自动调零反应——Lafayette 公司

自动调零反应的电路设计是在一不变的速率下增大基线放大器的数值，同时减弱所有的放大器的增益。这一电路在灵敏度较低的情况下，对基线变化能够进行更好的分析。

图书在版编目（ＣＩＰ）数据

测谎技术教程/郑红丽编著.—北京:中国政法大学出版社,2015.4
ISBN 978-7-5620-5984-4

Ⅰ.①测… Ⅱ.①郑… Ⅲ.①测谎－技术方法－教材 Ⅳ.①D918

中国版本图书馆CIP数据核字(2015)第070072号

出版者	中国政法大学出版社
地　址	北京市海淀区西土城路 25 号
邮　箱	fadapress@163.com
网　址	http://www.cuplpress.com（网络实名：中国政法大学出版社）
电　话	010-58908435(第一编辑部) 58908334(邮购部)
承　印	固安华明印业有限公司
开　本	880mm×1230mm 1/32
印　张	9.75
字　数	271 千字
版　次	2015 年 4 月第 1 版
印　次	2019 年 1 月第 2 次印刷
印　数	1201~2400 册
定　价	36.00 元